国家科技支撑计划课题『遥感技术在中华文明探源中的应用研究』

（课题号：2010BAK67B07、2013BAK08B06）

中华文明探源研究中遥感技术方法与应用

于丽君　朱建峰　邓　飚○主编

科学出版社

北京

内 容 简 介

本书基于国家科技支撑计划课题"遥感技术在中华文明探源中的应用研究"的研究成果，从文明探源对空间信息技术需求、考古目标遥感探测技术与方法以及遗址（群）空间分析等不同角度进行了系统的梳理。本书综合分析了遗址的光谱特征、热信息异常、空间分布特征及遗址区农作物物候差异，构建了遗址的空间预测模型，总结出空间信息在遗址探测与预测研究中的特点及方法，探讨了空间信息技术在遗址保护与研究中的应用前景，对今后开展遗址探测与预测以及遗址保护规划制定等具有重要参考价值。

本书适合遥感、地理信息系统、考古及文化遗产保护相关专业的学生与研究人员参阅。

图书在版编目（CIP）数据

中华文明探源研究中遥感技术方法与应用 / 于丽君，朱建峰，邓飚主编. —北京：科学出版社，2021.6

ISBN 978-7-03-069248-1

Ⅰ. ①中… Ⅱ. ①于… ②朱… ③邓… Ⅲ. ①遥感技术-应用-文化遗址-考古-研究-中国 Ⅳ. ①K878.04-39

中国版本图书馆 CIP 数据核字(2021)第 118024 号

责任编辑：王 媛 杨 静 / 责任校对：王晓茜
责任印制：师艳茹 / 封面设计：润一文化

科学出版社 出版
北京东黄城根北街 16 号
邮政编码：100717
http://www.sciencep.com

北京九天鸿程印刷有限责任公司 印刷
科学出版社发行 各地新华书店经销

*

2021 年 6 月第 一 版 开本：787×1092 1/16
2021 年 6 月第一次印刷 印张：11
字数：268 000
定价：218.00 元
（如有印装质量问题，我社负责调换）

中华文明探源研究中遥感技术方法与应用

编委会

顾　问　聂跃平　杨　林　张渊智

编　委　（按姓氏拼音排序）

白晓燕　蔡丹路　陈盼盼　杜　军
高华光　公雪霜　郭　飞　郭兰博
刘传胜　刘　芳　鲁　鹏　潘玉青
尚　南　孙　雨　王　振　王　正
魏显虎　杨瑞霞　张春燕　张文君
张宗科　钟昌悦

序

  本书出版很重要，且逢中国考古百年纪念。"我们的实践创新必须建立在历史发展规律之上，必须行进在历史正确方向之上。"习近平总书记论述考古工作开头的话，把"各级党委(党组)和领导干部应该尽可能多地学习和掌握一些我国历史知识"的重要性，提至空前高度。守正创新，遥感与考古的发展，也须如此。

  遥感属于地学领域，而地学对中国考古学诞生曾起过决定性作用。

  中国人从事现代科学考古的开端，为1921年发掘仰韶遗址。袁复礼1923年1月发表《记新发现的石器时代的文化》(《国学季刊》第1卷第1期)讲得明白："按说这次发现的事，是从地质调查所方面办的。所以这篇先期的报告，虽有新闻性质，论科学家的发现法律，亦应让地质汇报方面先登。不过地质调查所丁文江、翁文灏两所长，对于从地质方面去研究文化史，极为赞成。安特生博士亦将他所有的底稿给我读过。所以他们三人允许我将这事在这里先简略发表，作一个介绍的文。"时地质学者袁复礼是安特生发掘的合作者。虽简略文，他仍加有超长的结语如下：

  我将这篇写完，后来又想到读者或尚有无疑问，或有看见了这件事而自己愿意到各处去发现的。所以我要将去冬阅历所得的结果，略述说一回：

  (一)这样的文化遗址是不常见的。就是发现以后，掘挖的法子亦应有科学家的指导，方能有效。不然地层混乱了，器具就不能分清，要说时代就更不能定了。

  (二)这次发现除对于文化史有贡献以外，对于农业田亩沟壑之变迁，天气之转徙，森林之胜衰，潜水之升降，河沙之增减，均有考据。所以与平常为古董去掘挖者不同。

  (三)这次所得的器皿，都是残缺不完的。不过这个新闻发表后，恐怕为金钱的古董商人亦想去掘。那么，对于科学的用意就错了。可惜的是北京现在只有一个小小的历史博物馆，经济困难，不能去作些有秩序的科学研究。如是国内热心的把这个历史博物馆扩张起来，在北京作一个集中点，此种考古学问方能有发达的余地呢。

  这应是丁文江、翁文灏和安特生甚至胡适的共识。作为编辑部主任，胡适在该文前加有说明。显然，此乃中国第一篇考古简报和科普文字，而且，对今之守正创新竟仍有指导意义。

  中国人有史时代考古的开端，是巨鹿城在1921年的发掘，由中国第一个国立博物馆进行的。时主任即馆长符九铭《钜鹿故城》文已有地层交代："厥土分三层，最上层为地面之浮土，中层为褐色土，最下层为黑焦土。"近有赵怀波《巨鹿宋城 待雕璞玉》(邢台文明网，2020)文说：伯希和1923年就撰文在世界著名汉学杂志《通报》介绍巨鹿宋城的发掘，是"通过科学的考古知识正确识别古代遗址，开启了中国历史研究的一个新时代"。巨鹿的发掘品运回来就陈列了，符文的"刊布"，或较前述袁文还要早。所以，伯希和才能如是说；梁启超先生1922年才可把巨鹿发掘写入《中国历史研究法》。

梁 1926 年在《中国考古学之过去及将来》文又论及巨鹿，已关注黄河流域，并冀望"方法的进步"，说"全国高等教育机关，要设考古专科"，展现出足以惠及当今的大局观。

中华文明探源的开端也近百年了。引起这想法的是 2018 年去新郑参加研讨会，议题有开展纪念黄帝活动和创建历史文化名城。因其特色之一是古城南门内李家楼遗址 1923 年的发掘，我重读了李济《新郑的骨》："这一事件立刻引起了全国范围的重视。""不幸的是，整个工作的进行都是从搜集古玩而不是从考古学的观点出发的。""10 月 2 日，中国考古学会秘书长丁文江先生邀请我在此遗址作进一步的研究，目的主要是寻找该地区内是否有任何新石器时代的遗存。"这就是要在"黄帝故里"探中华文明之源，而启动者，是地学大家丁文江！

20 世纪 90 年代，文明探源已取得重大成果。重要标志之一，是良渚遗址群的考古发现，国家文物局申明其为"实证中华五千年文明史最具规模和水平的地区"。另一个重要标志，是苏秉琦《华人·龙的传人·中国人——考古寻根记》1994 年出版。文集表现了苏公与各地文物考古工作者、与人民大众的互动。其中《文化与文明——1986 年 10 月 5 日在辽宁兴城座谈会上的讲话》说："文明是一个民族的灵魂，是认识中华民族的脊梁。我们要充分意识到，今天我们把中华文明起源作为一个重大课题提出来，这既是我们学科成熟的表现，也是我们奋斗的目标和任务。"1997 年出版的《中国文明起源新探》是总结，他认为，中国考古学在找到带根本性的学科理论，即考古学文化区系类型学说后，全国考古工作者在各自所在地区和岗位上，共同为区系类型理论在实践中不断发展做出贡献。自 1999 年在剑桥大学，中国领导人开始使用"中华五千多年文明"提法，多个"多"字的依据，正是考古新发现及其总结，而非参考文献传说。苏公在该书最后说的话很像布置新作业，而且不只是对史前考古的：

中国是文明古国，人口众多，破坏自然较早也较为严重。而人类在破坏自然以取得进步的同时，也能改造自然，使之更适于人类的生存，重建人类与自然的协调关系。中国拥有在这方面的完整材料，我们也有能力用考古学材料来回答这个问题，这将有利于世界各国重建人类与自然的协调关系。

进入 21 世纪，"文明探源"立项，作为国家历史文化遗产保护领域中长期科学和技术发展战略研究的一部分，本人曾参与，故退休后发表《跨越重点 引领未来——试论文明探源工程》（2010）与同行分享心得。该文开篇就明示：联合国教科文组织已将秘鲁的"卡拉尔-苏佩"列入世界遗产名录，表示该考古遗址拥有五千年历史，是世界已知最古老的文明中心之一。该文认为，人类文明已经高度发展的今天，在经过了几千年纷争和对自然界破坏以后，已经应当考虑如何建立和谐世界的问题，而凝聚世界力量的目标，是共同的善待自然界；文明探源重点，应为史前大型公共工程遗迹及所在地区；重视《考古学：发现我们的过去》所说，"为了使区域方法更系统化，尤其是使人们能更好地研究人类对自然环境的改造"，新出现的景观考古学。

考古材料包括遗物、遗迹、遗址和地区。地区是考古材料中最庞大最无定型的空间集合。《发现我们的过去：简明考古学导论》说：地区主要是地理概念，但定义考古学地区还常常涉及生态学和文化因素，综合整个地区情况后，考古学家就可以还原一个过去社会的方方面面，这是单一遗址无法做到的。拙文《温故求新：促进大遗址保护的科学发展——大遗址保护思路再探》(2009)曾指出：从一定的地理单元出发，扩大时空范围，探索多种文化与自然遗存的层叠和群体的分布及古今变化，可以使我们能更好地了解历史的经济盛衰、政治兴替、民族聚散、生态演变，指导科学发展、人与自然的和谐相处。

  本书就是朝着这个方向的努力，而且达到了新水平。作者系统地运用以遥感为主的空间技术，考虑考古目标的物理特性与环境要素及其关联性，对遗址及周边地区进行空间分析，建立预测模型，综合研究古代人地关系。例如，他们对洛阳盆地、临汾地区、汾河流域、太湖流域及良渚遗址群所作研究。

  作者取得的成果，令人欣慰。我初识遥感这门科技，已三十多年了，在此郑重向大家推荐这部著作，并且请读者思考，其是否称得上标志性成果。本书重要性更在于此。

孟宪民

2021 年 6 月 17 日

前　言

"中华文明探源工程"是由国家支持的多学科相结合、研究中国文明起源的重大科研项目。2001年项目首先启动了为期三年的预研究，2004年国家"十五"重点科技攻关项目"中华文明探源工程"（第一期）正式启动。在此基础上，探源工程第二期（2006年初至2008年底）的研究，将空间范围从中原地区扩展到黄河流域、长江中下游地区以及西辽河流域。在2010～2015年，中华文明探源工程第三期、第四期也先后实施，正式开始了遥感在中华文明探源中的研究与应用。

"中华文明探源及其相关文物保护技术研究"（2010～2012）第三期研究中，充分发挥遥感多空间分辨率、多时相的特点，为项目内各个研究课题提供多源时空基础数据支持，对重点研究区域开展考古要素的时空分布、史前聚落布局、浅埋藏遗迹遥感考古探测、古环境分析等研究，提出针对常见典型遗址特征的多源信息融合与最佳探测/识别方法，形成了遥感信息获取技术与古遗址弱信息提取技术，并在古遗址空间分布与环境因素认知、古遗址与电磁波相互作用机理方面取得了新的认识。

"中华文明探源及其相关文物保护技术研究"（2013～2015）第四期研究中，系统地应用以遥感为主的空间技术，从中华文明探源研究的需求出发，充分考虑考古目标的物理特性与环境要素之间的关联性，建立中华文明探源遗址区金字塔形的遥感影像资料库，准确、快速地从影像中识别和获取遗址信息，对遗址及其周边环境进行空间分析与重建，分析遗址演变的特征，推测遗址文明发展轨迹，根据遗址与周边环境的关系建立遗址预测模型，综合研究古代人地关系，并在多源遥感数据获取与处理、古遗址弱信息提取、古遗址地貌景观展示与环境分析、遗址遥感预测等方面取得了新的重要成果。

本书集成了中华文明探源工程第三期和第四期"遥感技术在中华文明探源中的应用研究"课题的研究成果，展示了遥感技术在中华文明探源中的优势和潜力。全书共分8章，其中，第1章中华文明探源工程与空间信息技术，介绍了中华文明探源工程对空间信息技术的需求以及空间信息技术的发展概况；第2章考古特征遥感探测方法，介绍了利用多种数据源探测考古弱信息的方法；第3章遗址特征GIS空间分析方法，介绍了GIS空间分析在遗址特征分析中的应用；第4章二里头遗址热红外遥感探测与分析，介绍了热红外遥感在二里头遗址探测中的重要发现；第5章陶寺遗址作物物候生长差异遥感探测，介绍了应用遥感技术分析遗址区与非遗址区植被在物候上的差异；第6章临汾先秦聚落遗址空间聚类分析，介绍了GIS空间聚类分析方法在分析聚落遗址中的重要应用和发现；第7章太湖流域遗址考古分析，从流域遗址群这一更宏观的角度介绍了遗址的时空特征规律性认识；第8章汾河流域遗址预测模型，对汾河流域遗址及其地理环境要素进行建模，改进后的模型提高了遗址分布的预测精度；最后，在结语部分对全书的内容进行了总结。

目 录

序
前言
- 第1章 中华文明探源工程与空间信息技术 ································· 1
  - 1.1 中华文明探源工程 ··· 1
  - 1.2 空间信息技术的发展 ·· 2
  - 1.3 小结 ·· 7
- 第2章 考古特征遥感探测方法 ··· 9
  - 2.1 多源影像对比分析 ··· 9
  - 2.2 相同传感器不同时间对比探测 ·· 16
  - 2.3 数据融合 ··· 17
    - 2.3.1 SPOT 5 影像融合 ·· 17
    - 2.3.2 QuickBird 影像融合 ·· 22
    - 2.3.3 后处理考古特征识别 ·· 25
  - 2.4 波段计算 ··· 26
    - 2.4.1 光谱指数 ··· 27
    - 2.4.2 线性正交方程 ·· 28
  - 2.5 空间自相关 ·· 32
    - 2.5.1 Aster 空间自相关分析 ··· 32
    - 2.5.2 历史影像自相关分析 ·· 33
    - 2.5.3 QuickBird 空间自相关环境分析 ······································· 34
  - 2.6 小结 ·· 37
- 第3章 遗址特征 GIS 空间分析方法 ··· 38
  - 3.1 GIS 考古简介 ·· 38
  - 3.2 GIS 空间分析方法 ··· 39
    - 3.2.1 太湖流域遗址概况 ·· 41
    - 3.2.2 距水系距离 ··· 42
    - 3.2.3 高程 ··· 44
    - 3.2.4 坡度 ··· 46
    - 3.2.5 坡度变率 ··· 47
    - 3.2.6 坡向 ··· 48
    - 3.2.7 地貌 ··· 49

		3.2.8 土壤类型 ·· 50
		3.2.9 归一化植被指数 ·· 50
	3.3	小结 ··· 52

第 4 章 二里头遗址热红外遥感探测与分析 ································ 53
4.1	洛阳盆地土壤概况 ··· 53
4.2	土壤物理性质与地表植被以及温度的关系 ················· 55
	4.2.1 土壤物理性质对裸土地表温度的影响 ············· 55
	4.2.2 土壤物理性质对植被覆盖地表温度的影响 ····· 56
4.3	热红外遥感原理和概念 ·· 57
4.4	热红外遥感数据和算法的选择 ···································· 57
4.5	单窗算法陆面温度反演 ·· 58
	4.5.1 亮度温度的计算 ·· 59
	4.5.2 地表比辐射率的估算 ···································· 60
	4.5.3 大气透过率和大气平均作用温度的估算 ········ 63
	4.5.4 单窗算法温度反演 ·· 64
4.6	地表温度图像分析与居民点信息提取 ························· 65
4.7	TVDI 模型反演土壤含水量 ······································· 66
4.8	小结 ·· 69

第 5 章 陶寺遗址作物物候生长差异遥感探测 ····························· 70
5.1	陶寺遗址概况 ··· 70
5.2	归一化植被指数 ·· 73
5.3	陶寺遗址的作物物候生长 ··· 75
5.4	基于 MODIS 数据的作物生长差异以及时间窗口的选择 ·· 78
5.5	基于 Landsat 数据和 Hausdorff 距离的作物异常探测与验证 ·· 81
5.6	陶寺遗址区植被标志 ·· 85
	5.6.1 负向植被标志 ·· 85
	5.6.2 正向植被标志 ·· 86
5.7	小结 ·· 88

第 6 章 临汾先秦聚落遗址空间聚类分析 ···································· 89
6.1	聚类分析的理论依据与方法 ······································· 89
6.2	基于地形约束改进算法的聚落聚类方法 ····················· 91
	6.2.1 改进算法思路 ·· 92
	6.2.2 地形约束的阻力模型建立 ···························· 93
	6.2.3 临汾先秦聚落遗址改进聚类算法结果 ··········· 97
6.3	空间聚类算法的对比与评价分析 ······························ 100
	6.3.1 直观评价 ··· 101

	6.3.2 指标评价·········103
6.4	典型遗址的自然环境分析·········104
6.5	先秦聚落遗址的自然环境因素分析·········105
	6.5.1 地形地貌因素·········106
	6.5.2 气候因素·········112
6.6	临汾先秦聚落遗址发展演化分析·········114
6.7	小结·········117

第7章 太湖流域遗址考古分析·········118

7.1	太湖流域遗址空间特征挖掘·········118
	7.1.1 遗址空间分布特征统计·········118
	7.1.2 遗址地理趋势分析·········122
7.2	良渚遗址群的时空特征·········123
	7.2.1 可视域分析·········123
	7.2.2 良渚古城遗址域分析·········126
	7.2.3 良渚遗址群土地利用情况·········126
7.3	东苕溪改道·········129
7.4	小结·········130

第8章 汾河流域遗址预测模型·········131

8.1	样本与变量·········131
	8.1.1 实验样本·········131
	8.1.2 自变量·········133
	8.1.3 因变量·········133
8.2	研究区空间分析及样本属性提取·········133
	8.2.1 高程分析·········133
	8.2.2 坡度、坡向分析·········135
	8.2.3 地形起伏度、地表曲率分析·········137
	8.2.4 距离分析·········138
8.3	遗址预测优化模型建立·········142
	8.3.1 自变量筛选·········142
	8.3.2 回归系数·········143
	8.3.3 实验结果·········146
	8.3.4 模型验证·········147
8.4	预测结论与讨论·········150
8.5	小结·········150

结语·········152

参考文献·········155

第 1 章　中华文明探源工程与空间信息技术

夏鼐先生在《中国文明的起源》一书中明确指出，未来考古学的综合研究需要立足于大量的可靠资料，并突出强调了要紧密结合及应用自然科学方法的重要性(夏鼐，1985)。1996 年启动的夏商周断代工程，在中国第一次开创了多学科综合研究社会人文问题的模式，从方法论上为研究文明的起源做了准备。从 2001 年开始，国家文物局组织众多科研单位开展了"中华文明探源工程"这一宏伟的研究计划，综合了自然学科与社会学科的力量，对中华文明起源与早期发展进行多层次、多学科的研究。这一工程的实施目标在于研究中华文明的起源、发展以及其背后的环境和演变过程，不仅对研究我国的历史文明具有重要意义，而且对于研究世界文明遗迹文化传播和多样性问题同样具有不可替代的作用。中华文明探源工程旨在基于中华文明"多元一体"的认识，运用多学科结合的方法对考古学的研究进行细化与实证，并多角度、多层次、全方位地研究文明起源的重点区域。经过十多年的努力，考古学家可以得出一个基本的结论，在距今 5000 年前后，中国已经出现了比较发达的文化形式，而且各个区域文化的上层社会之间也出现了广泛的交流。这一阶段的古文化虽然各有特色，但却呈现出很多共同点，中华文明开始从多元走向一体。在中华文明探源工程中，以遥感技术(RS)和地理信息系统(GIS)为代表的空间信息技术具有快速、无损获取大量数据并进行分析、管理和展示的能力，契合了考古研究向更大范围扩展的趋势，因而发挥了显著作用。

1.1　中华文明探源工程

中华民族上下 5000 年，为我们留下了独一无二的文化遗产，它们是中华文明发展的见证。根据第十二届全国人民代表大会常务委员会第三十一次会议《国务院关于文化遗产工作情况的报告》，我国目前拥有不可移动文物 76 万余处。截至 2019 年 7 月，我国拥有 55 项《世界遗产名录》项目(包括自然遗产 14 项、文化遗产 37 项、双重遗产 4 项，其中含跨国项目 1 项)，提升了我国文化遗产的知名度，扩大了中国文化的国际影响力和民族凝聚力。但由于文化遗产数量众多、分布广泛，而经济社会的快速发展给文化遗产带来了很大的扰动，加上文化遗产保护立法执法的困难，保护难度较大。

"夏商周断代工程"之后，为了继续探索中华文明起源，国家文物局作为组织单位启动了"中华文明探源工程"，这是综合多学科开展中国历史与古代文化研究的国家科技支撑计划项目(王巍，2010)。项目紧密结合时代发展特征，把握历史文化脉络，综合利用高新技术与传统考古技术来探索中华文明的起源。

中国文化遗产资源丰富，作为一个典型的农业国家，目前仍有大量遗址被埋藏在农田或现代建筑等地表之下尚未被发现，加之文化遗产面临的自然、人为等多种破坏，例如地震、火灾、战争、盗墓、旅游开发、城镇化发展等都不同程度地对古建筑、古遗址的本体和周边环境构成了威胁。在目前的形势下，如何保障经济发展，同时充分保护和有效利用这些不可替代的文化遗产，一直是考古研究的热点问题。空间信息技术在考古应用中的显著作用已经逐渐得到认可，各考古部门普遍都在应用遥感技术和地理信息系统。然而，如何利用好海量的遥感数据，充分发挥地理信息系统的空间分析能力实现遗址的探测、研究、保护和管理是个值得深入探讨的问题。

遥感考古研究的发展与我国文化遗产保护理念息息相关。从20世纪70年代的文物保护，到2000年中国文化遗产保护与城市发展《北京共识》提出的文化遗产的综合保护与管理，再到2005年《国务院关于加强文化遗产保护的通知》（国发〔2005〕42号)提出要全面有效地保护我国的文化遗产。自此以后，我国文化遗产保护进入整体性保护，不仅包括文化遗产本体，还涵盖了周边环境，因此对空间探测技术的需求和要求也逐步提高，同时也促进了中国遥感考古的发展，但是真正适合中国文化遗产现状的遥感考古综合研究还有待完善。依据国家文物局的资料统计，目前国内考古工作中抢救性发掘差不多占到全部考古工作量的80%。以2013年度全国十大考古新发现为例，其中有七成为抢救性发掘。鉴于文化遗产的不可再生性，我们必须加以合理的保护传承与开发利用，摸清文化遗产的家底，从我国文化遗产保护的现状、技术的应用与发展需求考虑，在中华大地开展科技考古，条件得天独厚，特别是利用空间信息技术开展文化遗产综合研究工作是十分必要的。

近年来，空间信息技术在考古研究与遗址探测中的应用程度和认可度都得到了很大提升，尤其是遥感技术宏观、动态、实时的特性，将遗址保护研究从单个遗址提升到景观范畴，可以对文化遗产进行全天时、全天候的监测，提升保护与管理水平，从宏观的角度去理解和研究5000年中华文明。

1.2 空间信息技术的发展

20世纪以来，遥感技术的迅速发展，使其在军事、农业、环境、资源开发等方面广泛应用，包括军事侦察与测绘、气象观测与预警、土地利用的监测与规划、海洋测量与监视、灾害监测与预警、资源普查与探测、环境污染监测、农作物监测与产量评估、森林与牧场监测等方面。通过遥感技术可以获取肉眼无法观察到的多波段、全天候、俯瞰角度下的实时空间影像，并进行保存留档。这些影像通过辐射定标与校正、几何畸形校正和地形阴影校正等预处理，经过计算、分类和统计等分析可以获取所需信息，并应用于各个领域的学术研究与工程项目中。近年来，遥感技术的研究主要在于空间分辨率的提高、光谱波段的扩展以及向全时域、多时相等方向发展，通过研究先进的遥感传感器和传输设备、增强遥感系统的抗干扰能力以获取全天候、实时、多光谱、高光谱、高空间分辨率的遥感影像，并进行综合的遥感信息处理分析以获取所需的空间信息。

在考古研究中利用遥感数据，不仅可以通过俯瞰角度获取全局、实时的遗址空间信息，包括土地利用与分类、地形地貌、地表植被覆盖、地表温度与湿度和遗址空间测量测绘等信息，还可以通过多幅影像计算的衍生影像获取相关的指数、变化信息。例如，对不同时间、不同波段的影像进行计算，可获取植被指数、土壤指数、水体指数等信息，进而提取相同年份、不同物候期的特征变化，或者不同年份、相同物候期的特征变化。这些信息可以给田野考古活动提供大量全方位、系统的信息。

遥感考古的主要应用是利用遥感数据探测由于地下埋藏的古遗址、遗迹所引起的地表植被、土壤的异常标志，再经过田野考古调查与发掘，发现古代人类的行为活动所留下的遗迹和遗物。由于大量遗址埋藏在耕地表土之下，经历了岁月变迁，形成了与周围自然土壤的水分、密度、构成材料与结构不同的特征体。而埋藏在浅地表的特征体，则会影响植被作物的生长，产生抑制作用或者促进作用，进而生成与其周边植被不同的生长状态，即植被作物的异常标志。遥感考古调查应用遥感影像对这些异常标志进行分析、识别与追踪，为田野考古提供可靠有效的地表及地下埋藏信息。

遥感考古是自然科学和技术科学中的遥感科学、地学与社会科学中的考古学有机结合的产物。遥感考古一个显著的特点就是可以在很短的时间内，投入较少的人力，在很大面积地区开展文物普查或考古专项调查。在相同范围内，用遥感考古的方法在人力和效率上要比传统的踏查方法提高几十倍甚至上百倍。遥感考古所包含的理论和方法很多，主要包括遥感观测、数字图像处理、GIS分析、地球物理勘探、数据库建设、虚拟现实、地图测绘等一系列技术手段，同时需要结合文献研究与考古调查、发掘等。简而言之，遥感考古是利用遥感技术对古代遗迹、遗物进行探测、监测、保护规划、信息管理等工作(图1-1)。

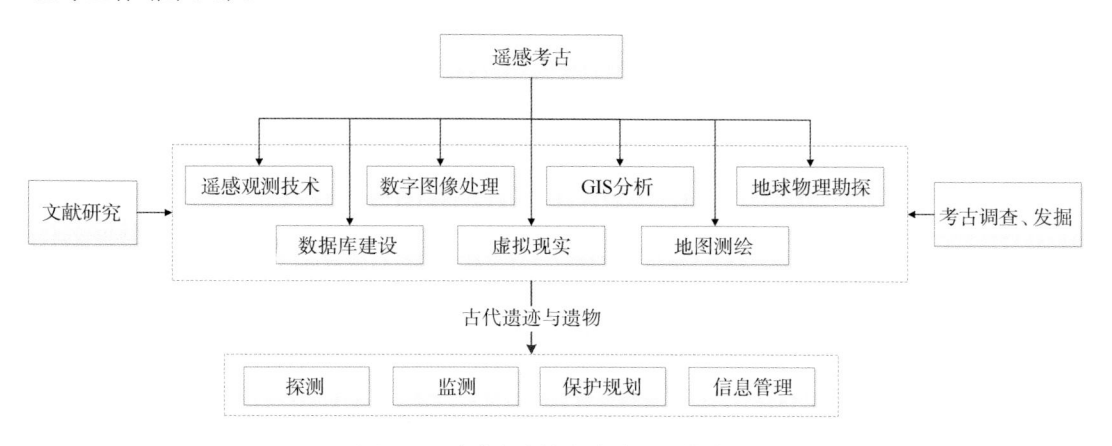

图 1-1 遥感考古技术路线及工作流程

遥感考古能够全面、立体、快速地获取探明地上和埋藏在地下的遗迹现象。遥感技术和传统考古的整合，在现代考古中发挥着十分明显的作用，越来越受到考古工作者的重视，逐渐成为考古研究的新领域。通过研究近几十年来遥感考古发展的情况，用于考古的遥感技术主要有以下几种。

1. 航空摄影考古

航空摄影考古是采用多种形式在不同时间、从不同角度在空中对地面进行摄影，利用地貌形态、地物阴影、霜雪、植被及土壤湿度等多种因素在遗址地区形成的不同标志，解释地面或地下遗迹的特征。由于视野广阔，很容易把在地面上很难发现或杂乱无章的现象，概括出一个有规律的整体。航空摄影考古是考古学家最常用和最简便的遥感考古方法之一。航空摄影考古在欧洲国家开展较早，已有近一个世纪的时间。我国的起步较晚，20世纪50年代，与苏联合作开展了航空摄影考古工作；70~80年代又用卫星图像寻找北京平原上的古城和长城遗址以及三峡大坝库区的古遗址等。1994年，国家文物局、中国历史博物馆与德国波鸿鲁尔大学史前史专业签订了在中国开展遥感与航空摄影考古合作意向书。1996年，文化部、国家文物局将发展遥感与航空摄影考古列入"中国文博事业九五发展规划和2010年远景目标"中，并将"在中国启动航空摄影考古"的工作列为文化部1996年工作重点，并在中国历史博物馆成立了中国航空考古工作小组，1997年成立了"遥感与航空摄影考古中心"。在吸收国外先进的理论和观点的同时，我国的考古学者和遥感专业技术人员几乎不约而同地发现了卫星像片、航空像片中蕴藏了丰富的文物考古内容，也做了许多有益的尝试，并取得了可喜的成果（图1-2）。

图1-2 历史航空像片的遥感考古应用——鹿邑城址遗迹

2. 卫星遥感考古

利用遥感影像上地物特定的光谱特征，通过对土壤湿度、盐度及沉积物组成成分等信息的分析，可以很清楚地解译遗迹的形成与变迁、消亡等信息。遥感影像的成像尺度变化范围大，肉眼只能观测到可见光部分，而遥感则能利用紫外线、红外线、热红外、微波等全波段电磁波和高光谱来探测地物。田野考古只能在特定的时间对考古对象进行野外勘查，而遥感考古则可利用卫星长周期、多时相所获得的数据积累获取研究区的遥感数据，以及研究区域随时间变化的地形景观和古遗址的情况。在空间分辨率上，高分辨率商业卫星已经能提供和航空影像相比拟的多波段遥感图像（图 1-3）。多光谱遥感图像能提供同一研究区不同谱段的遥感信息。高光谱成像仪能够在一个特定光谱范围内细分出数十至数百个波段，增强了对地物（如考古研究区地表作物的变化）的识别能力。

图 1-3　在新疆文物普查中遥感解译到的罗布泊古城遗迹

3. 虚拟考古

作为一项基于计算机平台的数字考古新技术，虚拟考古以三维动态显示古代遗迹形态结构及其消亡、荒废的过程，从而真实地再现遗迹的面貌及环境演变的过程，反映当时的社会及环境状况。利用虚拟和数字考古技术，人们可以基于过去曾遭受破坏的某个文化遗址的历史资料，结合该地的地貌、水系、地形高程等景观特征，恢复和重建古遗址原貌，为文物保护提供一份可用计算机演示的数字档案（图1-4）。

图 1-4　贵州遵义海龙屯古城堡遗址三维复原影像

4. 激光雷达考古

新一代激光雷达是新型机载激光扫描设备，能够穿透植被等障碍物，精确度一般可达 10 m、密度 2.5 m，适合雨季时期草原、森林等地区的大规模考古调查，建立数字 DSM 模型和 DTM 模型。该设备可以去除草原和森林地区的地表植被，探测保存于地表和埋藏于地下的考古遗存(图 1-5、图 1-6、图 1-7)。

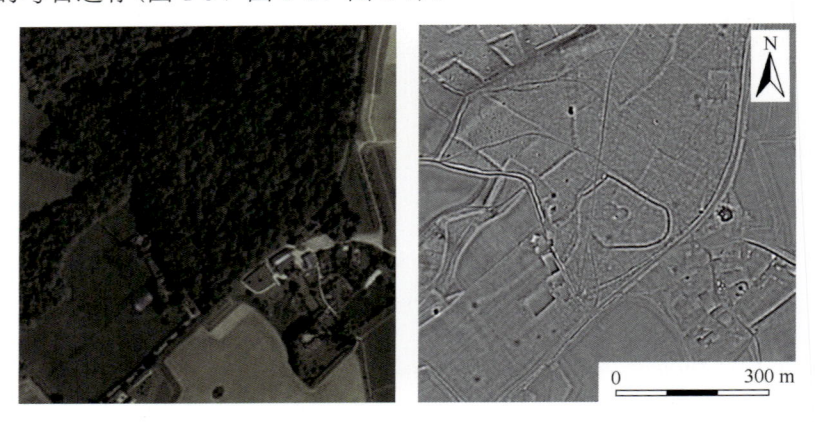

图 1-5　激光雷达去除地表植被之一
(左图为谷歌影像，右图为激光雷达影像，引自：https://www.oxfordmail.co.uk/news/17830945.chilterns-iron-age-archaeology-revealed-lidar-flying-laser/)

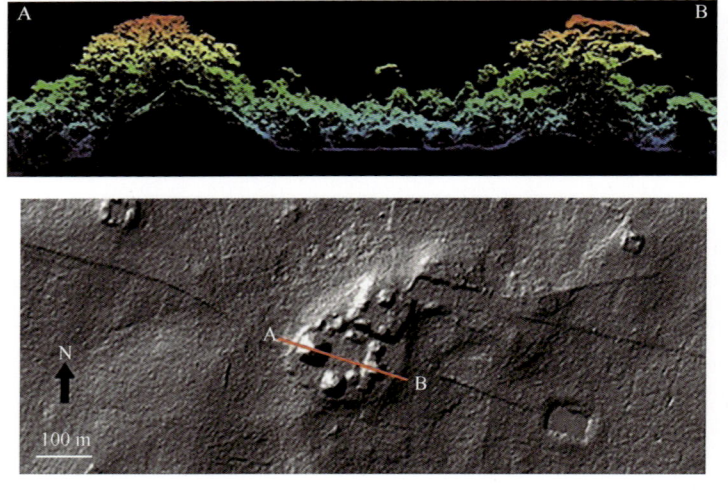

图 1-6　激光雷达去除地表植被之二
(引自：Chase et al., 2010)

5. 地理信息系统考古

地理信息是指表征地理系统诸要素的数量、质量、分布特征、相互联系和变化规律的数字、文字、图像和图形等的总称。地理信息属于空间信息，其位置的识别是与数据联系在一起的，这是地理信息区别于其他类型信息的最显著的标志。地理信息具有区域

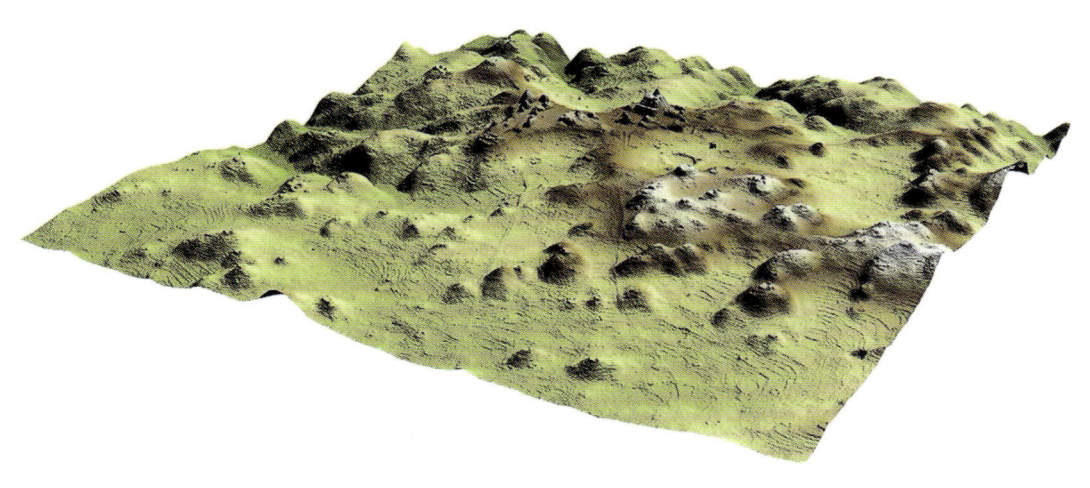

图 1-7 激光雷达去除地表植被之三
(引自：Chase et al.，2010)

性、多维结构特性和动态变化的特性。GIS 在考古学中的应用主要有三个方面。

GIS 在考古研究中最直接的应用就是对不同考古数据进行叠加分析及制图。考古数据的时空特征是 GIS 应用的基础。GIS 的空间数据管理和空间数据分析功能为解决考古学空间性和多变量问题提供了一种有效的方法手段。这方面的应用包括区域内遗址分布图、古水系分布图、古植被分布图、古地貌分布图、三维地形图等。利用 GIS 处理地图的优势在于它可以将考古资料分成不同的图层，如遗址、遗物、水系、地貌图等，然后根据不同的研究需要可进行图层叠加，制成各种专题地图和综合地图。

考古数据库建设。GIS 是一种地理空间数据的数字处理技术，利用 GIS 不仅能够表达遗迹的属性信息，而且还能表达遗迹诸如位置、空间形态等的空间信息，用地理特征唯一 ID 码的机制，将空间信息与属性信息结合起来。另外，在 GIS 中各种遗迹现象被抽象成点、线、面三种基本的地理特征类型，从而实现在统一的地理空间中，去认识、理解和分析各种复杂空间现象和过程。GIS 的这种数据组织方式，实现了考古遗址同其周边环境的无缝集成，对考古研究提供了极为有利的条件。

文化线路与景观考古。GIS 最大的优势在于其强大的空间分析和模型分析功能，充分利用地理信息(地形、土壤、植被、水系、资源等)，对于超大型文化线路遗产(如长城、运河、丝绸之路)和景观考古范畴中的考古遗址公园、大遗址、遗产城市和街区等具有独特的优势和效果。其可在一个虚拟现实的古环境中研究遗址的空间分布关系，以及人类活动与其环境的关系等。

1.3 小　　结

中华文明探源工程项目是以探索中华文明的起源与进程、性质与特点而展开的，汇合了传统田野考古与多种新科技考古的系统性的研究项目。近年来，空间信息技术在考古研究与遗址探测中的应用程度和认可度都得到了很大提升，尤其是遥感技术宏观、动态、实时的特性，将遗址保护研究从单个遗址提升到景观范畴，可以对文化遗产进行全天时、全天候的监测、保护与管理，从宏观的角度去理解和研究 5000 年中华文明。

  环境和自然资源是人类生存与发展的基础。环境条件是约束史前人类活动的重要因素，古遗址空间格局是自然、经济、社会及历史发展的结果，反映了人类活动强度的空间分布。随着考古学调查发掘技术的提高及综合研究的深入，将古代遗址与其所处的环境一起进行综合研究，探讨当时人与环境的关系，变得越发重要。

  通过空间信息技术的应用为遗址的发现与探测提供重要数据依据，从宏观预测到微观识别，从遗址探测到文化变迁，充分利用遥感数据和环境、考古资料，分析遗址-环境的变化过程，研究多尺度遗址环境变迁，认识文化发展的特征，为考古研究和未来可持续发展提供借鉴。

第 2 章　考古特征遥感探测方法

遥感影像可以有效地检测到地表和浅层地下的考古特征，由于考古目标的特殊性（性质、材质、年代、赋存条件等）决定了其本身不具备特定的形状特征或光谱信号。古代地表景观受到千百年的干扰，一直处于动态变化中。要有效地提取考古目标，必须采用多种遥感图像处理与增强方法来提取微弱信息。这里采用了直方图变换、主成分分析等多种有效的考古弱信息增强方法以及多源影像对比、数据融合、正交方程、空间自相关等常用的数据处理方法对遗址进行遥感探测，同时比较和评估了各方法的适用性及适用对象。

2.1　多源影像对比分析

在亚热带潮湿环境下（如良渚遗址所处区域）地表含水量高、地表情况多元化，作物标志不一定能够很好地发挥作用，而且作物标志的产生与地表覆盖和生物物候期等有着复杂的关系，鉴于这种情况，这里选择多时期影像分别进行探测。

多时期影像记录了遗址本体和周边环境随时间变化的内容和特征。对良渚古城遗址四个不同时期影像进行对比分析，1968 年 Corona 影像拍摄于冬天，可以看到当时良渚古城很荒凉，但却保留了较原始的地表景观。20 世纪 70 年代的航空像片与 Corona 影像年代大体一致，但季节不同，此时植被长势较好。在这两景影像中，大莫角山、小莫角山和乌龟山遗址保存状况较好，尚未遭到破坏。但是由于快速城镇化建设导致遗址在 20 世纪 90 年代的彩红外像片和 2011 年的 QuickBird 影像上比较模糊、界限不清，很多地方已经被现代建筑所叠压（图 2-1）。20 世纪 90 年代的彩红外像片中土壤色调差异较大，植被长势参差不齐，遗址界限不清。通过多时期的影像对比可以发现城镇发展与良渚古城遗址保护之间存在着矛盾。工作中要协调好城镇化与文化遗产保护之间的关系，实现可持续发展。

(a)　(b)

（c） （d）

图 2-1　基于多时期遥感影像数据的莫角山遗址变化

(a) Corona 影像，拍摄于 1968 年 11 月 5 日，分辨率 2 m，a_1：小莫角山，a_2：大莫角山，a_3：乌龟山；(b) 航空像片，拍摄于 1970 年，比例尺为 1∶10 000；(c) 彩红外像片，拍摄于 1990 年，比例尺为 1∶10 000；(d) QuickBird 全色波段影像，获取于 2011 年 3 月 8 日，分辨率为 0.6 m，以上影像均为标准差增强的效果

Corona 影像有现代影像看不到的考古痕迹，通过一系列的方法可以提取出来。经过滤波、交互式增强和影像阈值分割之后，可以识别出较大尺度的考古目标，如图 2-2 所示。

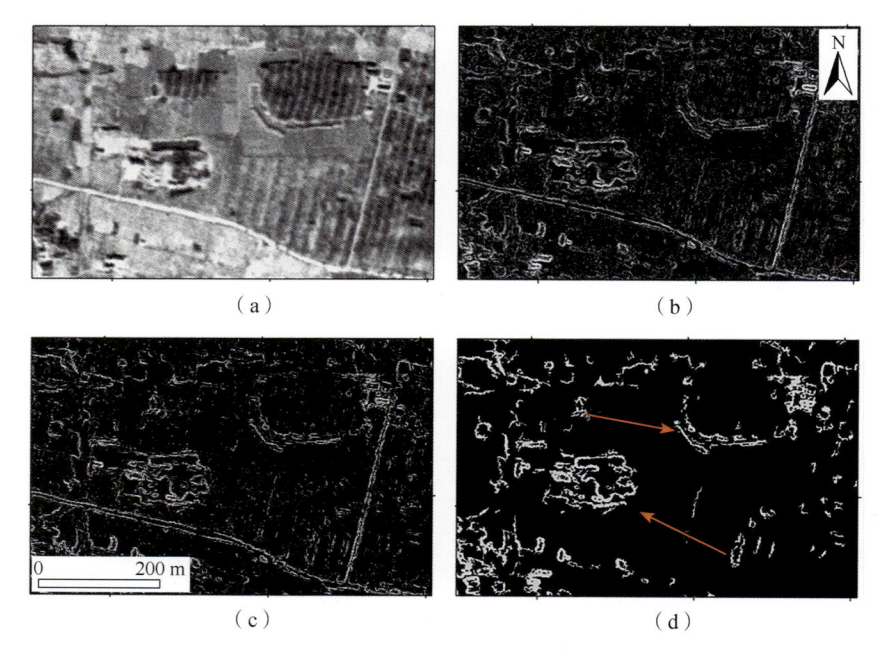

（a） （b）

（c） （d）

图 2-2　基于 Corona 影像的考古遗址自动提取

(a) 原始影像；(b) 高斯高通滤波和 Sobel 探测；(c) 纹理分析；(d) 后处理分析（影像二值化，类别集群，筛选）

虽然 QuickBird 影像分辨率比 Corona 影像的要高很多，但是彭公大坝在 QuickBird 影像上信息不够充分，而 Corona 影像上可以清晰识别出来（图 2-3），充分体现了历史航空像片所

具有的考古价值，其最大程度地保留了人为扰动和城镇发展大规模破坏地表之前的景观。根据增强后的 Corona 影像，我们可以清晰地发现塘山土垣(图 2-4)，识别其单坝与双坝结构。

(a)

(b)

图 2-3　良渚遗址彭公大坝的目视解译

(a) Corona 影像可以直接识别出大坝；(b) QuickBird 影像上的大坝由于被植被覆盖而无法识别

(a)

(b)

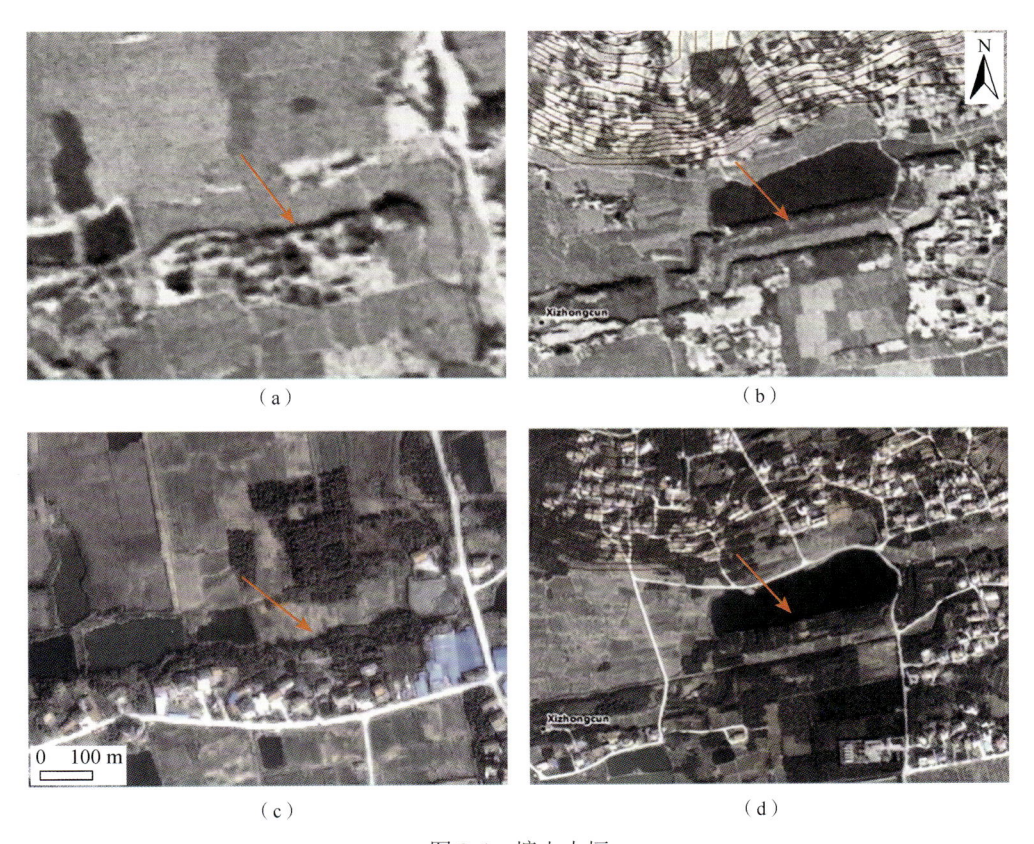

(c)

(d)

图 2-4　塘山土垣

(a) Corona 影像上显示的土垣西部的单坝；(b) Corona 影像上显示的土垣中部的双坝；(c) QuickBird 融合影像上显示的西部单坝；(d) QuickBird 融合影像上显示的中部双坝

时间序列影像客观地记录了特定时间的地表景观。经过分析，发现了在 Corona 影像和老航空像片上有古河道痕迹，这些古河道痕迹是分析和理解良渚古城遗址的重要因素。良渚时期海平面比现在要低，这里的古河道大都被沉积物填充。由于古河道区域土壤水分条件良好，易于植被生长，土壤颜色和植被颜色与周围环境都会形成差异，基于这种差异可以确定古河道的大概位置。

通过对比分析，我们推测了古城周边的古河道分布，其分布与已公布的考古资料基本一致，如图 2-5 所示。

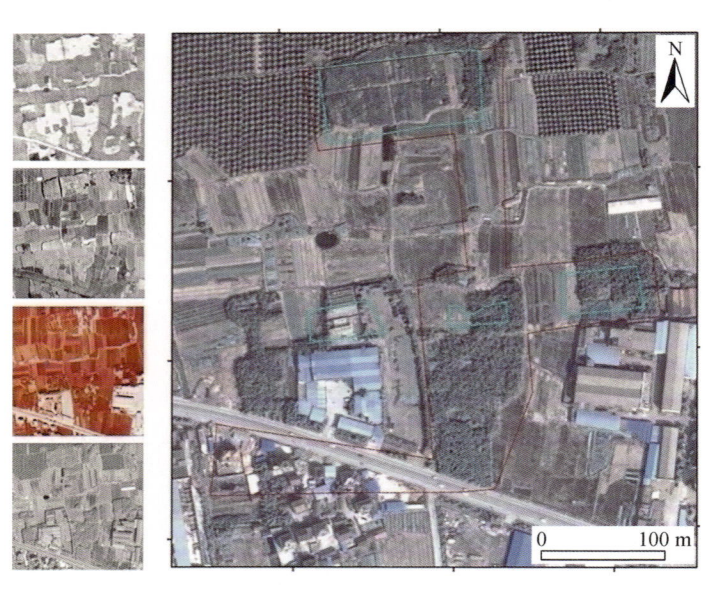

图 2-5　时间序列影像识别出的古河道
(红色表示考古研究发现的古河道，蓝色表示遥感目视解译识别出来的古河道)

由于现代城市叠压和考古发掘的回填工作，古城遗址的大部分在地表是不可见的。良渚古城遗址在 2006～2007 年期间对外围城墙开展了钻探工作，而在此之前的影像上可以发现部分城墙(图 2-6)。

(a)　　　　　　　　　　　　(b)

(c)　　　　　　　　　　　　　　　　　　(d)

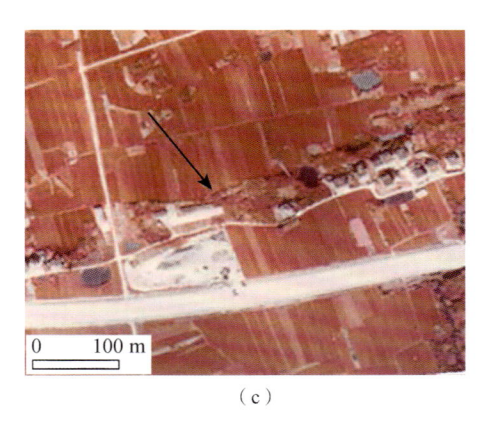

图 2-6　良渚遗址城墙在过去 50 年的变化

(a) Corona 影像中清晰可见的城墙；(b) 相比 Corona 影像，老航空像片有很多新建的居民点；(c) 彩红外像片上城墙仍然可见；(d) QuickBird 影像上的古城墙被村庄叠压，无法识别

通过与考古发现结果相比较，遥感识别的结果与考古发现基本一致；对于不一致的地方，进一步采用实地调查进行了验证(图 2-7)。部分疑似区域得到了证实，或被排除，而更多的地方已经被村庄和农田覆盖，还需要进一步的发掘工作来证实。

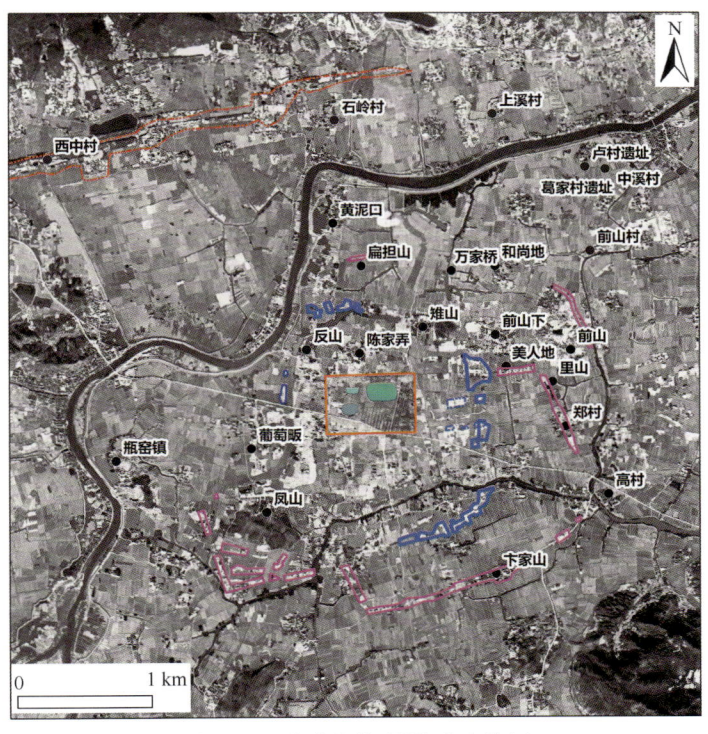

图 2-7　目视解译识别的考古特征

(粉色为外城墙，蓝色为城墙，橙色为莫角山遗址)

依据历史记载，东苕溪发生过多次改道。根据对比分析，良渚附近古河道在 Corona 影像上呈线状或者条带状，自然曲折，与现代河道延伸特征相似，有些地方已经被填充

变为陆地，土壤颜色较周围环境要深一些，部分古河道沿用至今，但由于被填充过颜色比周围水系要浅一些，长度为 150～1 000 m 不等。

通过分析 Corona 影像，进一步发现了从金村、料勺柄到庙家山、周村中间有部分河流泛滥所留下的特殊地貌痕迹，如图 2-8 所示。这段古河道相比其他河流来说颜色更浅，宽度约为 56 m，是由于河流泛滥侵蚀冲刷形成的。这些季节性河流随着河水的退去，河道慢慢被填埋，越来越浅，到了 2011 年古河道已经不复存在，被改造为现代农田。

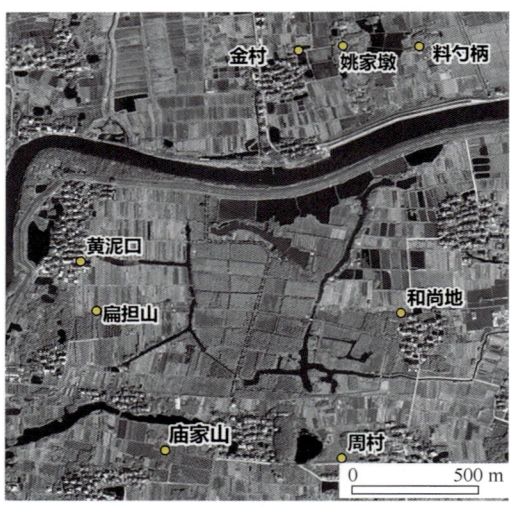

(a) Corona 影像数据　　　　　　　　(b) QuickBird 影像数据

图 2-8　东苕溪古河道探测

基于 Corona 影像和现代 QuickBird 影像的对比，在今康门水库以南、天目山路以北区域内发现了一系列疑似古河道的异常区域，影像上形状、色调特征比较清晰，宽度在 40～60 m 不等，如图 2-9 所示。

结合良渚附近古地理研究的成果(吴维棠，1983；张立等，2002；张立等，2007)，确认在西湖北部发现的古河道应该就是吴维棠先生推测的东苕溪改道，如图 2-10 所示。第一次改道发生在今西湖北部四公里处，苕溪向北而去，改道初期经常会有河水泛滥，形成低洼的潮湿之地，位置与今天京杭大运河的位置基本一致，推测后来的京杭大运河就是在东苕溪第一次改道后形成的古河道基础上挖掘修建。由于运河开通带动了周边经济与社会活动，沿线人为扰动非常频繁，景观发生剧烈变化，再加上西溪湿地的大面积水面影响，第一次改道的信息在 QuickBird 和 WorldView-2 影像上已经毫无痕迹，地表景观彻底改变了；而在 Corona 影像上，也只有在董家村到米市巷街道中间的农田区域可以探测到微弱的古河道信息。

经过分析研究，在仓前镇、三墩镇、西溪湿地中间的永兴村、江儿村、邱桥村和断桥村附近发现了一些南北走向的古河道，并沿着柴家坝村、良渚村、毛墩坝村一直往北。这可能就是张立、刘树人发现的第二次改道的信息。在余杭镇-三墩镇附近发现了多次改道的痕迹，南北宽约 2～3 km，河流改道经常导致河水泛滥，形成低洼的潮湿之地，西溪湿地就位于该区域内。在距离天目山 5 km 左右的余杭镇附近也发现了南北走向的河道,距离今天东苕溪河道 1 km 左右,走向也是大致相同,尤其是在长命村至花园桥村之间,距离东苕溪南岸 1 km 左右发现多处古河道痕迹。汇总解译到的古河道信息,同时参考遗址的空间位置,绘制东苕溪改道图(图 2-10)。

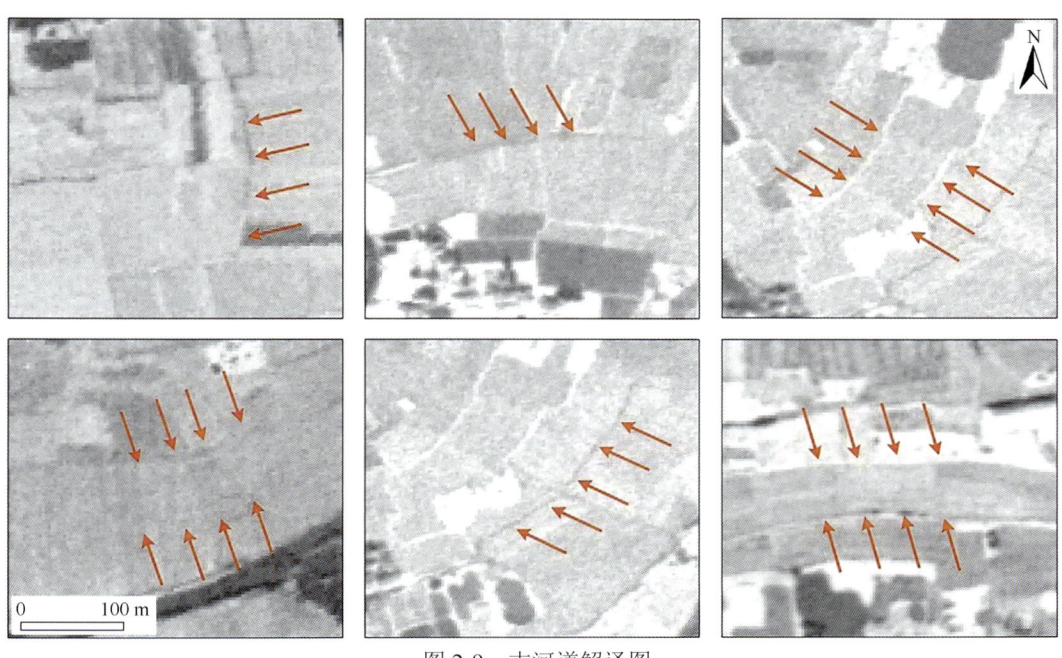

图 2-9 古河道解译图

图 2-10 东苕溪改道示意图

不可否认，目视解译是最常用也是最有效的遥感考古方法之一。虽然它不能提供定量的考古指数，但可以通过多时期影像分析检测考古遗址变化，进一步挖掘历史影像的考古价值，发现未知的考古特征，为考古工作调查提供重要的指示信息，可以有效地辅助考古调查和遗址探测。不同类型数据在良渚遗址群的探测效果，如表2-1所示。

表2-1 不同类型数据在良渚遗址群的探测效果统计表

目标类型	航空影像	Corona 影像	SPOT 5 影像	QuickBird 影像	Sentinel-2A 影像
古城墙	√	√	√	√	√
古河道	√	√	×	×	×
古遗址	√	√	×	×	√

注："√"表示该遥感影像探测此类考古目标；"×"表示该遥感影像未探测此类考古目标

2.2 相同传感器不同时间对比探测

Sentinel-2 影像数据可以免费获取，能够直观反映遗址的自然环境，对于考古调查来说是一个非常有用的数据源，但由于良渚区域地处亚热带季风气候，在潮湿季节云层较低、影像云量较多，最终选取了云覆盖较低的 2017 年 4 月 29 日和 2017 年 12 月 25 日的 Sentinel-2A 影像开展对比研究，经过大气校正后的两期数据对比如图 2-11 所示。图中两景影像相对应的波段组合与影像增强方式都完全一样，2017 年 12 月 25 日的 Sentinel-2A

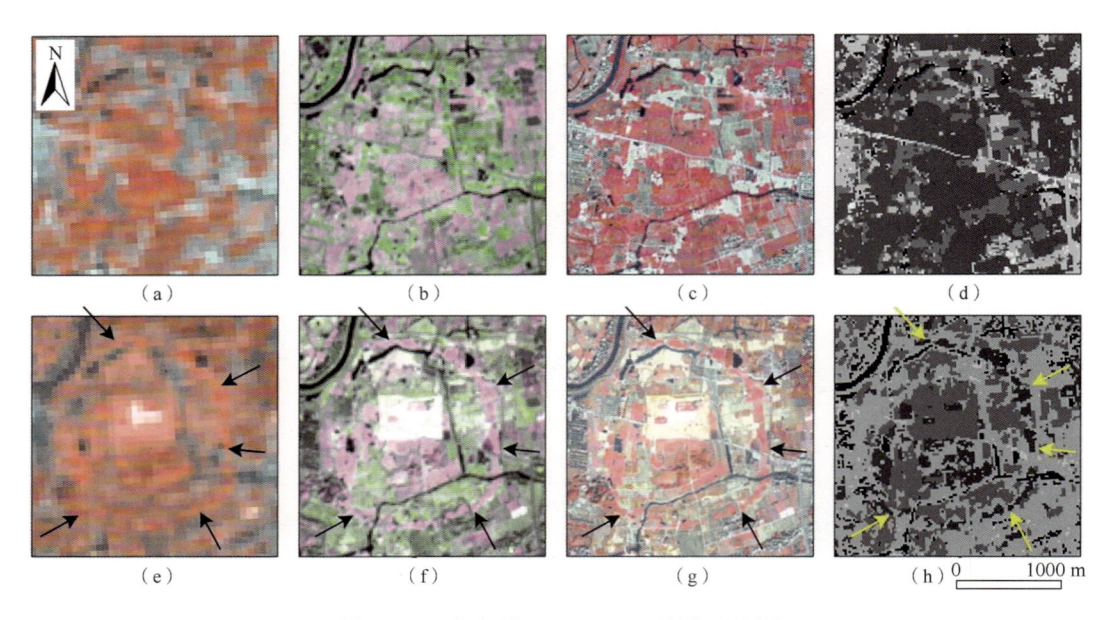

图 2-11 不同时相 Sentinel-2A 影像对比图

(a)~(d) 为 2017 年 4 月 29 日的影像数据；(e)~(h) 为 2017 年 12 月 25 日的影像数据；(a) 和 (e) 为两个时期 60 m 分辨率的 b9 和 b1 的 RGB 组合；(b) 和 (f) 分别为 20 m 分辨率的 b8A、b11 和 b7 的 RGB 组合；(c) 和 (g) 分别为 10 m 分辨率的 b8、b4 和 b3 的 RGB 组合；(d) 和 (h) 分别为 L2A 数据分类产品

影像清晰地反映了良渚古城城墙和莫角山遗址的分布状况。古城墙虽然不完全连续，但在 10 m 分辨率、RGB 为 843 波段组合情况下特征尤为明显，轮廓非常清晰，大致为浅红色调。但是在 2017 年 4 月 29 日的 Sentinel-2A 影像上却毫无踪迹可寻。

这两期影像的差异较大，为分析差异形成原因，进一步获取了 Sentinel-2 从 2015 年 11 月 26 日～2018 年 2 月间的 10 景影像。经对比发现，2017 年 10 月 26 日的影像没有变化，也就是说 2017 年 10 月 27 日～12 月 25 日期间影像光谱信息才发生变化。根据 2015 年召开的"良渚古城申遗及国家考古遗址公园建设专家咨询会"报道，专家提出对遗址本体进行整理的建议，推测影像上的变化很有可能是人为活动所引起的，是在为良渚申遗做的准备工作。

2.3 数 据 融 合

新石器时代遗址相对于历史时期遗址而言，多距地表较深，且面积较小，除夯土城墙和壕沟外，要从遥感图像中辨识存在一定难度，因此这里选取瑶山遗址、姚家墩遗址和卢村遗址等这几个经过发掘的典型遗址，以及从融合图像中发现异常信号的马山遗址、良渚古城遗址进行对比分析。

2.3.1 SPOT 5 影像融合

针对 SPOT 5 影像数据，选取了 HSV，Brovey，G-S，PC 和小波变换法的融合影像进行了试验，分别对良渚遗址群和良渚古城进行定量评价。

首先对良渚遗址群区域的影像进行了定量评价。根据表 2-2 统计结果，从 RGB 波段的信息熵来看，HSV 法融合图像的值最大，信息量增加最多，GS 法和小波变换法次之；从相关系数来看，小波变换法融合结果与原始影像的相关程度最高；从平均梯度来看，HSV 法融合图像的值最大。综合以上信息，HSV 法融合能够更好地表现细节信息，小波变换法融合可以更好地保持光谱特性。良渚遗址群区域的 HSV 法融合效果最佳，G-S 和小波变换法融合效果较好。

表 2-2 SPOT 5 影像融合指标对比表

影像名称	波段	平均梯度	信息熵	相关系数
原始多光谱影像	B1(R)	2.1365	6.1106	
	B2(G)	1.6011	5.2233	
	B3(B)	1.1294	4.8147	
	B4	1.6739	6.2925	
HSV 法融合影像	B1(R)	12.0963	5.4604	−0.1173
	B2(G)	10.1935	6.6312	0.8695
	B3(B)	11.6161	6.6384	0.8553

续表

影像名称	波段	平均梯度	信息熵	相关系数
Brovey 法融合影像	B1(R)	1.5869	4.3516	0.7702
	B2(G)	0.9477	4.1932	0.8508
	B3(B)	0.9779	4.336	0.8384
G-S 法融合影像	B1(R)	3.5547	5.708	0.779
	B2(G)	3.1045	5.8222	0.8615
	B3(B)	2.1277	5.2431	0.8581
	B4	4.6967	5.945	0.7318
PC 法融合影像	B1(R)	4.215	5.0251	0.3841
	B2(G)	2.0517	5.4711	0.9023
	B3(B)	1.4798	5.7014	0.8992
	B4	4.9423	6.1809	0.4865
小波变换法融合影像	B1(R)	3.8879	6.0498	0.8521
	B2(G)	3.518	5.3071	0.9032
	B3(B)	3.3502	4.9434	0.8841
	B4	3.7799	6.3003	0.9204

局部融合影像(莫角山遗址一带)定量评价统计数据(表 2-3)的结果与良渚遗址群的结论基本一致。

表 2-3 良渚古城及周边的局部定量评价表

影像名称	波段	平均梯度	信息熵	相关系数
原始多光谱影像	B1(R)	7.5207	5.8866	
	B2(G)	8.0952	5.2308	
	B3(B)	8.0609	4.71	
HSV 法融合影像	B1(R)	21.0873	5.5469	−0.3028
	B2(G)	15.1785	6.8459	0.9816
	B3(B)	16.2993	6.7024	0.9686
Brovey 法融合影像	B1(R)	16.9743	4.1899	0.9621
	B2(G)	11.4927	4.2228	0.9569
	B3(B)	11.8872	4.1951	0.9404
G-S 法融合影像	B1(R)	19.2292	5.4502	0.95
	B2(G)	11.8994	5.7513	0.9612
	B3(B)	12.0077	5.1381	0.9626

续表

影像名称	波段	平均梯度	信息熵	相关系数
PC 法融合影像	B1(R)	20.3349	5.3589	0.434
	B2(G)	9.2206	5.4191	0.998
	B3(B)	9.3128	4.9385	0.9956
小波变换法融合影像	B1(R)	15.259	5.787	0.9773
	B2(G)	16.7182	5.2684	0.9898
	B3(B)	21.3793	4.8474	0.9759

根据定量指标对比分析发现，SPOT 5 影像基于 HSV、G-S 和小波变换法得到的影像信息量丰富，与原始多光谱、全色波段相关性高，融合效果较好。

图 2-12 显示的区域为莫角山遗址和反山遗址一带 SPOT 5 影像融合图，融合后的影像可以有效辅助解译考古标志。G-S 法和 HSV 法融合影像的目视效果较好，地物特征较为明显。

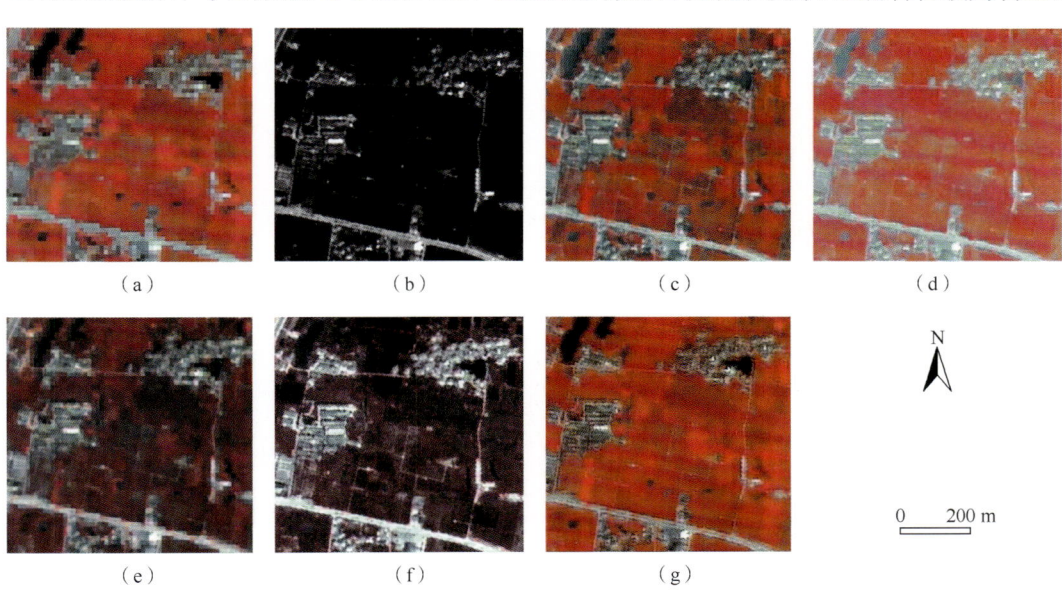

图 2-12 SPOT 5 影像融合对比图
(a)原始多光谱影像；(b)原全色影像；(c)G-S 融合影像；(d)Brovey 融合影像；(e)PC 融合影像；(f)HSV 融合影像；(g)小波变换融合影像

采用空间分辨率、清晰度、信息量、相关性等指标进行融合影像质量的定量评价，选取融合后质量较好的影像，再对特定的考古对象进行目视判别，实现对融合影像的定性评价。

瑶山遗址为新石器时代良渚文化遗址，位于安溪镇下溪村一低矮山丘，遗址面积约为 6 000 m^2。在该遗址发现了良渚中期的贵族墓地，并出土了大批重要的良渚玉器。由于原多光谱图像分辨率为 10 m，在此比例下显示地物目标模糊不清，而在同样比例下的融合影像可以分辨出不同地物的特征(图 2-13)。

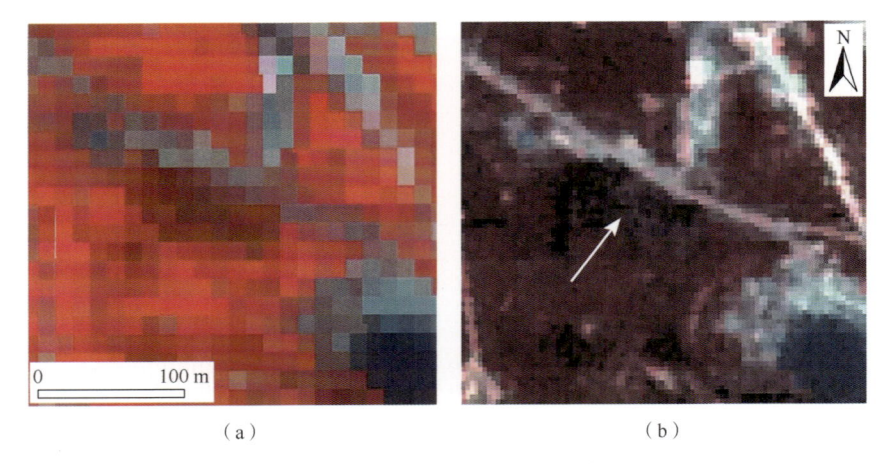

图 2-13　瑶山遗址 G-S 融合前后影像对比图
(a) 原始多光谱影像；(b) G-S 融合影像

马山遗址是新石器时代良渚文化遗址，位于瓶窑镇城隍山村，遗址面积约为 20 000 m²。遗址未经发掘，曾被盗掘出玉器，遗址的性质极有可能是墓地或祭坛，现在遗址南部有民房占压（图 2-14）。

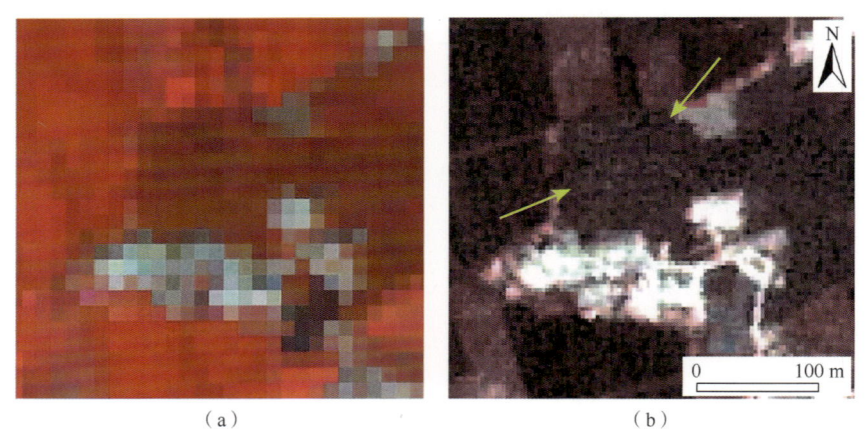

图 2-14　马山遗址 G-S 融合前后影像对比图
(a) 原始多光谱影像；(b) G-S 融合影像

姚家墩遗址位于安溪镇上溪村，遗址面积约为 60 000 m²，是迄今发现的良渚文化遗址中除莫角山以外的第二大聚落遗址。以姚家墩遗址为中心，环绕有金村、料勺柄和王家庄三个小型聚落遗址，形成聚落群（图 2-15）。

卢村遗址位于安溪镇上溪村，发现了良渚中期的墓地，遗址面积约为 40 000 m²，原为一方形土台。从融合图像上能够清晰地观察到，因有村坊坐落其上，遗址现已被严重破坏，融合后影像提供了更多环境细节（图 2-16）。

我们选取良渚古城北城墙作为目标区域，对融合后的影像进一步采用增强型 Lee 滤波，可以有效地提取考古弱信息，如图 2-17 所示。

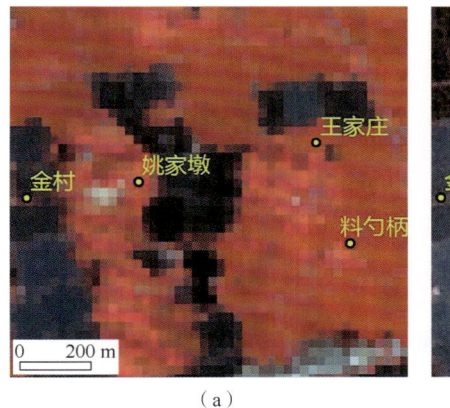

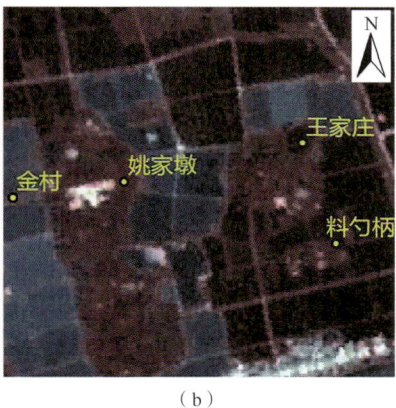

图 2-15　姚家墩遗址 G-S 融合前后影像对比图

(a) 原始多光谱影像；(b) G-S 融合影像

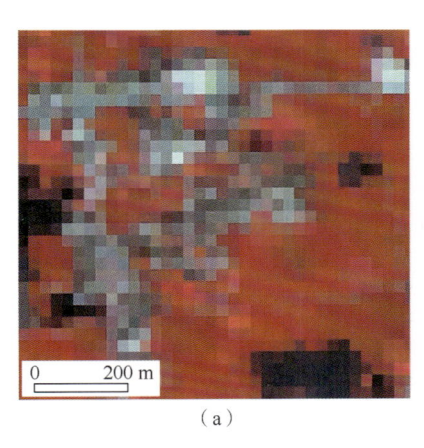

图 2-16　卢村遗址 G-S 融合前后影像对比图

(a) 原始多光谱影像；(b) G-S 融合影像

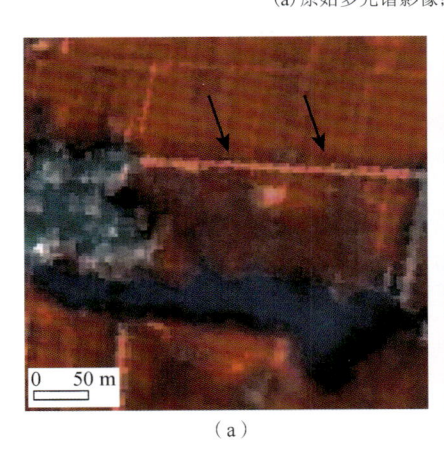

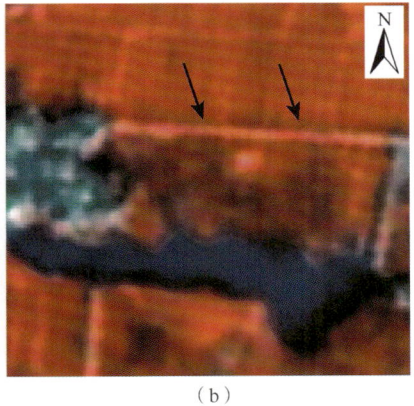

图 2-17　良渚古城北城墙部分融合影像对比图

(a) Pansharp 融合影像；(b) 增强型 Lee 滤波

2.3.2 QuickBird 影像融合

高分辨率卫星能够为考古调查研究提供重要的、有价值的信息。然而由于考古目标的特殊性，影像上的信息非常微弱，为了准确地识别考古目标，排除噪声的影响，我们可以通过数据融合方法来提高遥感考古的识别精度（Lasaponara et al.，2006b）。

覆盖良渚古城遗址的高分辨率 QuickBird 影像包含 4 个分辨率为 2.44 m 的多光谱波段和 1 个分辨率为 0.61 m 的全色波段，获取时间为 2011 年 3 月 18 日。

QuickBird 影像的 G-S、PC 和 HIS 融合较好地表现了遗址的细节信息，小波变换、HPF 和 G-S 很好地保持了光谱的原真性（图 2-18、表 2-4）。

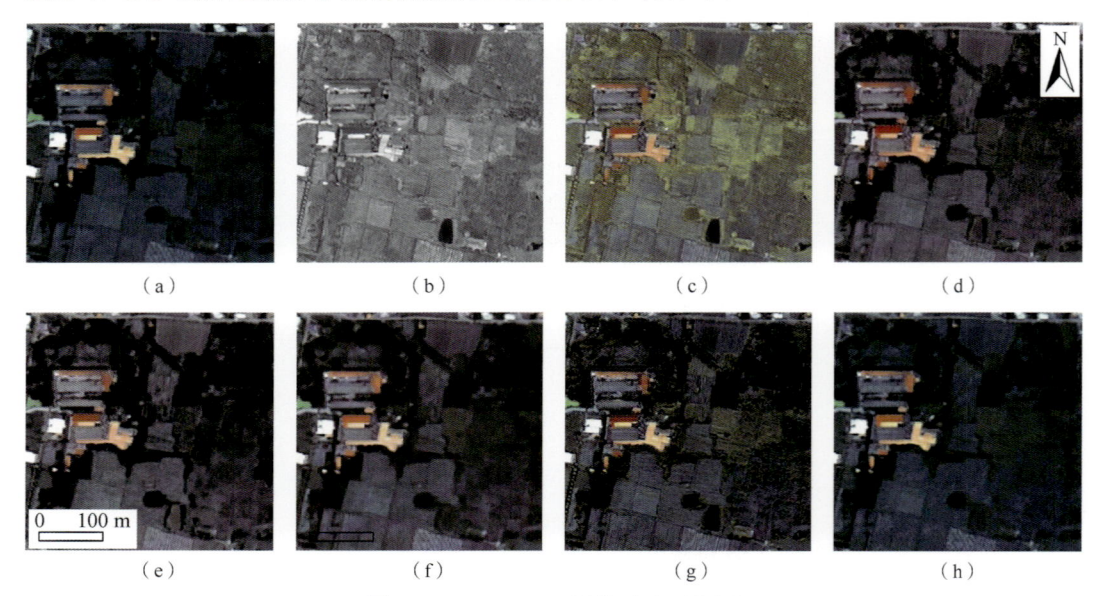

图 2-18 QuickBird 影像融合对比图

(a)原始多光谱影像；(b)原全色影像；(c)Brovey 融合影像；(d)G-S 融合影像；(e)PC 融合影像；(f)HPF 融合影像；(g)IHS 融合影像；(h)小波变换融合影像

表 2-4 QuickBird 影像融合指标对比表

影像名称	波段	平均梯度	信息熵	相关系数
原始影像	B1(R)	2.9993	6.6149	
	B2(G)	5.1225	7.4265	
	B3(B)	4.4567	7.2417	
	B4	12.142	9.012	
Brovey 法融合影像	B1(R)	3.8285	5.952	0.7513
	B2(G)	4.8316	6.5346	0.8427
	B3(B)	2.7136	5.8522	0.9819
G-S 法融合影像	B1(R)	7.5889	7.205	0.9783
	B2(G)	10.4793	7.7669	0.9755

续表

影像名称	波段	平均梯度	信息熵	相关系数
G-S 法融合影像	B3(B)	6.8925	7.5234	0.9669
	B4	14.8224	8.9617	0.9509
PC 法融合影像	B1(R)	7.1431	7.6258	0.9743
	B2(G)	9.9168	8.1088	0.9694
	B3(B)	6.2876	7.737	0.9641
	B4	15.1957	8.6485	0.9343
IHS 法融合影像	B1(R)	9.507	6.9855	0.9495
	B2(G)	11.6862	7.5913	0.9642
	B3(B)	6.2821	7.1687	0.9931
HPF 法融合影像	B1(R)	2.3102	6.4624	0.9984
	B2(G)	3.8983	7.2781	0.9982
	B3(B)	3.4628	7.1683	0.9987
	B4	9.3272	8.892	0.9986
Wavelet 法融合影像	B1(R)	7.8797	6.6401	0.9935
	B2(G)	10.8808	7.3465	0.9937
	B3(B)	7.7163	7.2393	0.9968

师姑山遗址是新石器时代良渚文化遗址，位于瓶窑镇长命村东、104 国道北侧，其西南部被池塘破坏，遗址面积约为 15 000 m²，在融合图像中发现池塘东北隐约可见的类矩形外边界(图 2-19)。

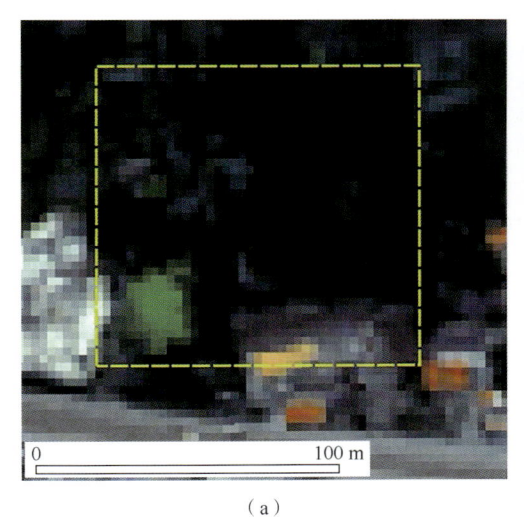

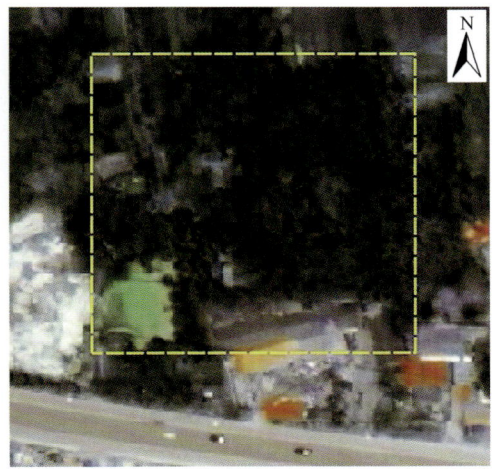

(a) (b)

图 2-19 师姑山遗址 G-S 融合前后影像对比图
(a)原始多光谱影像；(b)G-S 融合影像

反山遗址是新石器时代良渚文化遗址，位于雉山村，遗址面积约为 10 000 m²。反山遗址发现有良渚中期的显贵墓地，随葬品十分丰富，出土大量精美玉器，是良渚文化的一个重要遗址，融合后影像可以更清晰地识别遗址的纹理信息(图 2-20)。

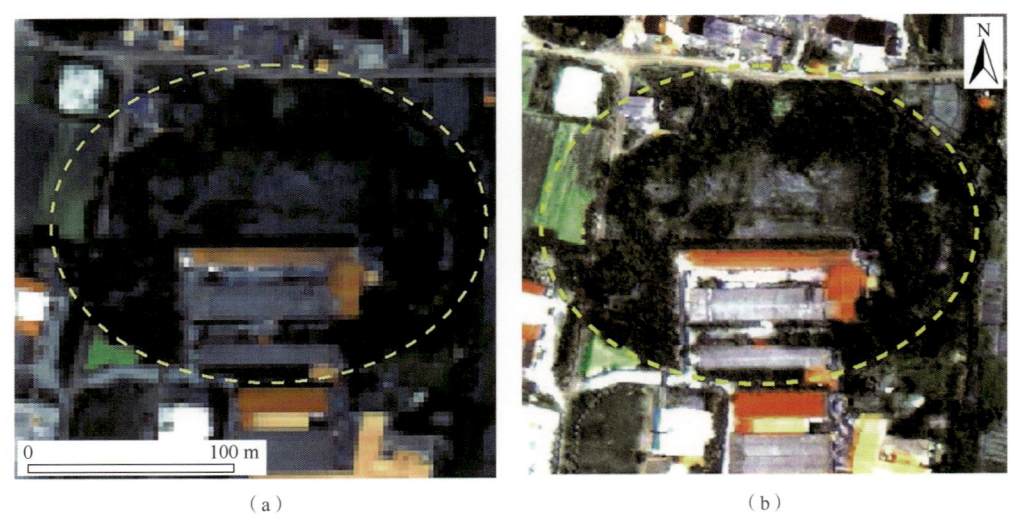

图 2-20　反山遗址 G-S 融合前后影像对比图
(a)原始多光谱影像；(b)G-S 融合影像

姚家墩和卢村遗址附近的 QuickBird 影像融合后能够更清晰地勾勒出遗址的范围。尤其是与 SPOT 5 影像数据效果对比更明显，分辨率越高，细节信息越丰富(图 2-21、图 2-22)。

图 2-21　姚家墩遗址 G-S 融合前后影像对比图
(a)原始多光谱影像；(b)G-S 融合影像

图 2-22　卢村遗址 G-S 融合前后影像对比图

(a)原始多光谱影像；(b)G-S 融合影像

2.3.3　后处理考古特征识别

遥感考古的研究表明影像增强能够有效地突出考古特征。根据良渚遗址群的考古报告记载，周村遗址是良渚文化的居住遗址，位于田间和高地之中。本章选择农田部分的周村遗址作为研究对象，选择 QuickBird 影像数据进行影像增强试验。研究采用了多种方法综合应用于 QuickBird 影像的全色波段和基于 Gram-Schmidt 的 QuickBird 影像融合结果(以下简称 G-S 融合)。根据图 2-23(a)和(b)，我们可以发现标准差增强能够显著改善影像的清晰度，提取遗址的地表景观单元的边界。主成分分析可以帮助我们突出考古目标，尤其是图 2-23(d)所示，第二主成分能够识别出遗址的建筑基址及范围。方向卷积结果如图 2-23(e)和(f)所示，不同的波段组合情况下，基本可以判断出色调的差异所在，但是不能确定考古异常区域的范围。

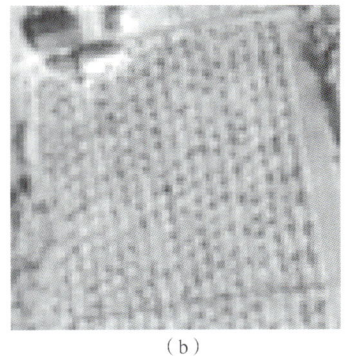

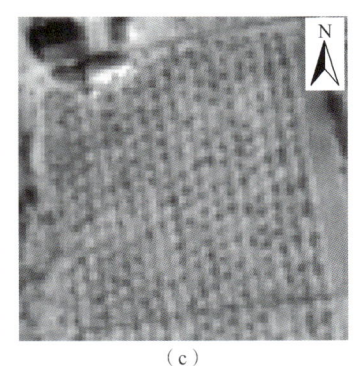

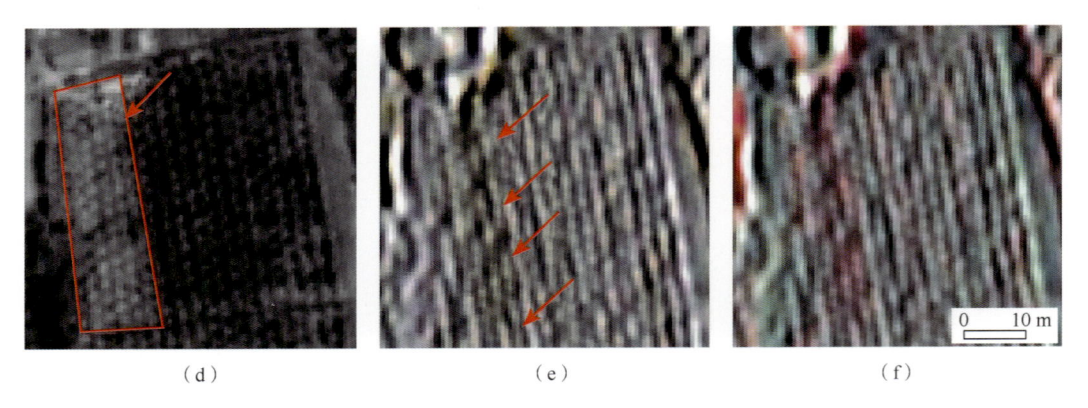

图 2-23 QuickBird 影像的增强处理效果

(a) QuickBird 全色波段；(b) QuickBird 全色波段标准差增强；(c) QuickBird G-S 融合主成分分析中第一主成分；(d) QuickBird G-S 融合主成分分析中第二主成分；(e) QuickBird G-S 融合的方向卷积 (5×5) RGB 123 波段；(f) QuickBird G-S 融合的方向卷积 (5×5) RGB 432 波段

2.4 波段计算

不同波段对地物的反射敏感性不同，如果地表或浅地表埋藏着遗迹，就会影响到地表植被的生长状态和土壤的物理性质。可见光-近红外对植物的生长状况和土壤水分比较敏感，在特定条件下能够提供遗迹的光谱弱信息。这里我们选取具有代表性的中、高分辨率的数据进行对比试验。中分辨率影像数据选取 Landsat ETM+，SPOT 5，Aster 和 Sentinel-2A，高分辨率影像数据选取 QuickBird 和 WorldView 2。

将研究使用影像数据的可见光-近红外波段进行对比（表 2-5），Landsat-7 ETM+ 有 4 个 VNIR 波段，Aster 有 4 个 VNIR 波段，SPOT 5 有 3 个 VNIR 波段，QuickBird 有 4 个 VNIR 波段，WorldView 2 有 4 个 VNIR 波段，Sentinel-2A 有 10 个 VNIR 波段，其中 3 个为红边波段（表 2-5）。从波段数量来说，Sentinel-2A 具有的相关波段数量最多。

表 2-5 研究采用影像数据的可见光-近红外波段的波谱特性表

卫星传感器	蓝	绿	红	红边	近红外	空间分辨率
QuickBird	450~520	520~600	630~690	/	760~900	2.4 m
WorldView 2	450~510	510~580	630~690	/	770~895	1.8 m
Landsat-7 ETM+	450~515	525~605	630~690	/	750~900	30 m
Aster	—	520~600	630~690	/	760~860	15 m
Sentinel-2A	440~538	537~582	646~684	694~713 731~749 769~797	760~908	10 m/红边 20 m
SPOT 5	—	500~590	610~680	/	780~890	10 m

注：波段单位为 nm。WorldView 2 有 8 个波段，有 1 个为红边波段（705~745），但研究获取到的数据只有 4 个波段，这里不展开分析。另，"—"表示无。

2.4.1 光谱指数

参考以往考古遗址探测中的案例，结合数据的波段分析结果，研究选取了 NDVI 和 SRI 进行试验研究。这里选择子母墩遗址进行影像对比分析，根据文物地图集资料记载子母墩遗址长宽分别为 80 m。

通过计算 Landsat-7 ETM+，Aster，Sentinel-2A，SPOT 5 和 QuickBird 的 NDVI 和 SRI（图 2-24），发现在 Landsat-7 ETM+（30 m）上只有 6 个像素，并不能反映出遗址的信息。在 Aster（15 m）的植被指数上隐约可以看到有异常信息的存在，但无法判断其范围和形状 [图 2-24（c）和（d）]。在 Sentinel-2A（10 m）上可以清晰反映异常信息，尤其是利用红边波段 5 和 7（20 m）计算出来的植被指数能够勾勒出遗址的范围和形状信息。SPOT 5（10 m）上

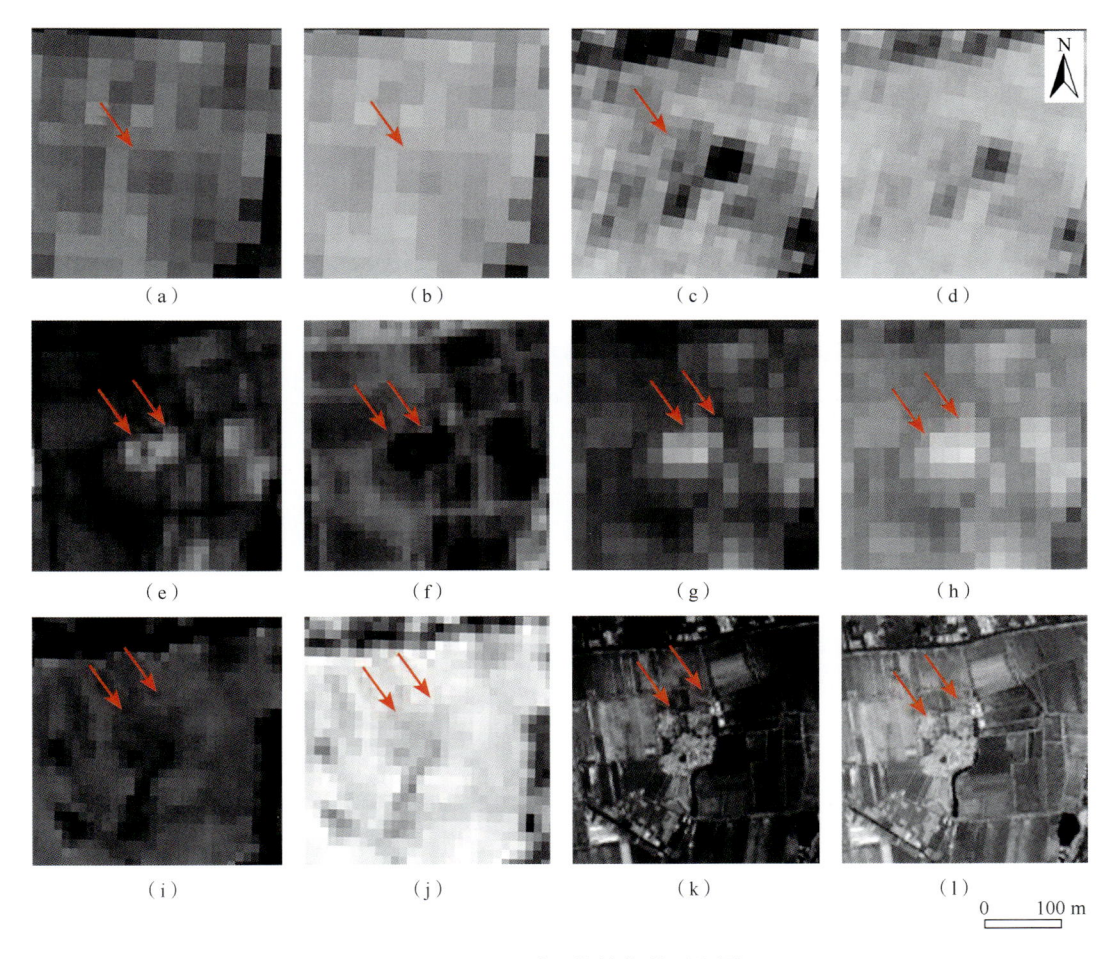

图 2-24 多传感器植被指数对比图

Sentinel-2A SRI1 和 NDVI1 是由波段 4（红）和 8（近红外）计算得到的，而 SRI2 和 NDVI2 是由波段 5（红边 1）和波段 7（红边 3）计算得到的。(a) ETM+SRI；(b) ETM+NDVI；(c) Aster SRI；(d) Aster NDVI；(e) Sentinel SRI1；(f) Sentinel NDVI1；(g) Sentinel SRI2；(h) Sentinel NDVI2；(i) SPOT 5 SRI；(j) SPOT 5 NDVI；(k) QuickBird SRI；(l) QuickBird NDVI

也可以观测到遗址的微弱信息。分辨率最高的 QuickBird(2.41 m)上可以看到遗址的布局和部分细节信息。也就是说，单一时相的植被指数效果不是很稳定，与光谱和空间分辨率都有很大关系。虽然 Sentinel-2A 影像分辨率仅为中等，但是其光谱信息丰富且免费下载，可以广泛用于探测亚热带季风区的遗址。通过对比 QuickBird 与 Landsat-7 ETM+影像发现，空间分辨率的提高使得遥感可以探测到更多小尺度遗址的局部特征。

2.4.2 线性正交方程

近几年有研究利用正交方程的方法进行考古探测研究，并取得了一定的成效，其主要原理是利用正交方程将多光谱影像进行线性转换，从而达到改善影像的质量和效果的目的，增强考古目标的可识别性。由于没有光谱数据做分析，这里采用 Agapiou 等(2013a)的通用计算公式如下：

$$C_n = a \times \rho_b + b \times \rho_g + c \times \rho_r + d \times \rho_{nir} \quad (2\text{-}1)$$

式中，C_n 为不同的组分；C_1 代表作物标志组分；C_2 代表植被组分；C_3 代表土壤组分；ρ 是反射率；ρ_b 是蓝波段反射率；ρ_g 是绿波段反射率；ρ_r 是红波段反射率；ρ_{nir} 是近红外波段反射率；a、b、c、d 分别为各反射率的系数。

根据上述公式选取有对应波段的数据，不同的传感器对应不同的参数设置，如表 2-6 所示。

表 2-6　不同传感器的正交方程系数

传感器	组分	系数 a	系数 b	系数 c	系数 d
Aster	C_1	0	0.36	−0.64	−0.67
	C_2	0	−0.46	−0.75	0.47
	C_3	0	−0.81	0.14	−0.57
Landsat 7 ETM+	C_1	−0.42	−0.69	0.21	−0.55
	C_2	−0.34	−0.41	−0.65	0.53
	C_3	0.12	0.22	−0.73	−0.64
QuickBird	C_1	−0.39	−0.71	0.21	−0.55
	C_2	−0.36	−0.40	−0.65	0.53
	C_3	0.09	0.24	−0.72	−0.65
WorldView 2	C_1	−0.38	−0.71	0.20	−0.56
	C_2	−0.37	−0.39	−0.67	0.52
	C_3	0.09	0.27	−0.71	−0.65

根据上述公式，分别对 Aster，Landsat-7 ETM+，QuickBird，WorldView 2 进行计算和评价。

中低分辨率的 Landsat-7 ETM+影像计算结果如图 2-25 所示。由于分辨率限制，难以探测到大多数遗址,这里选取线性文化遗产京杭大运河作为案例。图中西北-东南方向穿过影像的是一段运河。在 RGB 组合影像上色调与周围差异较小,河道模糊。在三个组分组合的影像上比较清晰,在近红外和土壤组分影像上也可以清楚地观察到,而且三个组分组合的数据可以更好地反映河道两岸的纹理结构和大致轮廓。

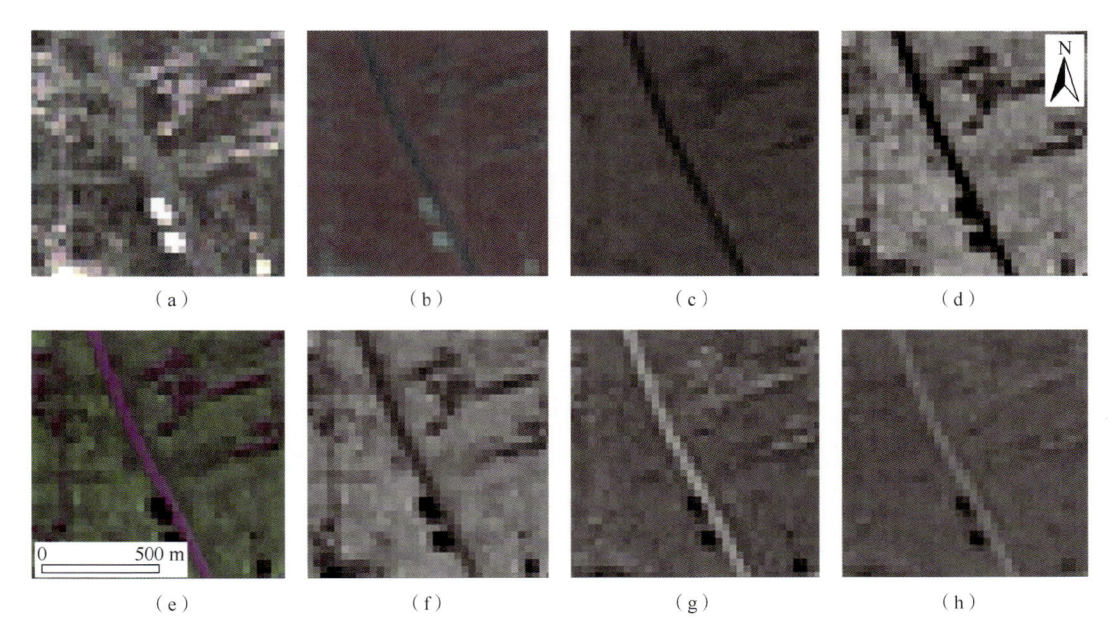

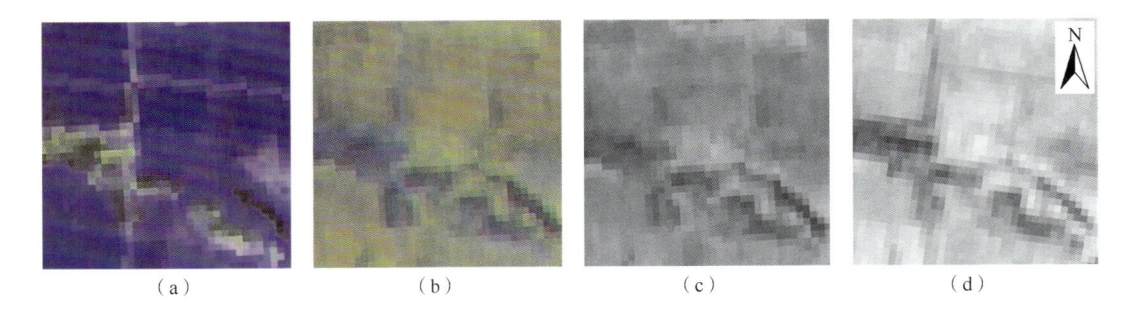

图 2-25 杭嘉湖平原 ETM+影像正交方程结果
(a)RGB 组合;(b)假彩色组合(NIR-R-G);(c)近红外波段;(d)NDVI;(e)三个组分假彩色组合;(f)植被组分;(g)土壤组分;(h)作物标志组分

为验证 Aster 影像的应用效果,研究选取了杭嘉湖平原梅口村遗址作为研究对象。根据《中国文物地图集·浙江分册》记载,梅口村遗址位于湖州市南浔区善琏镇,属于商周时期遗址,遗址面积约为 20 000 m²。Aster 数据(15 m 分辨率)的组分分析结果如图 2-26 所示。三个组分的组合影像[图 2-26(e)]可以清晰地反映遗址的位置和范围,而在其他影像上反映不是很强烈。在作物标志、土壤和植被组分上可以反映部分考古异常信息,但不能确定遗址的完整范围。

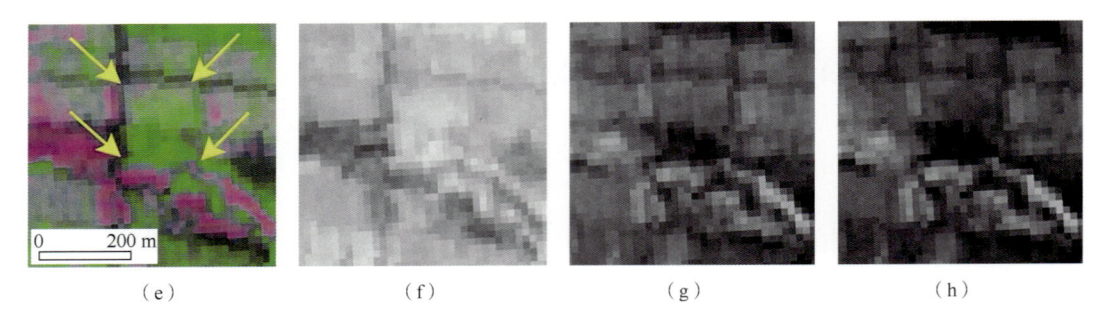

图 2-26　杭嘉湖平原 Aster 影像正交方程结果图

(a)假彩色组合(NIR-R-G)；(b)假彩色组合(SWIR-NIR-R)；(c)近红外波段；(d)NDVI；(e)三个组分假彩色组合；
(f)植被组分；(g)土壤组分；(h)作物标志组分

此外，选取了良渚古城附近的子母墩遗址进行了对比研究。子母墩位于良渚古城北部的农田中，因此选择此遗址进行考察。Aster 影像数据组分如图 2-27 所示，在假彩色组合影像、近红外和 NDVI 图上都无法判断出遗址的轮廓信息，而经过线性方程转换的土壤组分[图 2-27(g)]和作物标志[图 2-27(h)]能够很好地显示子母墩的基本形状(如图中红色箭头所示组分)。三个组分的组合图[图 2-27(e)]可以反映遗址顶部的聚集特征。

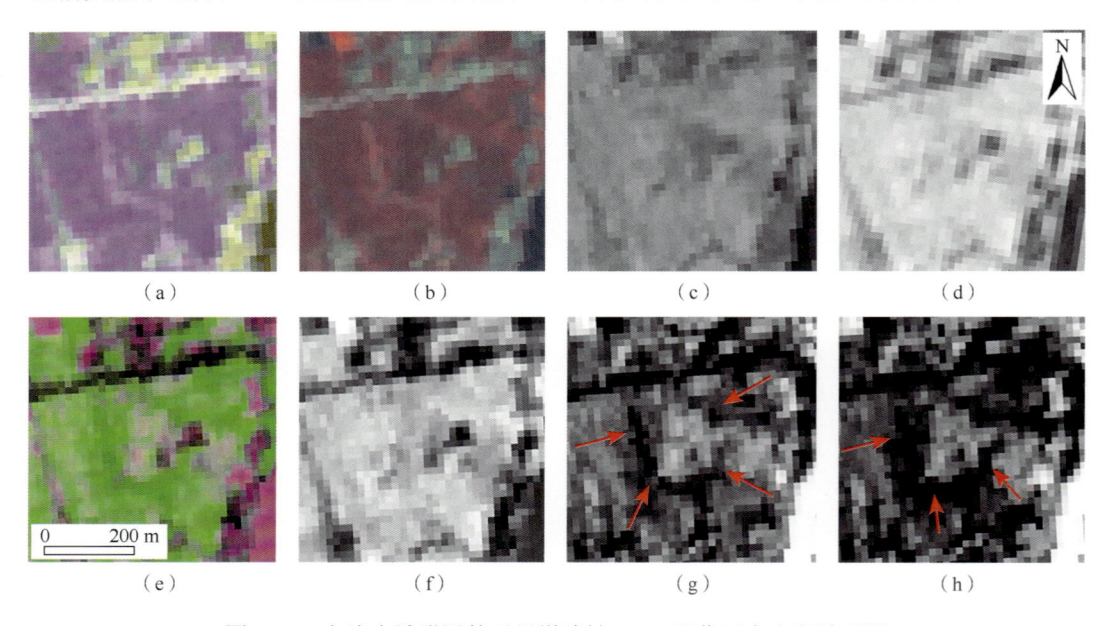

图 2-27　良渚古城附近的子母墩遗址 Aster 影像正交方程结果图

(a)假彩色组合(NIR-R-G)；(b)假彩色组合(SWIR-NIR-R)；(c)近红外波段；(d)NDVI；(e)三个组分假彩色组合；
(f)植被组分；(g)土壤组分；(h)作物标志组分

高分辨率 QuickBird 影像可以探测到很多尺度较小的考古目标。扁担山遗址位于农田中，大致为东西方向，长宽约为 300 m×20 m。根据 QuickBird 影像正交方程计算结果(图 2-28)，在 NDVI[图 2-28(d)]和植被组分图[图 2-28(f)]上可以看到一段异常区域，在假彩色组合[图 2-28(b)]、近红外波段[图 2-28(c)]、土壤组分[图 2-28(g)]和作物标志组分[图 2-28(h)]图上可以清晰看到遗址南缘的轮廓线。只有三个组分假彩色组合[图 2-28(e)]可以反映扁担山遗址的大致轮廓与走向,这也与考古发现的记录是一致的。

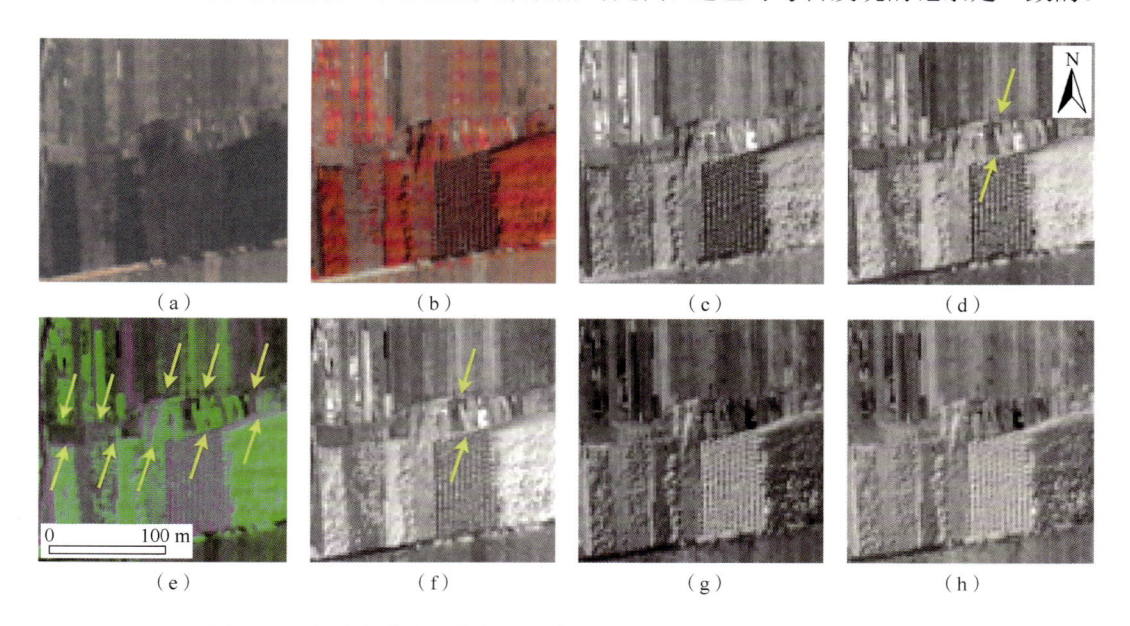

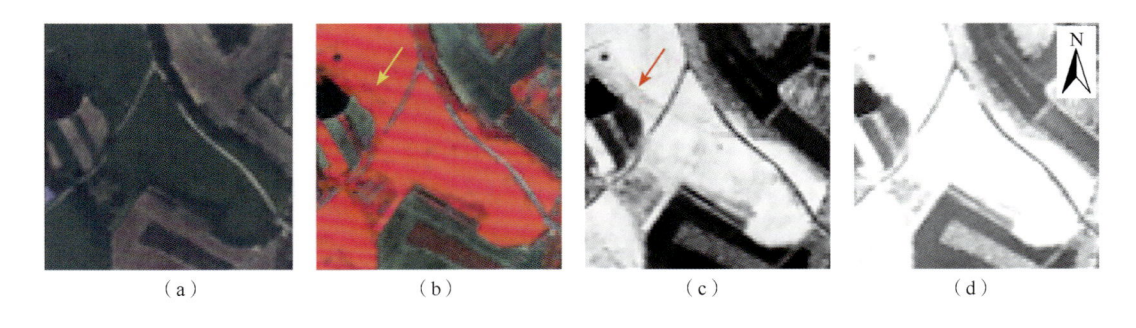

图 2-28 良渚古城附近的扁担山遗址 QuickBird 影像正交方程结果图
(a)RGB 真彩色组合;(b)假彩色组合(NIR-R-G);(c)近红外波段;(d)NDVI;(e)三个组分假彩色组合;(f)植被组分;(g)土壤组分;(h)作物标志组分

WorldView 2 影像提供 1.8 m 多光谱影像,选取良渚古城城墙的西南侧位于农田中的部分进行了研究。根据图 2-29,正交计算的三个组分的假彩色组合[图 2-29(e)]能够很好地提取到有弧度的区域线,长约 120 m,其走向与城墙走向基本一致。该异常信息从假彩色组合[图 2-29(b)]、近红外波段[图 2-29(c)]上可以观测到 40 m 长度的异常。在植被组分和作物标志组分上亦可识别出 100 m 多的线性异常区域。

综上所述,线性正交方程能更好地区分新石器时期遗址,尤其是良渚文化时期遗址的作物标志,同时也发现空间分辨率的局限性,低分辨率限制了遗址的识别度,尤其是小型考古目标。但是由于从宏观尺度获取遗址周边环境信息更为有效,中低分辨率卫星影像可以更好地辅助考古调查与研究。

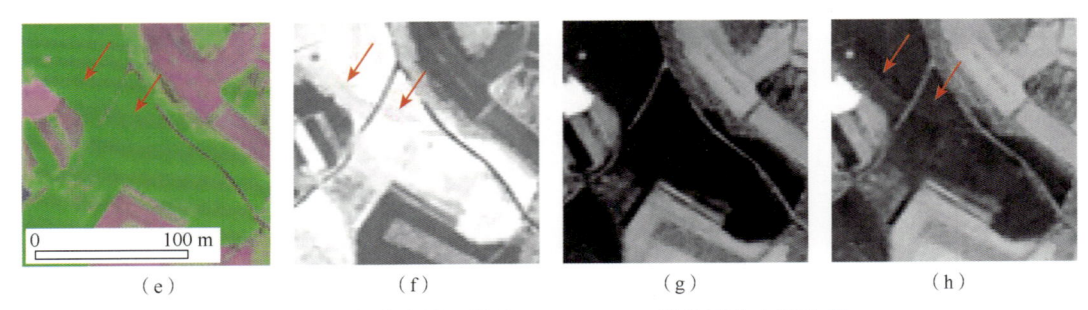

图 2-29　良渚古城西城墙 WorldView 2 影像正交方程结果

(a)RGB 真彩色组合；(b)假彩色组合(NIR-R-G)；(c)近红外波段；(d)NDVI；(e)三个组分假彩色组合；(f)植被组分；(g)土壤组分；(h)作物标志组分

2.5　空间自相关

利用空间相关性指标来分析 Aster 影像和历史航空像片、QuickBird 影像的相似性，从而识别考古特征的信息。

2.5.1　Aster 空间自相关分析

Aster 空间自相关结果(图 2-30)表明 Moran's I、Getis-Ord Gi* 和 Geary's C 方法能

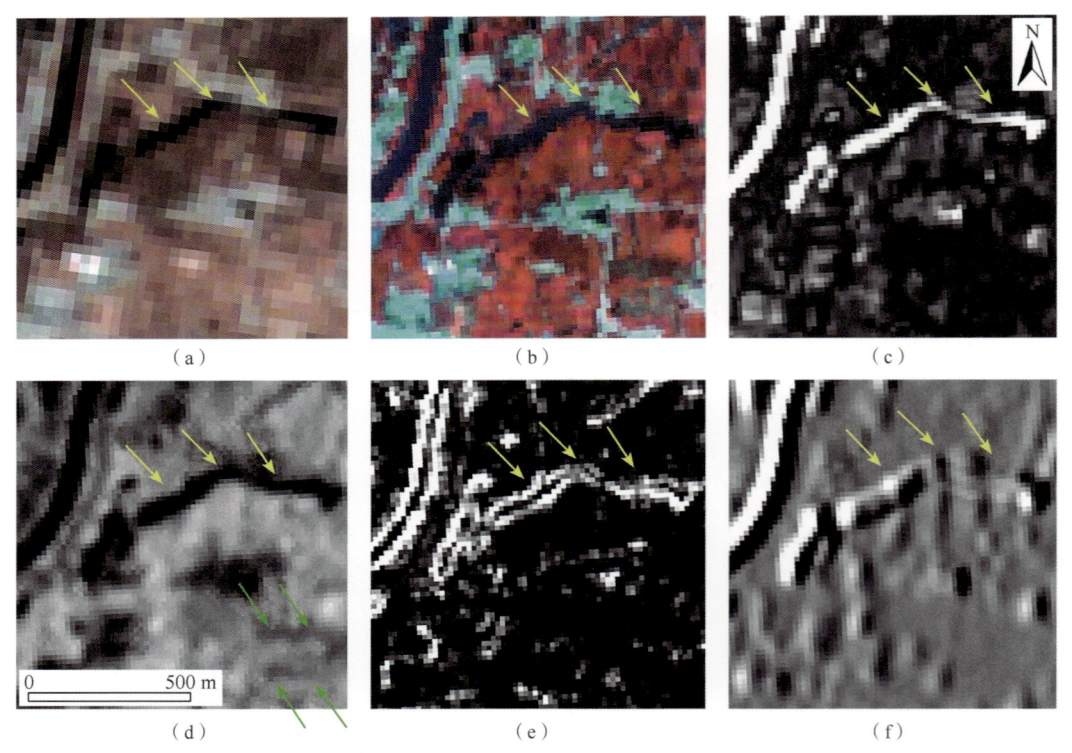

图 2-30　Aster 空间自相关结果对比图

(a)Aster 短波红外波段 456 波段组合；(b)假彩色 NIR-R-G 组合；(c)近红外波段 Moran's I 结果；(d)近红外波段 Getis-Ord Gi* 结果；(e)近红外波段 Geary's C；(f)Moran's I 的方向滤波结果

够有效地识别和增强古河道,并且能够发现疑似考古特征。根据近红外波段 Getis-Ord Gi*[图 2-30(d)]右下角所示的异常区域,在其他图中则没有任何线索,与考古遗址数据库对比发现此处为莫角山遗址。经过对不同参数设置后的 Moran's I 分析结果对比发现,采用 0 度、5×5 窗口大小的方向滤波能更好地增强古河道的纹理效果。

2.5.2 历史影像自相关分析

选取吴家埠遗址进行 Corona 影像自相关分析,结果如图 2-31 所示。吴家埠遗址早在 20 世纪 80 年代已经开展过发掘工作,但是部分遗址被现代建筑占压、部分被取土破坏,如图 2-31(a)所示。在图 2-31(b)中遗址的轮廓隐约可见,经过自相关分析后,三种方法可以有效地提取遗址的边缘信息,同时增强遗址上部的纹理特征。

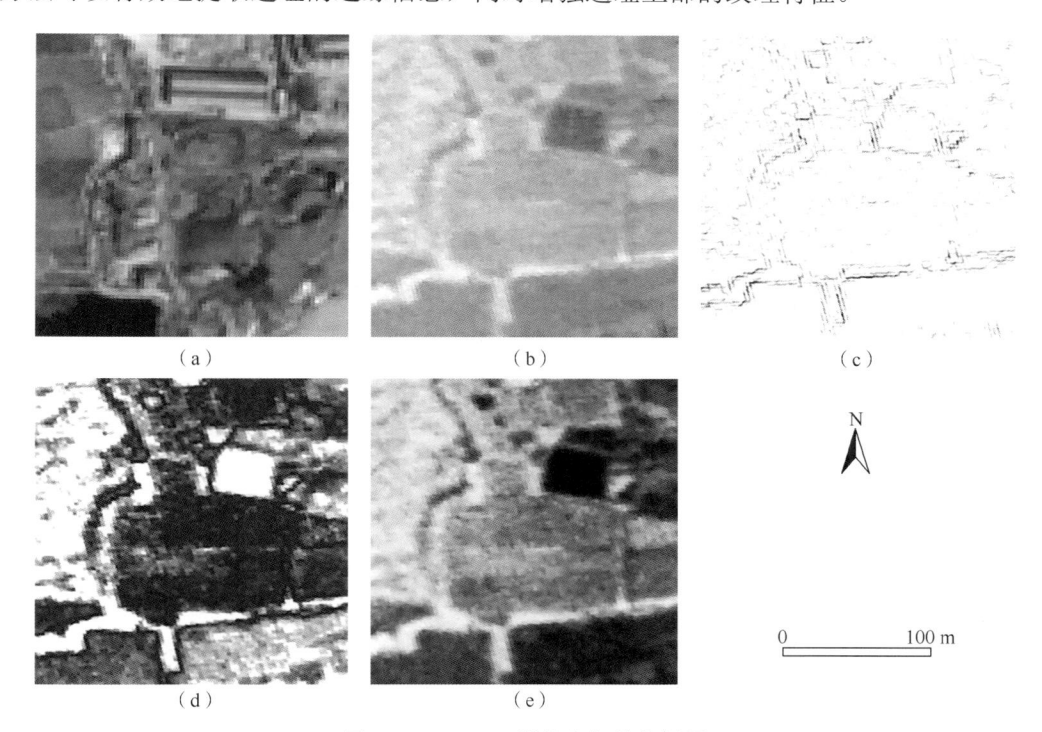

图 2-31 Corona 影像自相关分析图
(a)QuickBird 影像全色波段;(b)Corona 影像;(c)Geary's C 指数分析;(d)Moran's I 指数分析;(e)Getis-Ord Gi* 指数分析

此外,选取金家弄遗址进行案例分析,采用三种局部自相关分析方法分别对 20 世纪 70 年代的航空像片进行计算,如图 2-32 所示。在 QuickBird 影像中可以看到金家弄遗址南部已经被工厂建设所破坏,而在 20 世纪 70 年代的影像上遗址轮廓基本清晰,尤其是经过自相关分析,三种指数都不同程度地反映了遗址的轮廓线。Moran's I 和 Geary's C 指数增强了遗址上部的纹理信息,Getis-Ord Gi* 指数强化了遗址的边缘信息,提供了重要的考古线索。

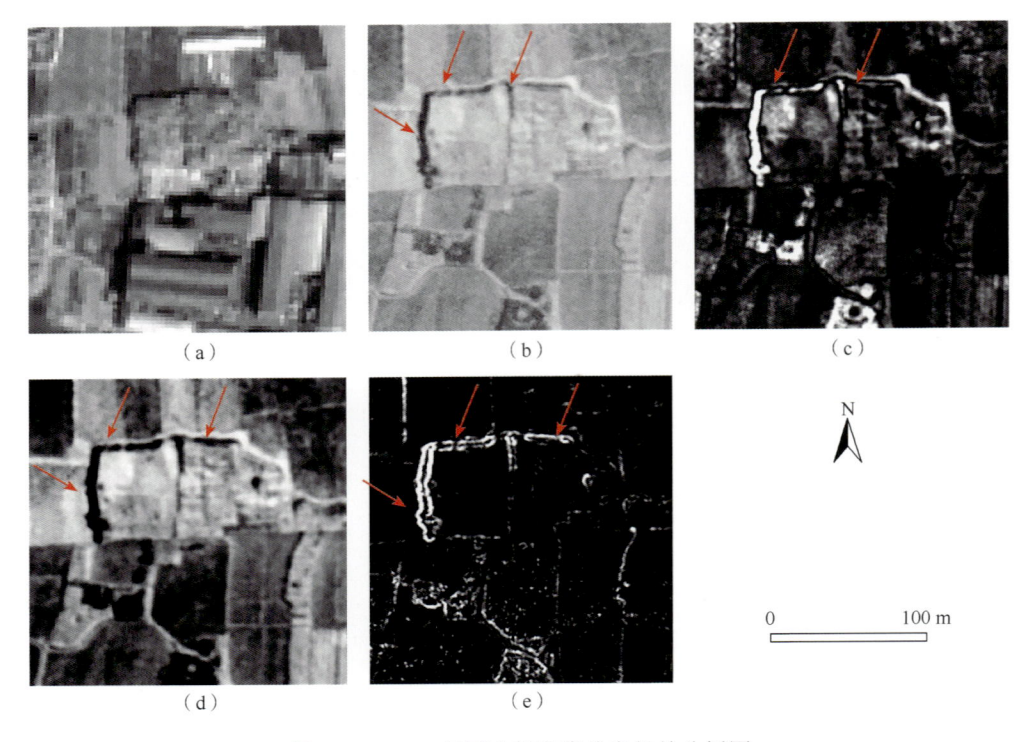

图 2-32　1970 年历史航空像片自相关分析图

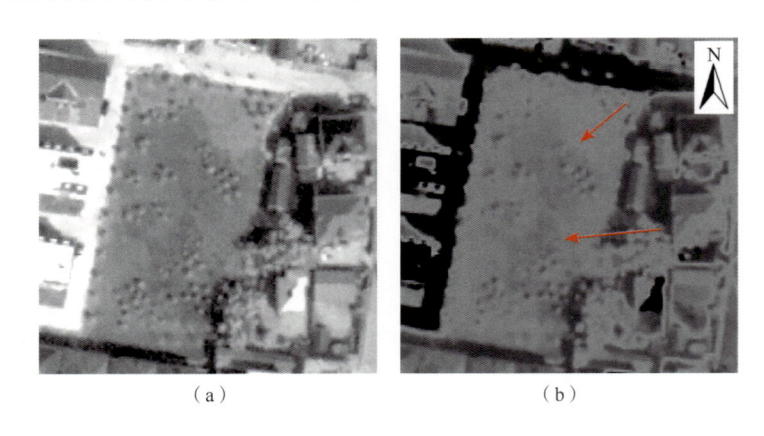

(a) QuickBird 影像全色波段；(b) 历史航空像片；(c) Geary's C 指数分析；(d) Moran's I 指数分析；(e) Getis-Ord Gi* 指数分析

2.5.3　QuickBird 空间自相关环境分析

研究中选取葡萄畈附近保存较好的良渚古城西城墙段对 QuickBird 影像全色波段的三种指标进行对比分析，确定局部空间自相关指标在考古目标识别中的特点和适用性。根据 QuickBird 影像的局部空间自相关分析（图 2-33），Moran's I 能够定位道路与建筑聚集的地方，识别大致轮廓；Getis-Ord Gi* 可以指示异常区域的边界；Geary's C 可以凸显区域内的局部异常[图 2-33(d)]。

(c) (d)

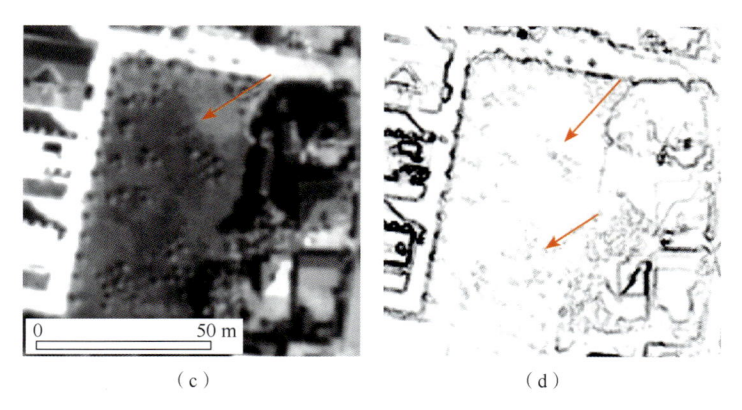

图 2-33　QuickBird 影像全色波段的局部自相关分析图

(a)QuickBird 影像全色波段；(b)Moran's *I* 分析结果；(c)Getis-Ord Gi*分析结果；(d)Geary's *C* 分析结果

对 Moran's *I* 的结果进一步采用 Laplacian 算子、方向滤波、Sobel 算子等卷积滤波进行处理(图 2-34)，Sobel 算子能够更好地识别出古城墙上面的异常信息。

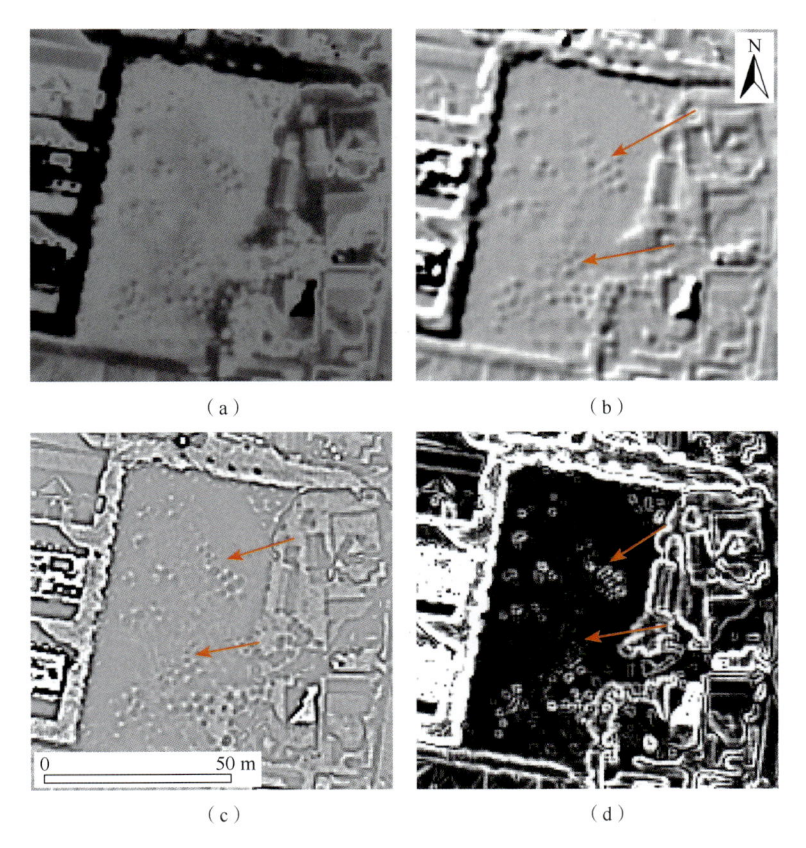

(a) (b)

(c) (d)

图 2-34　对局部 Moran's *I* 处理结果进行影像滤后的效果图

(a)Moran's *I* 结果；(b)Laplacian 算子；(c)方向滤波；(d)Sobel 算子

考古学家在和尚地与扁担山发现了外郭城，但这两个地点中间的部分遥感影像上难以识别，本章利用 QuickBird 多光谱影像的空间自相关分析对此段城墙进行探索，得到图 2-35。通过分析植被的光谱响应特征，发现近红外波段对植被生长较为敏感，因此选择近红外波段三种局部自相关分析方法的结果与全色波段和多光谱影像的不同波段组合进行对比。

QuickBird 影像的全色波段[图 2-35(a)]和融合后近红外波段[图 2-35(c)]的影像上隐约可以看到有一条痕迹线，而在 QuickBird 多光谱 RGB 波段组合的影像[图 2-35(b)]上非常模糊，可能是由于分辨率低看不到考古线索。Geary's C 结果[图 2-35(d)]能够更好地识别影像上差异较大的区域，增强了考古特征（箭头所示可能为外郭城的所在），能够有效地识别运河河道。近红外波段的 Moran's I 结果如图 2-35(e)所示，图上有一条 37.8 m 长的浅灰色异常线，与图 2-35(a)和(c)位置一致。近红外波段的 Getis-Ord Gi^* 结果[图 2-35(f)]，可以看到红色箭头所示、长度约为 53.8 m 的线性异常信息。综合起来分析，这些特征此处可能是外郭城的一部分，推测这里与西部和尚地、东部扁担山的两段外郭城共同构成外郭城的北部城墙。

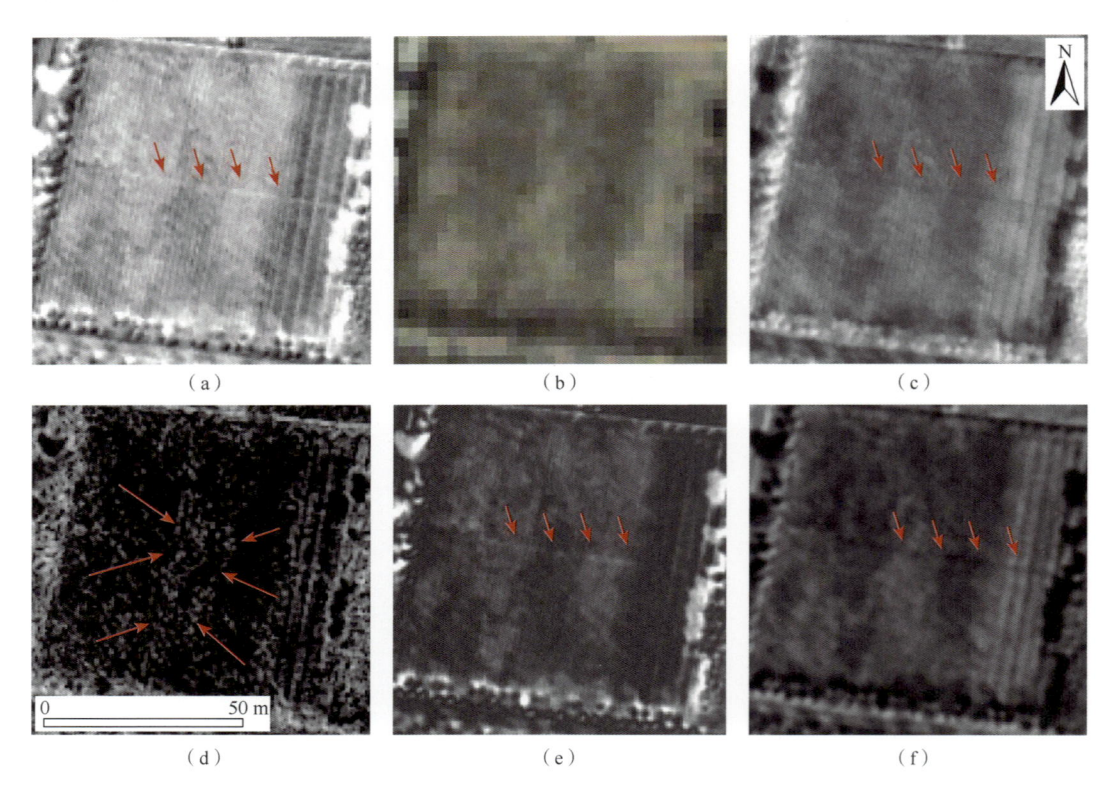

图 2-35　基于 Gram-Schmidt 融合的 QuickBird 影像局部空间自相关分析图
(a)QuickBird 影像全色波段；(b)QuickBird 多光谱 RGB 321 波段组合；(c)G-S 融合影像的近红外波段；(d)近红外波段的 Geary's C 结果；(e)近红外波段的 Moran's I 结果；(f)近红外波段的 Getis-Ord Gi^* 结果

影像的空间自相关能够显著增强 Corona 影像、历史航空像片、Aster 影像和 QuickBird 影像数据集上的空间异常和光谱异常，使我们更容易地获取到遗址的空间格局信息，并且经过卷积滤波和边缘检测方法的进一步处理,进而获取到遗址的地表景观特征,发现疑似考古信息。研究把地统计分析方法应用于多源影像,能够识别影像上遗迹特征的空间分布规律,从遥感影像中挖掘遗址相关的空间变异特征。

2.6 小　　结

传感器技术的迅速发展为我们提供了越来越多的影像数据,这些数据是开展遥感考古研究的基础。本章采用不同空间分辨率、不同光谱波段、不同时相的多源遥感数据进行考古探测,研究结果表明能否探测到地表和浅地表的考古目标是一个牵扯到数据、遗址的材质、保存状态、环境等多种因素的复杂问题。从数据角度来说,影像获取的年代、月份、空间分辨率、光谱分辨率,是遥感考古探测成功的关键。从遗址本体来说,遗址的材质属性、尺寸大小、保存状态以及所处的区域环境、地表覆盖、人为活动都会影响到探测的精度。从数据处理方法来说,数据增强、数据融合、植被指数、正交方程、空间自相关以及滤波等一系列后处理都会影响到探测的结果。

第 3 章　遗址特征 GIS 空间分析方法

地理信息系统(geographic information system，GIS)强大的空间分析能力已经成为考古研究重要的支撑工具。古代人类选择生存空间是一个复杂化的过程，受到人文、社会、自然等多重要素的影响。人们在不断地利用自然、改造自然，同时也在不停地适应环境的过程中，选择的居址都具有显著的空间特征，蕴含着特定的规律性。基于空间分析开展遗址分布地理特征研究，根据已知遗址的空间分布特性来推导遗址的分布规律，使我们能够充分理解不同时期、不同区域遗址的发展规律及趋势，更充分地认识遗址的功能，有助于理解古代人类与环境之间的互动关系、预测潜在遗址分布的可能性，为保护未知遗址、制定已知遗址的保护规划方案提供数据支撑，为协调城市建设与文物保护之间的关系提供决策依据。

3.1　GIS 考古简介

地理信息系统是用于采集、存储、查询、分析和显示地理空间数据的计算机系统(陈建飞、张筱林，2010)。考古研究的核心特性是空间性，这一性质涉及考古研究的理论、方法以及实践的各个层次，空间特性正是 GIS 在考古学中应用的基础(齐乌云等，2005)。GIS 目前是对数字化后的信息最有效的组织和利用方式，因而逐渐成了进行考古信息管理和研究分析的强有力的工具。利用 GIS 对遗址的分布特征进行统计分析，可以发掘不同历史时期人类活动与其所处自然环境之间的关系。在这一基础上，结合自然科学与社会科学等多学科提出的模型方法，可以更深入地探究研究区域内古代人类社会适应与改造自然环境的能力。GIS 的空间数据管理和空间数据分析功能可以应用于从考古数据采集到考古数据存储、分析、解释以及表达的各个方面(梅启斌、汪诚波，2004)。近年来，将 GIS 工具及相关研究方法应用于考古研究的成果逐渐增多(毕硕本等，2013；郭媛媛等，2013；毕硕本等，2008；侯光良等，2012；李中轩等，2011；杨林等，2012；胡珂等，2011)。

将 GIS 应用于考古学研究始于 20 世纪 80 年代，中国科学院有关部门开始了探索。进入 20 世纪 90 年代后，很多西方大学及考古研究机构积极开展了计算机的考古学应用研究，建立了不少的研究中心与学术组织，并定期召开国际性学术大会，还出版了多种专业书籍和期刊，其中 GIS 作为解决考古时空性问题的新手段备受青睐。最早将 GIS 与考古学联系起来的学术会议是美国考古协会(Society for American Archaeology，SAA)在 1985 年年会上的 "GIS：一种解决过去问题的未来工具"，随后，美国考古学会和世界考古大会(Archaeology Congress)上 GIS 的讨论更加广泛，并最终促成 *Interpreting Space: GIS and Archaeology* 一书的出版。这本书的面世标志着 GIS 考古学研究的一个转折点。计算机考古学应用(Computer Applications in Archaeology，CAA)会议很好地促进了欧洲，特别是英国考古计算技术的进步。在国际遥感考古大会中，主题为 GIS 考古的论文数量也在不断增加。目前，欧洲利用 GIS 研究遗址间的关系及遗址与环境的关系，使用可视域和遗址域作为最常用的研究手段，而北美主要使用 GIS 进行区域数据管理和遗址预测建模。

欧美 GIS 考古的发展大致可以分为三个阶段：20 世纪 70 年代末，计算机图形学、数据库和统计分析等技术开始应用于考古研究；80 年代，在北美利用 GIS 进行遗址分布研究成为考古 GIS 的主要研究方向；90 年代初，GIS 开始被欧洲考古界所认识并接受，景观考古 GIS 分析逐渐盛行。欧美有学者坚定地认为，GIS 将为考古学家提供一套功能强大的研究工具，而且能够产生深远的影响(Konnie，2000)。今天，GIS 在考古中的应用包括：①计算机制图；②考古数据库建设；③考古信息系统研究与建立；④考古遗址预测模型的建立；⑤景观考古 GIS 分析；⑥GIS 聚落考古研究；⑦利用 GIS 进行考古遗址的发展和扩张模拟(齐乌云等，2005)。

国内利用 GIS 进行考古研究发展比较迅速，目前 GIS 的应用主要侧重考古与环境综合研究及在文化遗产管理中的应用这两个方向(鲁鹏等，2008)。利用 GIS 进行环境考古的工作包括：郭媛媛、莫多闻等在进行实地发掘地质剖面、重建山东北部地区的古气候的基础上，利用 GIS 对该区域遗址进行综合分析，发现距今 4000 年左右，由于气候变化和洪患灾害加剧，史前文化开始衰落(郭媛媛等，2013)。邓辉、陈义勇等利用长江中游平原地区 DEM 数据，结合迄今发现的 7534 个遗址点，系统分析了不同时期人类遗址分布与所处地理环境的关系，研究发现长江中游平原所发现的新石器时代文化遗址主要分布在 31～45 m 的高程范围内，遗址的坡度分布逐渐分散，显示出人类对所处自然环境适应性的增强(邓辉等，2009)。陈济民采用数据挖掘技术对郑洛地区的史前聚落进行面积分类，在这一规则的基础上进行聚类研究，得出的聚落分布模式符合"中心位置理论模型"的预期(陈济民，2006)。随着考古遗址研究地不断深入，使得利用 GIS 进行史前时期的土地利用研究成为可能，如考古遗址预测模型可以有效地预测遗址的空间分布(Andrew；Bona，1994)，可以为土地利用空间分布的重建提供重要的借鉴(Yan et al.，2012)。

3.2 GIS 空间分析方法

利用 GIS，以考古遗迹的空间位置，可以建立古代遗址多种空间信息与属性信息并存的数据库和图形图像库(刘建国，2007)。这些数据库方便进行显示、查询、统计、分析与模拟各类信息，直观、简洁地复原古代的社会状况，对考古学研究有重要意义。同时，数十年来，区域考古调查与发掘工作积累了丰富的考古空间信息，从而使 GIS 技术应用于考古学研究之中成为可能。在很多研究中，以 DEM 数据为基础、GIS 空间分析方法为手段，对古遗址的地貌特征和时空分布特征进行分析。分别选取遗址高度、坡度、坡向、坡形、地表起伏度等指标作为评价因子，系统分析古遗址分布的时空变化及其与自然环境之间的关系。

主要的环境变量有以下几种。

1. 文化遗址叠置系数

人类活动具有延续性，通常考古发掘的人类文化遗址可划分为两个类型：只含有一个文化类型的单一型遗址与包含有多个文化类型的叠置型遗址(崔之久等，2002)。文化遗址叠置系数(overlap coefficient of culture sites)可以有效地研究不同时期人类文化遗址之间的承袭或转移规律，其计算公式为

$$C_{a/b} = \frac{n}{N} \quad (3-1)$$

式中，C 为遗址叠置系数；a 代表早期文化遗址；b 为文化期相邻的较晚期文化遗址；n 为包含有 b 类遗址的 a 类遗址个数；N 为 a 所代表文化遗址总个数(黄宁生，1996)。

文化遗址叠置系数反映了人类晚期文化对早期文化遗址的重复利用率，可作为判断人类文化演化进程中聚落位置变动程度的定量指标(郑朝贵等，2008)。高叠置系数值代表这一时间区段内环境变化较为稳定，适宜人类活动，因而遗址位置较为固定。若自然环境发生的变化较大，则会迫使人类向环境更适宜居住的区域迁徙。人类活动流动性的增强也就减少了不同时期文化遗址间的叠置机会，导致叠置系数的降低。

2. 高程

高程是人类生活环境的一个重要因素，也是地形分析中必不可少的评价因子。居住地选择的过高则生活和交通都不方便，而居住地选择的过低则有被洪水淹没的危险。远古时期，人类活动场所常在江河高水位附近的平缓地带。因此，遗址分布的高程变化在一定程度上反映了周边江河水位的变化。可将遗址点数据与 DEM 数据叠置后，选择空间分析工具中的值提取工具提取高程值。

3. 坡度坡向

坡度坡向是基本的地形指标因子，可以用来指示地表的形态起伏与结构特征。其中坡度反映地貌坡面的倾斜程度，坡向反映坡面所面对的方向(李月辉等，2008)。坡度很大的区域往往河流的落差也大，贮水困难，不宜人类在这一区域生存；而坡度过小的平坦地带，易于遭受洪水侵袭，同样不利于人类居住；坡度适中的地带(一般为 1°~3°)，河道下切很深，河流较为稳定，适合人类的生存。人类居址的选择往往考虑坡向的因素，在一定的地势条件下，合适的坡向能接受充足的阳光，避免寒冷空气的影响，也可以有助于水资源的积累，方便对其他自然资源的撷取(孙伟，2013)。在坡向分析中，一般认为，朝南的坡向由于可以接收更多的光照，较少受寒冷的西北风的侵扰，因而更多地为古人所青睐。但是，实际研究中发现聚落的分布与坡度、坡向在部分区域内并无显著的关系，其原因可能是各时期中人类聚居地的选择是综合考量的结果，尤其是生存依赖的水源，选择合适的河段才是保证全年不断水的最重要条件，其他方面的因素可能在考虑

时相对次要。研究中使用 ArcGIS 的表面分析工具中坡度工具和坡向工具提取遗址点的坡度坡向值。

4. 地形起伏度及地表曲率

地形起伏度对区域人类活动有较强的影响，人口密度与地形起伏度有强相关性(封志明等，2007；周自翔等，2012)。地形起伏度高的地区水土流失相对严重，不利于农业生产(彭熙等，2013)。研究表明，各时期遗址分布集中在地形起伏度较低的区域。地表曲率也是衡量人类活动的重要参考指标之一，通过计算地面高程变化的二次导数求得，代表坡度在垂直方向的最大变化率，也是对该点微小范围内坡向变化程度的度量，反映了微观地形变化趋势(汤国安等，2005)。坡形可以利用地表曲率进行描述和量化，直线形和凸形坡在曲率上的体现是曲率大于等于 0，凹形坡和梯形坡的曲率小于 0(张永军等，2009)。本章使用 ArcGIS 的表面分析工具中的曲率工具计算遗址所处的地表曲率。

5. 距离

目前考古研究认为，河流是早期人类生存发展的生命线，尤其是新石器时期的人类，其遗址基本均分布在河流两岸、湖泊周围及海岸线附近(杨晓艳、夏正楷，2001)。在这一理论下，研究区域内遗址与河流的距离的变化可以在一定程度上反映人类活动与环境的关系。在早期社会，因工具简陋取水困难，人类必须逐水而居，严重依赖自然径流。但由于可能受到洪水威胁，人类不太可能在过于靠近河流的地区发展出长期、稳定的聚居点(刘博等，2005)。所以聚居点与河流间距离的权衡选择对聚落发展的便捷性、承受性和稳定性至关重要，遗址与河流之间的距离关系是反映人地关系中最重要、最实质的指标(陈诚等，2008)。

遗址的空间分布可以划分成按空间聚集和沿流域分布两种模式。许顺湛曾根据每个聚落的面积大小，将遗址划分为特级聚落(大于 50×10^4 m^2)、一级聚落(30×10^4~50×10^4 m^2)、二级聚落(10×10^4~30×10^4 m^2)和三级聚落(小于 10×10^4 m^2)(许顺湛，2001)。小于 30×10^4 m^2 的遗址内几乎无重要遗迹、遗物发现(许顺湛，2001)。在研究中，选择各时期遗址中面积大于 30×10^4 m^2 的遗址作为大遗址，分析同期其他遗址距这些大遗址的距离。将遗址点数据、DEM 数据及 1∶25 万河流水系数据加载入 ArcGIS 中，使用距离工具中的欧几里得距离工具(euclidean distance)计算遗址点的距河流距离及距大遗址距离。

下面以太湖流域为研究区域，应用 GIS 工具对该区域 544 处遗址进行空间分析。

3.2.1 太湖流域遗址概况

太湖流域面积为 3.69×10^4 km^2，水系发达，水面约占 17%，水系总长度达到 3.96×10^4 m^2，其优良的生存环境和气候条件孕育了马家浜文化、崧泽文化和良渚文化，密集分布着多个时期的遗址。收集太湖流域新石器时期马家浜、崧泽、良渚文化遗址一共有 544 个,其中良渚遗址最多,密集分布于太湖南部地区,而根据考古资料,良渚文化影响区域更为广泛,涵盖苏北、鲁南、宁镇、江淮、鄂西、赣北和粤北等地区(张之恒,2004)。

古人生活所需的水、食材、工具等都是取自外界环境,聚落与地理环境之间存在的密切关系已经得到了考古研究的证实。其中水源是最重要的决定因素,水是人类生活的必需品,在生产力不发达的时期,没有便捷的交通运输工具,距离水系的距离成为制约人类居址选择的重要因素,同时考虑安全因素,也不会距离水系太近,因此遗址分布一般在距水较近的高地上。坡度也是其中一个重要因素,一般的遗址(岩画、长城、界壕、要塞等除外)都会分布在坡度相对平缓的区域。另外,坡向会影响到温度、光照和植被生长。一般来说,居址朝南的话,吸收的光照多、气温相对高,但是土壤会偏干,从而影响植物生长,因此古人选址时也会考虑朝向问题。对于农业为主的社会,土壤是根本,肥沃的土壤更利于作物生长。地貌类型也会影响人类居址的选择,低矮洼地潮湿不利于人类生存。考虑到太湖流域生态系统的类型及其复杂性,我们选取了与遗址分布相关的 9 个变量,如图 3-1 所示。

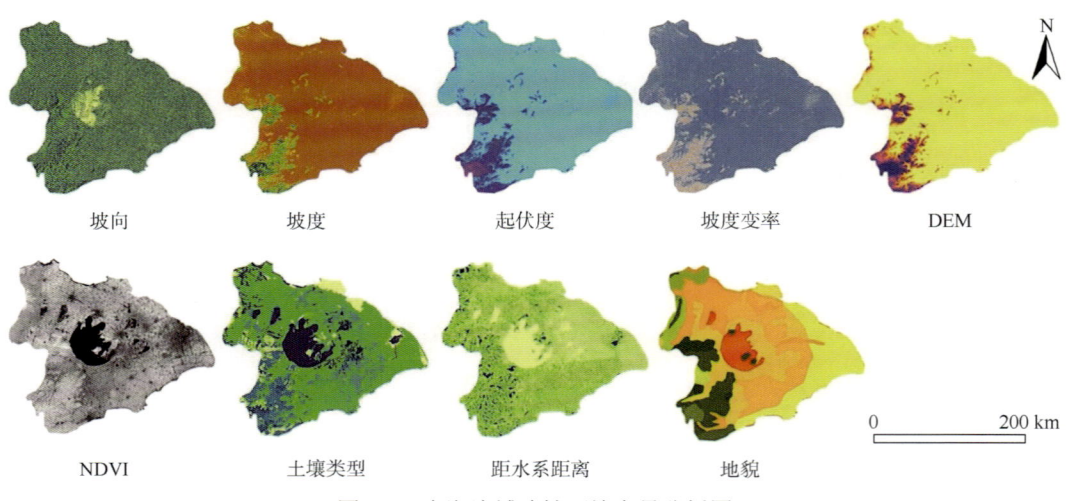

图 3-1 太湖流域遗址环境变量分析图

3.2.2 距水系距离

水是生命之源,对古人居址的选取具有重要的约束作用,既要保障附近有充足的水源,又要保障在汛期时居址不会被水淹没。太湖流域新石器时期遗址统计中有 13 个遗址样本距离水系距离为 0,经核实,这 13 个遗址包括独墅湖遗址、澄湖遗址等,大都是在河流或湖泊的旁边发现的,但由于地形重采样、遗址范围内包含水系或土地利用类型改变等问题导致的误差,统计的时候暂不考虑这 13 个点。根据最终统计结果图 3-2,约有 82%分布在距河流、湖泊等水系 100～1 000 m 的范围内。距离河流最远的距离为 1 740 m,平均距离为 370 m 左右。

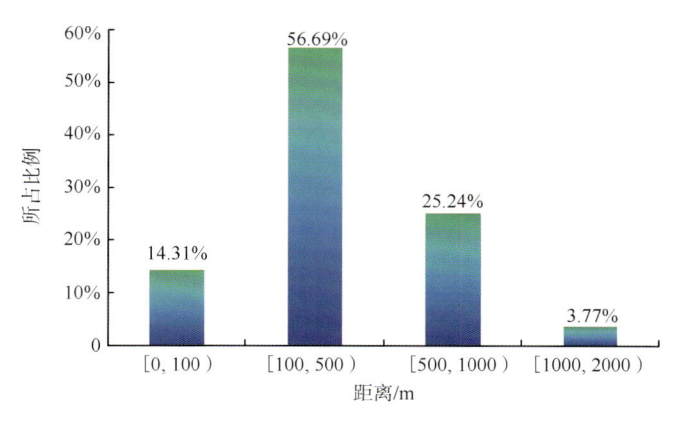

图 3-2 遗址距水系的距离

综合来说，太湖流域新石器时期遗址均距水系比较近，约 96%的遗址小于 1 000 m，这样方便当时居民生活和农业用水。虽然古人倾向于选择距离水系较近的区域生活，但我们也发现居址一般会远离大型水系，尤其是频繁泛滥的河流。如图 3-3 所示，遗址距离大型和中型水系的距离都比距离小水系的距离要远得多，反映了古人当时趋利避害的思想。图 3-4 显示遗址与河流的空间相对关系，遗址基本位于河流支流或河流相交处的平缓区域。

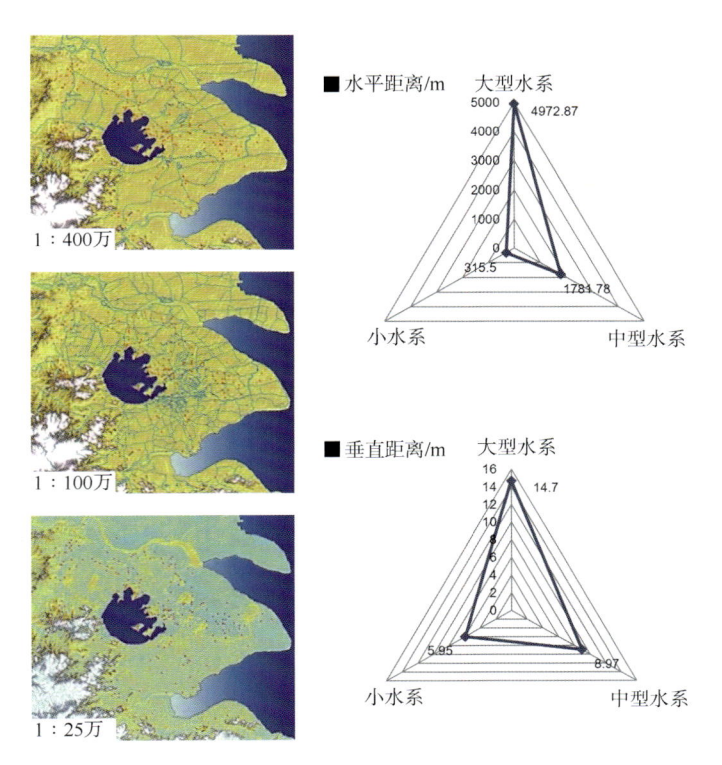

图 3-3 新石器时期遗址距不同级别水系的距离

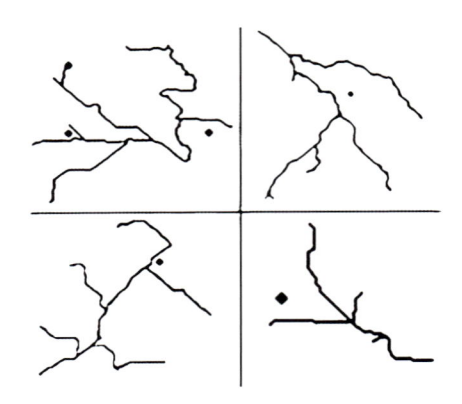

图 3-4　遗址与河流的空间关系

三个文化期遗址距水系距离基本都集中在 100～450 m 范围之内(图 3-5),良渚文化时期人类活动范围更大,距今约 5000 年的时候,海平面的下降使得定居范围迅速扩大,到良渚文化晚期(距今 4200～4000 年左右)海平面上升,降雨量变大,使得良渚先民不得不选择高台居住,远离大的水系,这也是图 3-6 中热点聚集区形成的原因。

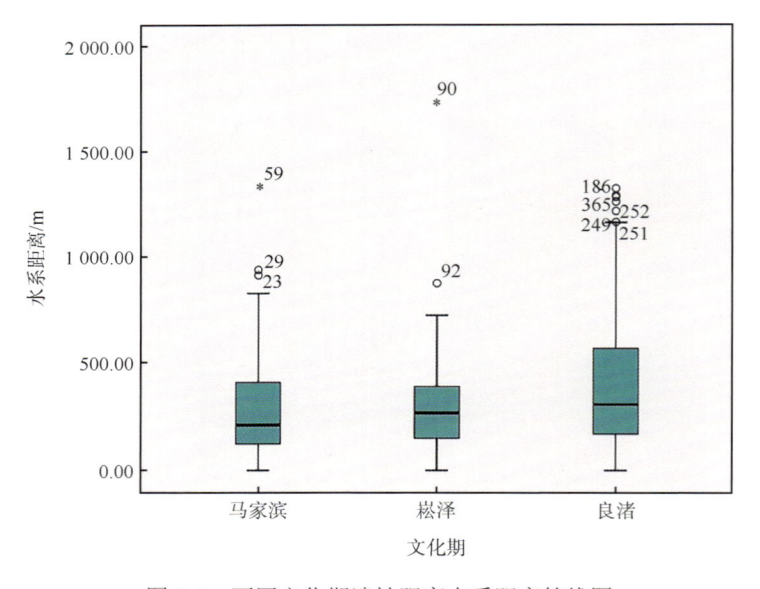

图 3-5　不同文化期遗址距离水系距离箱线图

3.2.3　高　　程

DEM 模型反映了古遗址的现代地表形态。人类历史在地质时期只是极其短暂的时间,全新世时期的地理环境与现代地表形态基本一致(侯仁之,2009)。这也是本文基于现代地形数据进行古代遗址地形特征分析的依据。遗址的高程直观地反映了古人居住的高度,这个高度受到海平面、水源地和地貌环境的影响。当古人选择较高的地方居住时,

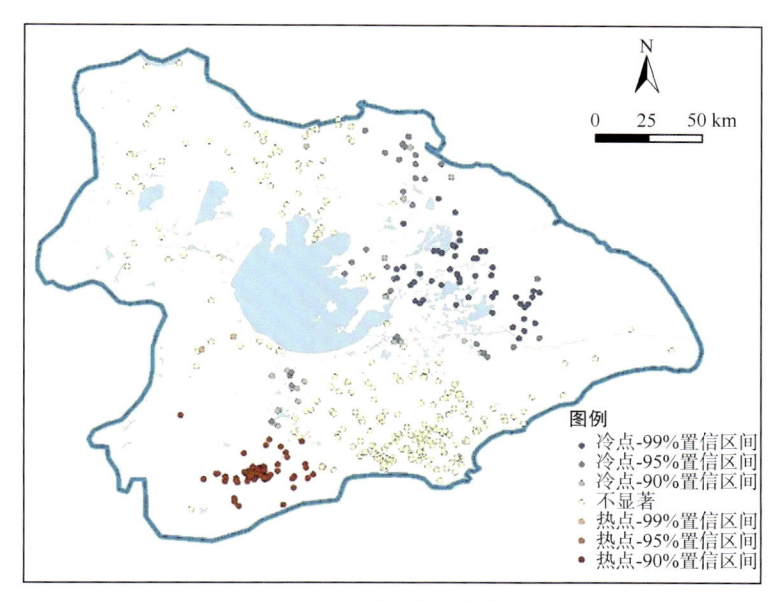

图 3-6　距水系距离的热点分析

可能是由于当时海平面上升，河流泛滥，低矮地区潮湿不宜居住，且容易受到洪水的冲击；当遗址位于较低的区位，则可能是当时海平面下降，古人为了生活用水方便，搬迁到距离河流较近的地方生活。

根据图 3-7 结果，太湖流域新石器时期遗址高程 98.5%在 0～20 m 之间，平均高度为 7.8 m，多位于平原或丘陵地带，所以高程在遗址空间分布上具有明显规律，不存在显著的异常区域(图 3-8)。

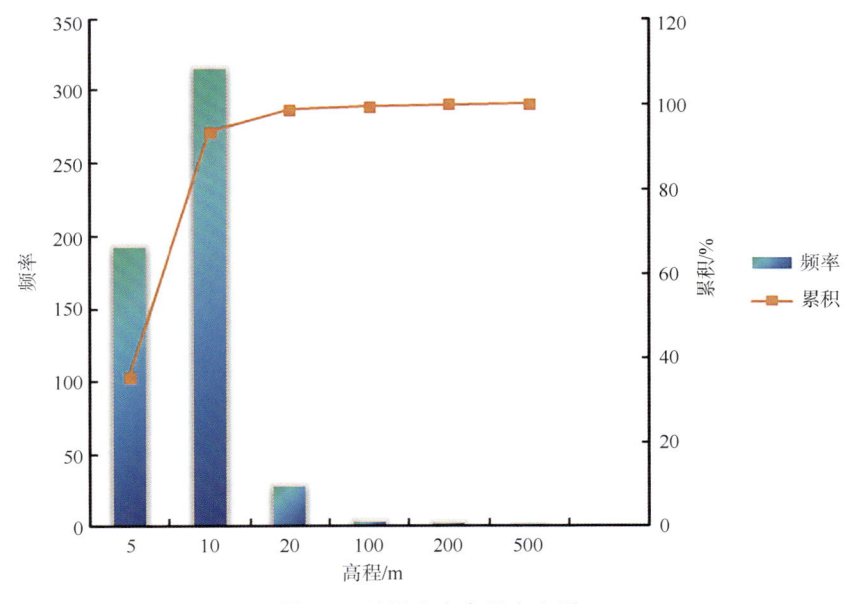

图 3-7　遗址分布高程直方图

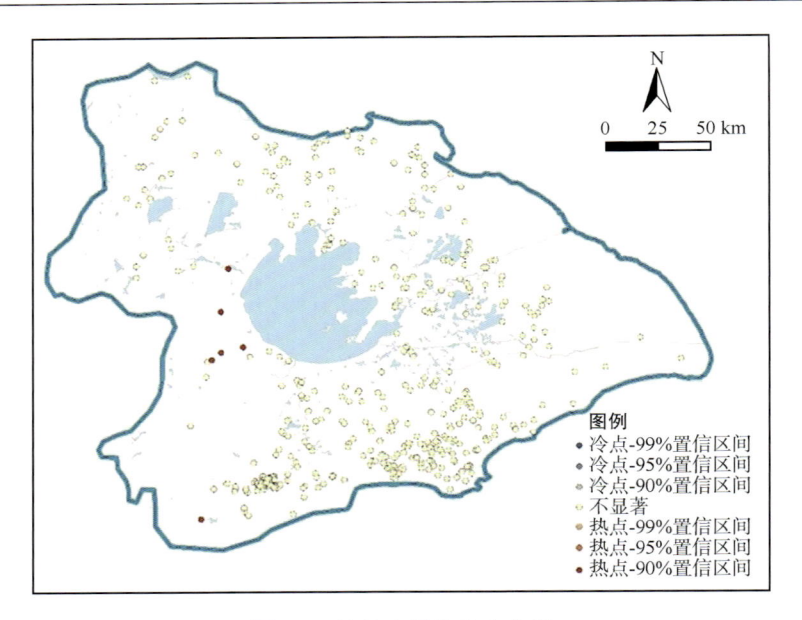

图 3-8　遗址高程的热点分析

3.2.4　坡　度

太湖流域新石器时期遗址大多位于平缓无坡度的地带，其中 0°～3°的比例达到 95%，0°～5°的达到 98%，只有约 2%的遗址位于坡度大于 5°的缓坡地带（图 3-9）。遗址的平均坡度为 2.20°，可见古人对于居址的坡度要求很高，基本都选择平原地区，陡坡不利于出行和生活的安全。坡度对于遗址分布的强烈约束性使其成为环境预测的重要变量之一。

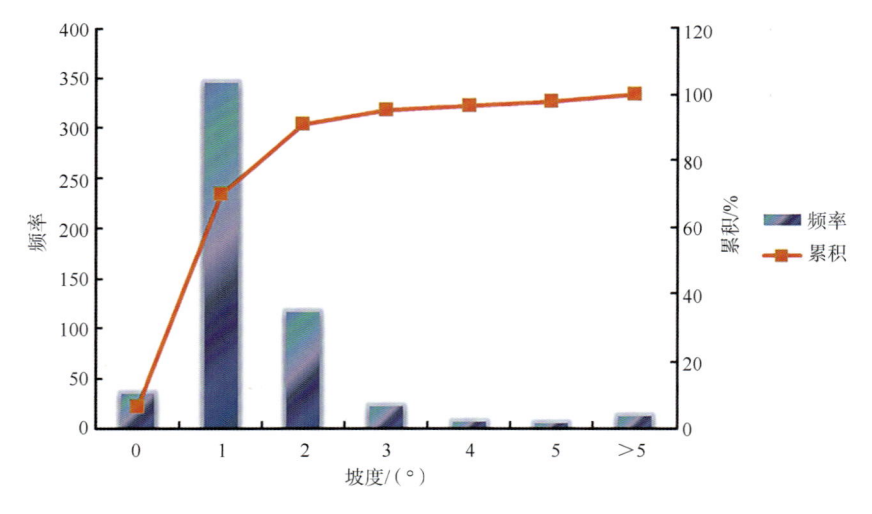

图 3-9　新石器时期遗址坡度直方图统计

根据图 3-10，遗址分布坡度相差不大，只有太湖东部部分遗址分布于山岗，坡度高值聚集，经核对有 2 个遗址点坡度大于 5°，其他均小于 1°；太湖以南的杭嘉湖平原平坦区域几乎没有起伏，属于低值区域，适合人类生活居住。

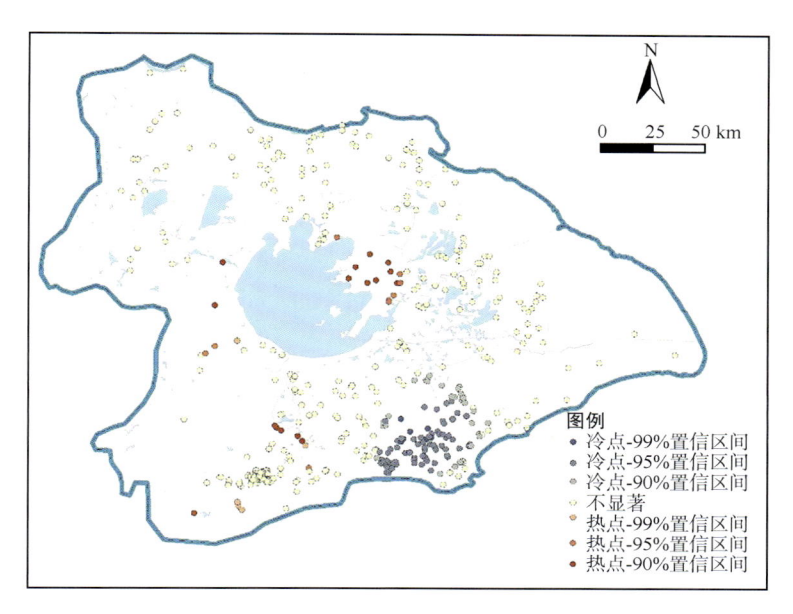

图 3-10　遗址坡度的热点分析

地表起伏度与地质灾害存在相关性，遗址区地形起伏度分布在 0°~8° 之间，平均起伏度位于 0.8°~1.5° 之间，说明古人选址时也考虑滑坡等地质灾害对人类社会的影响。

3.2.5　坡度变率

图 3-11 统计结果说明太湖流域新石器时期遗址多处于平缓地带，坡度变率多在 0~0.5 之间，约有 20% 的遗址所在地坡度变率大于 1 的区域，这些区域坡度变化幅度较大，地表凹凸不平，不利于生产和生活。然而，遗址的坡度变率的规律性还是很明显的。

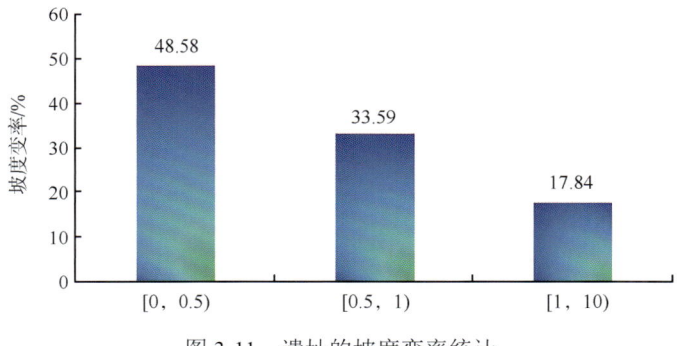

图 3-11　遗址的坡度变率统计

在各个文化期遗址对于坡度变率的要求基本一致，如图 3-12，数值分布相对集中，当然也有一些异常值的存在，但是坡度变率全部都小于 7，不会影响坡度变率整体规律。其高值或低值聚集区域与坡度基本一致，如图 3-13。

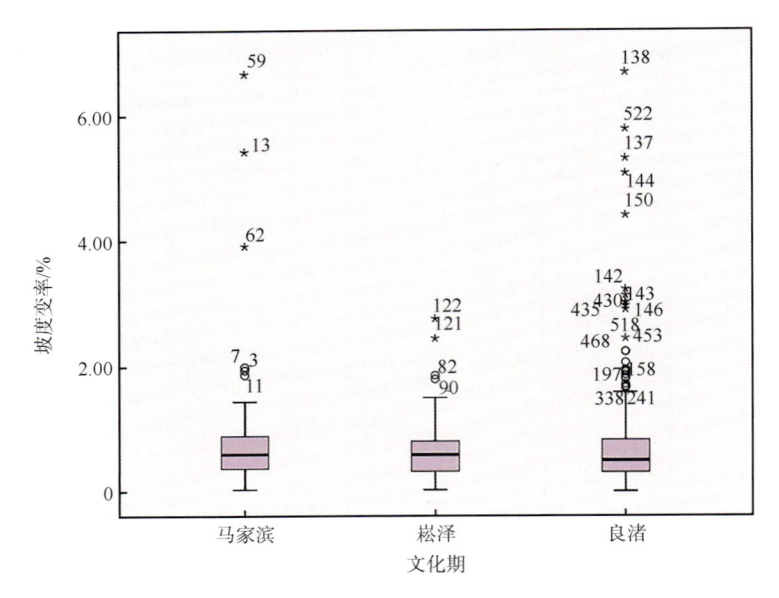

图 3-12　不同文化期遗址的坡度变率箱线图

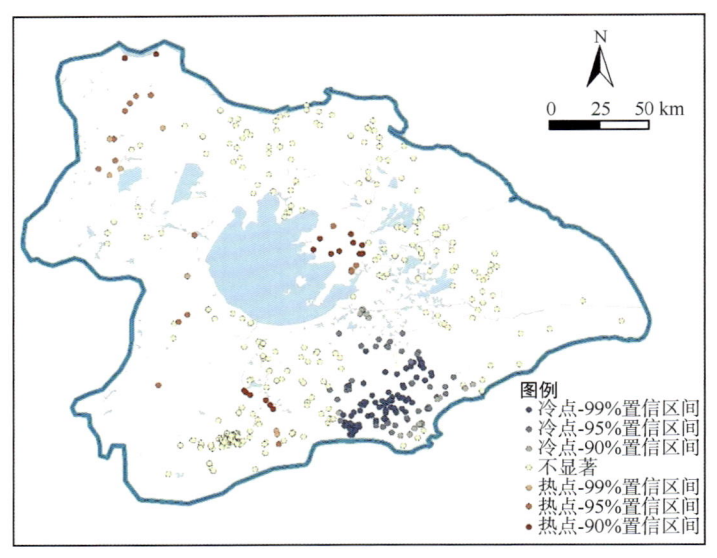

图 3-13　遗址坡度变率的热点分析

3.2.6　坡　　向

通常情况下，古人选择居址与坡向也有一定的关系。坡向会直接影响遗址的局部气候和人类活动，传统认为居址坐北朝南，然而统计结果并没有表现出明显规律，这里东、南、西、北以及东南、东北、西北、西南、平坦(无明显坡向)方向分别设为1～9之间不同数值。各个方向的比例差别不明显，可能是因为该区遗址主要分布于平原区域，98%的遗址坡度小于5°，研究采用的地形数据分辨率为30 m，统计数据不足以反映区内的遗址朝向，图3-14各文化期遗址坡向分布不具有典型特征，因此本研究的坡向不能够指示遗址分布规律。

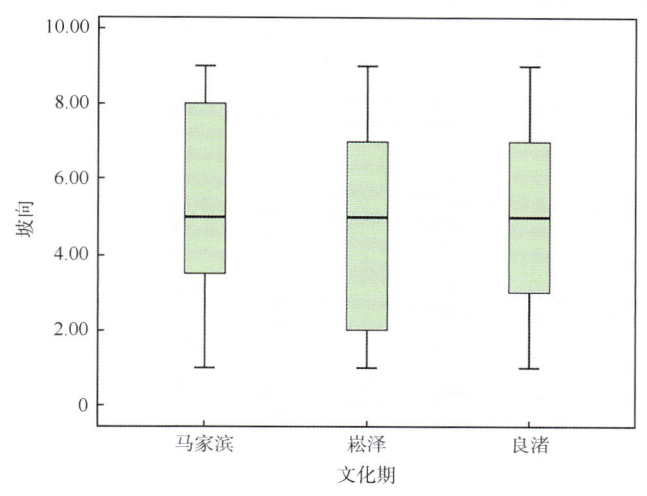

图 3-14 遗址分布坡向的箱线图

3.2.7 地 貌

太湖流域1：400万地貌类型图中共有12种地貌类型，根据统计结果，新石器时期遗址多分布于平原地区，极少分布于低海拔丘陵或山地区(图3-15)。有一个遗址位于湖

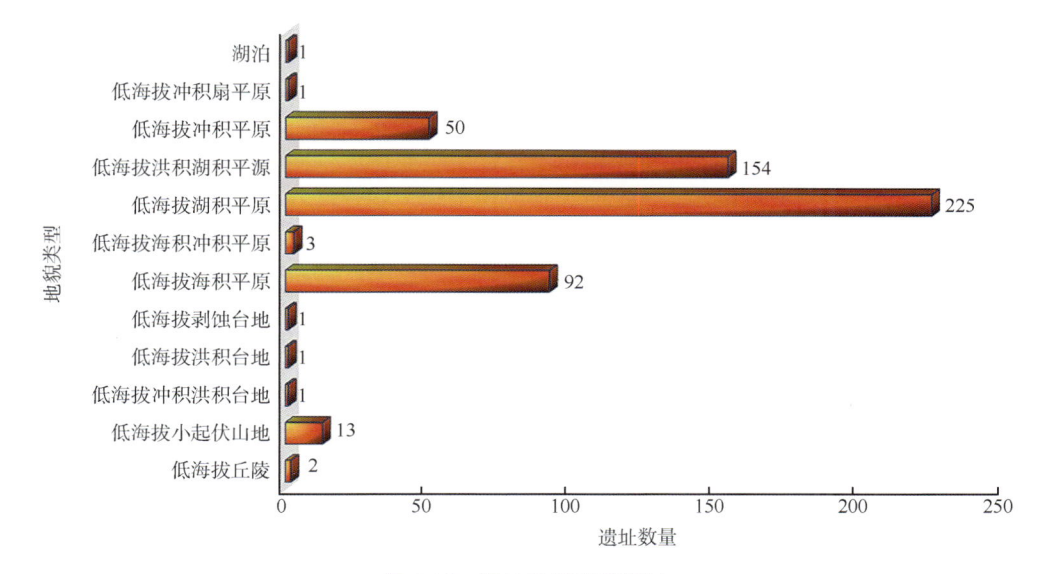

图 3-15 遗址地貌类型统计

泊区，可能是由于定位不精确或土地利用类型改变导致的，不算在统计范围内。统计显示，有96.5%的遗址位于低海拔的平原区域。该区域土壤肥沃，水分充足，利于作物生长，是古人生活的宜居之地。

3.2.8 土壤类型

遗址分布空间的土壤类型与遗址点的分布关系密切，新石器时期土壤是植被生长的物质基础，土壤的质地、结构、厚度和有机质含量等物化属性都会对作物的生长产生影响。根据太湖流域新石器时期遗址的土壤类型统计结果，人为类型的土壤区域遗址点分布较多，说明史前遗址多分布在今太湖流域的人口密集处，从史前时期开始太湖流域人类活动一直非常频繁，才会形成大面积的人为土壤。联合国分类的高活性强酸土和淋溶土类型相当于富铝土，该土壤类型中遗址分布也较多，因为富铝土含有微量元素，可以促进植被的生长，例如流域内的亚热带常绿阔叶林为古人生活提供了多种原料来源。

统计资料表明我国人为土壤的面积为 $62.7 \times 10^4 \text{ km}^2$，太湖流域的人为土壤面积为 $1.8 \times 10^4 \text{ km}^2$，占太湖流域总面积的50%，占全国总人为土壤面积的2%，说明史前太湖流域属于适宜农业生产的区域，其中有14个遗址点位于水体，可能是由于坐标获取的误差导致，也可能是由于土地利用类型的变迁导致的(图3-16)。

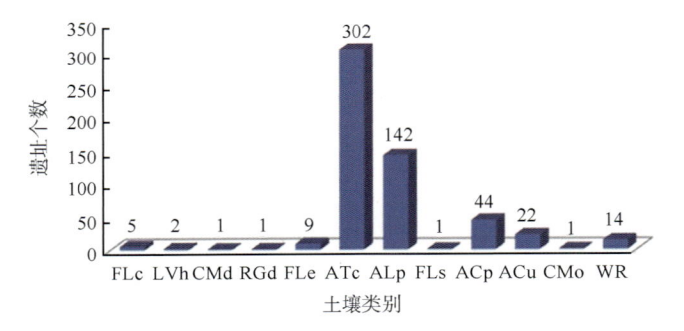

图3-16 新石器时期遗址土壤类型统计图

注：

土壤类别	石灰性冲积土	典型高活性淋溶土	不饱和始成土	饱和冲积土	不饱和疏松岩性土	堆垫人为土
代号	FLc	LVh	CMd	FLe	RGd	ATc
土壤类别	硅铝质冲积土	硅铝质冲积土	水体	网纹强淋溶土	腐殖质强淋溶土	铁铝始成土
代号	FLs	ALp	WR	ACp	ACu	CMo

三个时期相比较发现良渚时期富铝土占比最高，为良渚社会发达的农业生产提供了有利的土壤环境(图3-17)。

3.2.9 归一化植被指数

归一化植被指数(NDVI)指示了流域内植物的生长情况，研究采用的NDVI是由2001~

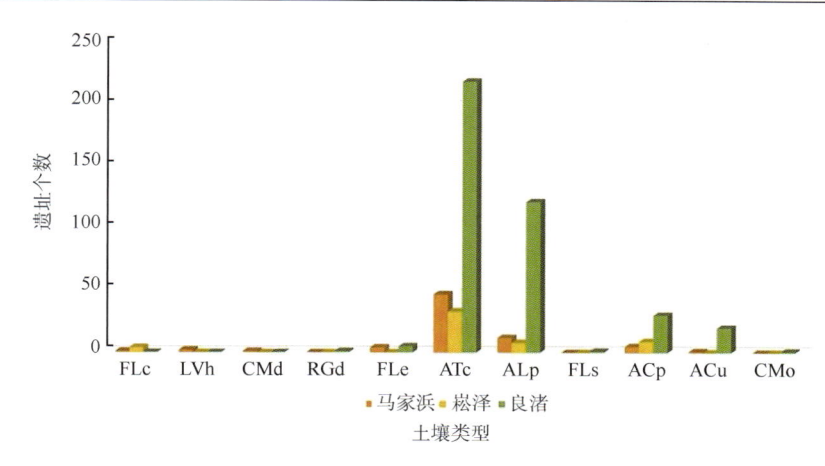

图 3-17　太湖流域新石器时代不同文化期遗址土壤类型数量统计

2005 年间获取的 Landsat-7 ETM+数据（30 m 分辨率）计算而来。现代的植被覆盖情况与新石器时期可能有所不同。根据统计结果分析，遗址分布于植被覆盖区的大约有 65%，当然这也与很多遗址被现代建筑叠压有关，但是也可以间接证明太湖流域新石器时期遗址所处区域应该也多是植被覆盖区域，植被覆盖可以为古人提供很多生活资源，因此作为预测模型的环境变量之一（图 3-18）。

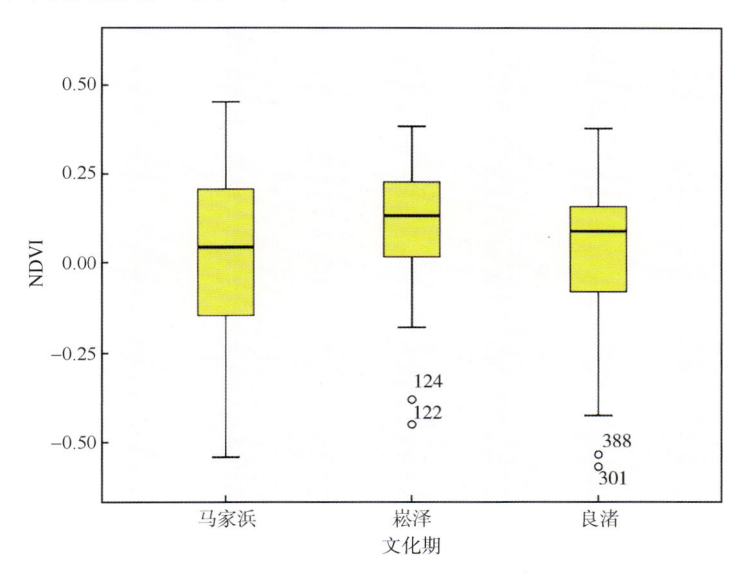

图 3-18　新石器时期遗址 NDVI 箱线图

综上分析，太湖流域新石器时期遗址具有明显的空间规律性，遗址大致以太湖为中心，而且遗址点所在位置一般具有特定的环境因素配置。水体、坡度、土壤类型和地貌都对遗址点分布范围具有明显的约束；遗址分布的主要区域为距离河流平均距离不到 400 m，遗址坡度小于 5°，位于平原区域或台地阶地。这种特定的规律反映的是人类对于居住环境选择的倾向性，这是利用环境变量进行遗址预测的出发点。

3.3 小　　结

在数十年来的考古调查与发掘工作中，积累了大量的空间考古信息，为 GIS 考古的理论研究与方法应用奠定了坚实的基础，进一步促进了空间信息技术与考古学的深度结合。本章以遥感影像和 DEM 数据为基础、GIS 空间分析方法为手段，对太湖流域遗址的地貌特征和时空分布特征进行分析，分别选取遗址距水系距离、高程、坡度、坡度变率、坡向、地貌、土壤类型和归一化植被指数等指标作为评价因子，系统分析了太湖流域新石器时期古遗址分布的时空变化及其与自然环境之间的关系，并进行定量分析，有助于理解不同时期、不同区域遗址的发展规律与趋势。

第4章 二里头遗址热红外遥感探测与分析

自从二里头遗址被发现以来，考古学家对其进行了大量研究与分析，获得了对二里头遗址的地理位置以及空间范围概貌的了解。本章对二里头遗址的热红外遥感探测方法进行研究，探讨热红外通道的空间分辨率、遥感数据时段、地表温度反演算法等在古遗址探测中的应用。探索形成热红外遥感技术探测古遗址的方法，并分析二里头遗址信息在热红外图像上的反映，评估该技术方法的可行性与有效性。

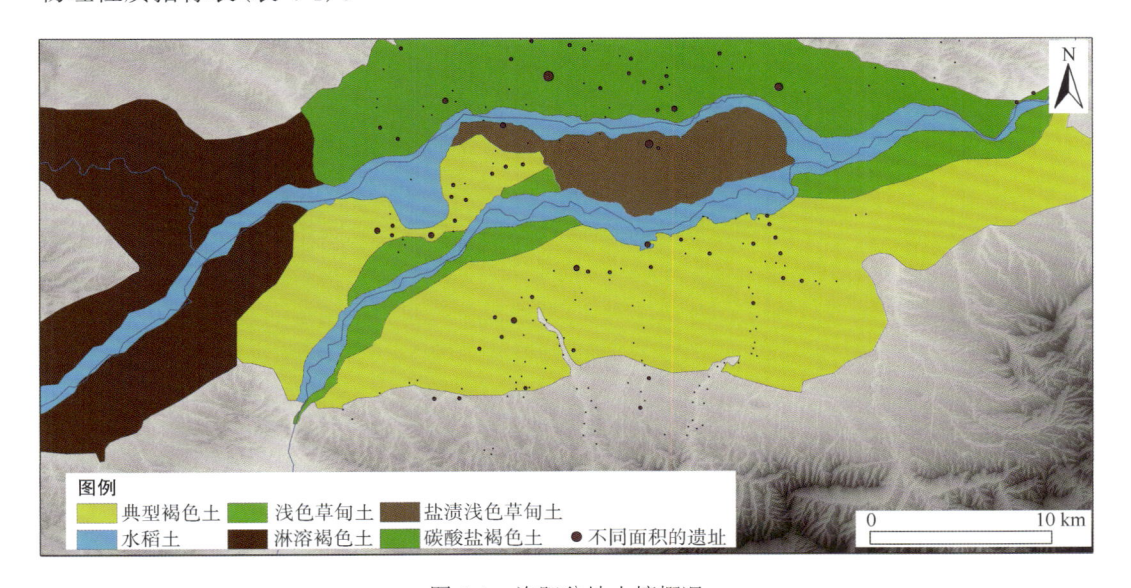

4.1 洛阳盆地土壤概况

洛阳盆地主要为伊河、洛河等河流冲、洪积作用所形成的，被丘陵和山地包围的狭长平原和阶地。伊河、洛河的下切和堆积，把洛阳平原分为了一级、二级以及三级阶地。洛阳盆地地区的土壤成土母质主要为次生黄土、红色黏土以及河流冲积物。根据龚光炎、兰光元发表在1958年第4期《土壤通报》上的《伊洛河冲积阶地土壤地理概况》可知，洛阳盆地土壤大体可分为六类，即碳酸盐褐色土、典型褐色土、淋溶褐色土、浅色草甸土、盐渍浅色草甸土以及水稻土。通过 ArcGIS 成图描述了洛阳盆地土壤分布(图 4-1)，并且根据文章中的土壤密度、孔隙度等数据，制作了洛阳盆地土壤物理性质指标表(表 4-1)。

图 4-1 洛阳盆地土壤概况

图 4-1 中，分布在洛河中游以及伊洛河中下游洛河北岸阶地的是碳酸盐褐色土，

其成土母质为次生黄土，土壤结构较疏松，容积比重小，总孔隙度大；分布在伊河中下游阶地以及伊洛河河间三角地带的为典型褐色土，母质为红色黏土以及上层覆盖的薄层次生黄土，土壤结构坚实，土壤容积比重大，总孔隙度小；分布在伊洛河上游冲积阶地上的是淋溶褐色土，它主要是由中性和酸性母岩发育而成的薄层土壤，土壤质地教细，多为中壤土；浅色草甸土分布在沿河滩的边缘，成土母质为近代河流冲积物，土壤以质地较黏重的重土壤为主；分布在伊洛河河间三角地带东部的为盐渍浅色草甸土，下游排水不良的冲积低洼地也有少量分布，其特点是地下水埋藏浅，土壤盐渍度比较高，与浅色草甸土比较相似；伊洛河沿岸的滩地上由于长时间种植水稻，所以发育了水稻土。这六种成土母质不同、密度和结构不同的土壤构成了洛阳盆地主要的土壤类型。

表 4-1 所示为洛阳盆地主要土壤类型的物理指标。在洛阳盆地，碳酸盐褐色土和典型褐色土占了绝大部分，非常具有代表性，而且其他的四类土壤除了淋溶褐色土以外，都是受到伊洛河水的影响而形成的土壤类型，虽然没有具体物理指标数据，但总体的土壤密度和土壤孔隙度不会相差太大，对本研究影响不大。

表 4-1　洛阳盆地主要土壤类型物理指标(龚先炎等，1958)

类别	土壤相对密度/cm³	土壤孔隙度/%	最大持水量/%
碳酸盐褐色土	1.25～1.30	48～50	22～25
典型褐色土	1.30～1.55	42～48	28～30

在都城的建造、使用和废弃过程中，大量的人为活动对古遗址的土壤结构和密度影响很大，比如古代都城的宫殿、城墙以及民居建筑等往往都是夯筑的。夯土结构紧密，一般比生土还要坚硬并含有古代遗物的土层。还有古代道路也会因为不断经受车马以及人的碾压而使土壤结构变得致密坚硬。所有这些人为影响造成了遗址区土壤结构的不同。虽然经历了上千年的时间，但因为被掩埋在植被和表土之下，受阳光和风化的影响较小，所以，这种致密的土壤结构得以长久地保存至今。

从考古学家对二里头古遗址土壤结构的研究(图 4-2)可以看出，农田下埋藏有古道路和夯土，与非遗址区地下土壤结构明显不同。因为夯土法是我国生土建筑中运用最广泛的建筑方法之一，在全国各地大量分布，而且夯制方法都是通过夯土工具打土，以外力的作用使局部土质密实牢固，从而使得整体坚实(张虎元等，2008)。夯土的相对密度以及土壤孔隙度等物理性质指标具有相似性。

根据兰州大学的孙博等(2011)测得的交河故城遗址夯土的物理性质指标数据制成表 4-2。从夯土物理性质指标和洛阳盆地主要土壤类型物理指标的对比中可以发现：古遗址区地下夯土的相对密度要比周围非遗址区的土壤相对密度大一倍左右，夯土的孔隙度也要比非遗址区土壤的孔隙度小一些。虽然没有夯土的最大持水量数据，但是，由于夯土的相对密度较大、孔隙度小，所以可以认为持水量较普通土壤应该更小。综上，这些埋在表土下的结构致密、孔隙度小的夯制土壤和压实的道路形成了古遗址区独特的土壤结构差异，可以用来探测、判别古遗址区域的具体范围。

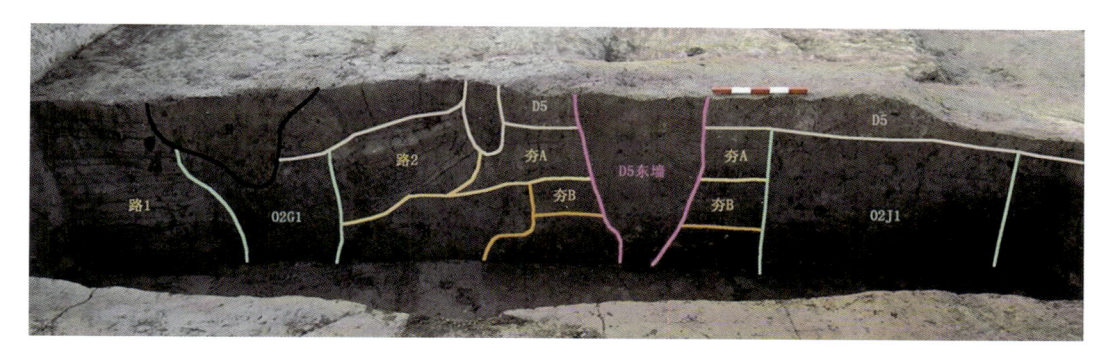

图 4-2　二里头遗址局部土壤剖面图
（引自：二里头考古发掘报告）

表 4-2　夯土物理性质指标

类别	粉土	粉质黏土样本 1	粉质黏土样本 2	粉质黏土样本 3
土壤相对密度/cm³	2.70	2.72	2.72	2.71
土壤孔隙度/%	40.74	42.65	38.24	43.54

4.2　土壤物理性质与地表植被以及温度的关系

4.2.1　土壤物理性质对裸土地表温度的影响

研究表明土壤的温度对地表温度有重要影响(陈海山等，2002)，而土壤的温度又与土壤密度和结构等物理性质直接相关。影响土壤温度的土壤热物理性质主要包括热传导率、密度、比热容以及热扩散率(王琳琳等，2008)。土壤热传导率是对热量通过土壤的速率的量度。这里是指土壤结构的热传导率，它随水的固态、液态、气态分布状况的变化而变化(粕渊辰昭等，1987)；土壤比热容是单位质量土壤的热容量，它是土壤存储热能力的量度；热扩散率是土壤内部温度变化速率的量度，它是土壤热传导率和土壤比热容的比值。由此可以看出，土壤的这些热物理性质主要受到土壤水分、土壤密度和土壤结构的影响，这些不同的土壤物理性质决定了土壤温度的不同，从而导致了地表温度的差异。从下面的陆面温度控制方程中，可以明确地看出陆面温度与土壤热物理性质之间的具体关系(Sellers et al., 1986)：

$$C_\text{c} \frac{\partial T_\text{c}}{\partial t} = R_{\text{n,c}} - H_\text{c} - \lambda E_\text{c} \tag{4-1}$$

式中，C_c 为植被冠层和土壤表层及其覆盖物的热容量；$R_{\text{n,c}}$ 为植被冠层和土壤表层及其覆盖物吸收的净辐射；H_c 为冠层和土壤表层及其覆盖物感热通量；E_c 为冠层和土表层及其覆盖物的蒸散量；λ 为它们的热传导系数。$C_c = \rho C$，ρ 为土壤密度；C 为土壤比热容。这些参数都与土壤水分以及土壤密度有关。由于局部自然环境条件基本相同，假设在其他条件不变的情况下，令 $R_{n,c} - H_c - \lambda E_c$ 为常数 A，则根据陆面温度控制方程，土壤温度的变化率即为 $A/C_c = A/\rho C$。由此可知，土壤温度变化率取决于土壤比热容 C 和土壤密度。即土壤温度变化率与土壤密度、土壤比热容成反比，随着土壤密度的增加，土壤的热容量也会增加，土壤的温度变化率就会降低；而土壤密度增加到一定程度时，相对应的土壤含水量即会降低。土壤水分的减少又会使得土壤比热容变大、土壤的热容量增加，从而导致土壤温度变化率变大。土壤的热容量大小取决于土壤水分和土壤密度对土壤温度的影响大小，已知水的比热容为 4.2×10^3 J/(kg·℃)，土壤比热容为 0.84×10^3 J/(kg·℃)。在土壤密度增加到一定程度的时候，水分含量对土壤变化率的影响更大。土壤温度对地表温度有着重要的影响，由此可以得出在裸露土壤的古遗址区域，由于土壤物理性质的不同，白天的地表温度会略高于周围非遗址区域的地表温度，而夜晚遗址区地表温度会略低于周围非遗址区域的地表温度。

4.2.2 土壤物理性质对植被覆盖地表温度的影响

洛阳盆地因其肥沃的土壤和充沛的水源，自古以来就是重要的农产区。其中小麦和玉米为主要农作物。发育良好的小麦在正常土壤中根系生长会深达 1~2 m 的深度(张永清等，2006)，而且由于小麦对土壤水分含量比较敏感，所以在小麦种植区域里地表会有明显的植被标志来反映地下土壤水分含量的不同。如图 4-3 所示，如果地表以下埋藏有古河道或沟渠等文化层较厚的区域，这些深层土壤因为其深度和土壤水分含量以及土壤有机质含量都有利于植被的生长，所以植被长势较周围植被要好；然而如果地表以下埋藏的古代夯土城墙、宫殿基址以及古代道路等土壤密度较大、质地较差、水分含量较低，则其上生长的植被就会受到抑制，导致长势较差。这些植被的生长状态会通过植

图 4-3 土壤正植被标志与负植被标志

被的蒸腾、蒸散作用表现在地表温度上面。在一定的净辐射条件下，当蒸散量越小，感热量就越大，植被冠层温度就越高；相反，蒸散量越大，感热量就越小，植被冠层温度就越低。而植被长势较好时，蒸腾、蒸散作用较强，会使地表温度降低；植被长势较差时，地表不但因为植被蒸腾、蒸散作用较弱导致温度上升，而且还因为植被长势稀疏使得土壤暴露面积更大，吸收更多的太阳辐射，导致较周围区域温度高。

4.3 热红外遥感原理和概念

所有物质只要温度超过绝对零度，都会向外发射热辐射。而物体所发射的热辐射的值与物体本身的温度和内部组成有关。通过机载或者卫星上的热红外传感器来收集这些地物所发射的热辐射信息，并通过收集到的热辐射信息来对地物状况进行定性分析和定量的反演，这就是热红外遥感的原理。

在热红外遥感应用中，必须要考虑到很多的相关因素，比如地物的热辐射不会像黑体那样吸收率和发射率都等于1，而是具有自己特定的发射率，这就需要我们对地物辐射特性进行测量。热红外传感器对地物热红外信息的接收还需要通过大气辐射传输的过程，大气中水汽、二氧化碳、氧气、氮气、臭氧以及气溶胶颗粒等成分会因为对穿过大气的电磁波起到散射、吸收等作用使大气的透射率下降，而只有某些电磁波段可以较少受大气的影响，这部分波段就叫作大气窗口。热红外波段的大气窗口是 3～5μm 和 8～14μm 两个波段。这两个波段中，地物发射的热红外信息会很好地穿过大气被热红外传感器所接收，但是，大气在这两个波段也不是完全透明的，也会对热红外辐射有吸收和再辐射的影响。如果通过热红外遥感获得地表温度的信息，则必须要经过大气订正去除大气吸收以及辐射的影响。

综上所述，只有同时获得卫星上的亮度温度、地表比辐射率和环境辐照度三个基本要素，通过对大气热辐射传输方程的推导，才能反演出真实有效的地表温度。热辐射传输方程为描述热红外传感器接收到的总辐射所包含的组成部分，即总辐射亮度值等于地表发射能、大气上行发射能以及大气下行发射能再反射给传感器的辐射能之和，公式描述如下所示（柳钦火等，1998）：

$$L_\lambda = B_\lambda(T_s)\varepsilon_\lambda\tau_{0\lambda} + L_{0\lambda}\uparrow + (1-\varepsilon_\lambda)L_{0\lambda}\downarrow\tau_{0\lambda} \tag{4-2}$$

式中，L_λ 为星上传感器所接收到的波长 λ 的热红外辐射亮度；$B_\lambda(T_s)$ 为地表温度为 T_s 时的普朗克黑体辐射亮度；ε_λ 为波长 λ 的地表比辐射率；$\tau_{0\lambda}$ 为从地面到遥感传感器的大气透过率；$L_{0\lambda}\uparrow$ 和 $L_{0\lambda}\downarrow$ 分别为波长 λ 的大气上行辐射和大气下行辐射。

4.4 热红外遥感数据和算法的选择

在热红外遥感温度反演中，地表温度受到多种因素的影响，比如太阳高度角、植被覆盖、土壤密度、土壤含水量以及地形地貌等因素。影响热红外信号的诸多因素使得热红外遥感非常复杂，反演方法有很多种，各种方法都是针对不同的数据源在不同的条件下提出来的。在实际应用中，热红外遥感数据源以及算法的选择非常重要。表 4-3 介绍了几种具有代表性的热红外遥感反演算法的适用性(田国良等，2006)。

表 4-3　热红外遥感反演算法一览表

算法名称	数据源	主要解决的科学问题	目标参数
TES-包络线	实验室测量的热红外高光谱数据	温度和发射率分离	发射率
TES-光谱平滑迭代	野外实验测量的热红外高光谱数据	温度和发射率分离	发射率
TES-ASTER	经过大气校正的 ASTER 的热红外 5 个通道地表辐射亮度和大气下行辐射数据	温度和发射率分离	发射率
劈窗算法	热红外两个或多个不同通道的卫星遥感数据	去除大气影响	海面温度
局地劈窗算法	热红外两个或多个不同通道的卫星遥感数据，还需要植被指数、分类信息等用于估算地表发射率	去除大气影响	陆面温度
TISI 昼夜算法	热红外两个通道、中红外一个通道、昼夜两个时相的卫星遥感数据	温度和发射率分离，并结合劈窗算法去除大气影响	陆面发射率和温度
MODIS 陆面温度产品的算法	MODIS 中红外和热红外大气窗口的 7 个通道，昼夜两个时相；另外需要 MODIS 探空通道反演的大气廓线	去除大气影响、温度和发射率分离；地表和大气参数一起反演	陆面温度、大气参数
一体化反演方法	一个时相多个通道的热红外遥感数据	解决地表参数与大气参数耦合的问题；多参数反演中充分利用对地表和参数的先验知识	陆面温度和发射率、大气廓线
ATSR-2 分离植被和土壤温度的算法	ATSR-2 两个热红外通道，准同时的两个观测角度的数据；另外需要两个角度的可见光近红外观测，并且已知叶片和土壤发射率	去除大气影响、解决植被层和土壤层不同温的问题	植被和土壤的温度
AMTIS 数据反演叶片和土壤温度的算法	经过大气校正的 AMTIS 传感器 9 个角度的热红外 1 个通道数据，以及相同角度的可见近红外观测，并已知叶片和土壤发射率	解决植被层和土壤层不同温的问题	植被和土壤的温度

反演古遗址区域的陆面温度，需要解决的主要问题是去除大气和地形地貌等各种因素对地表温度的影响，根据土壤物理状况或植被覆盖导致的地表温度不同，提取古代遗存信息。

4.5　单窗算法陆面温度反演

早期的遥感卫星数据都只有一个热红外波段，所以单窗算法的应用比较早。它的原理是根据大气的温度和湿度垂直廓线，利用一定的大气模式计算大气辐射和大气透过率，然后同地表发射率一起代入大气辐射传输方程，就可以计算得到地表温度。然而，实测大气的温度和湿度垂直廓线是比较困难的，很少有人采用。一般都是通过近地面的大气含水量和大气温度，通过经验公式来计算得到的大气透过率和大气平均作用温度。单窗算法的提出，刚开始仅是应用于海洋温度的反演，如 Smith、阿部胜宏等分别提出了一个用中红外波段来计算海温的经验公式(Smith et al., 1970)和一个 GMS 单通道海面水温反演公式(阿部胜宏等, 1981)。由于美国陆地卫星应用广泛, 所以目前发展了很多针对 Landsat TM/ETM+数据的单通道温度反演算法, 如覃志豪等人提出的陆地卫星地表温度反演单窗算法(Qin et al., 2001)。

本章应用 Landsat 数据, 采用地表温度反演单窗算法(覃志豪等, 2001), 从大气辐射传输方程出发, 考虑大气透过率和大气平均作用温度对环境辐照的影响, 通过 ETM 的第 3 和第 4 波段获得的归一化植被指数同地表比辐射率的经验关系来计算得到地表的比辐射率值, 然后, 根据 Landsat 辐射亮度转换公式把热红外波段 DN 值转换为热红外波段的亮度温度, 最后通过获得的亮度温度、环境辐照参数以及地表比辐射率, 建立地表温度反演算法, 其技术路线如图 4-4 所示。

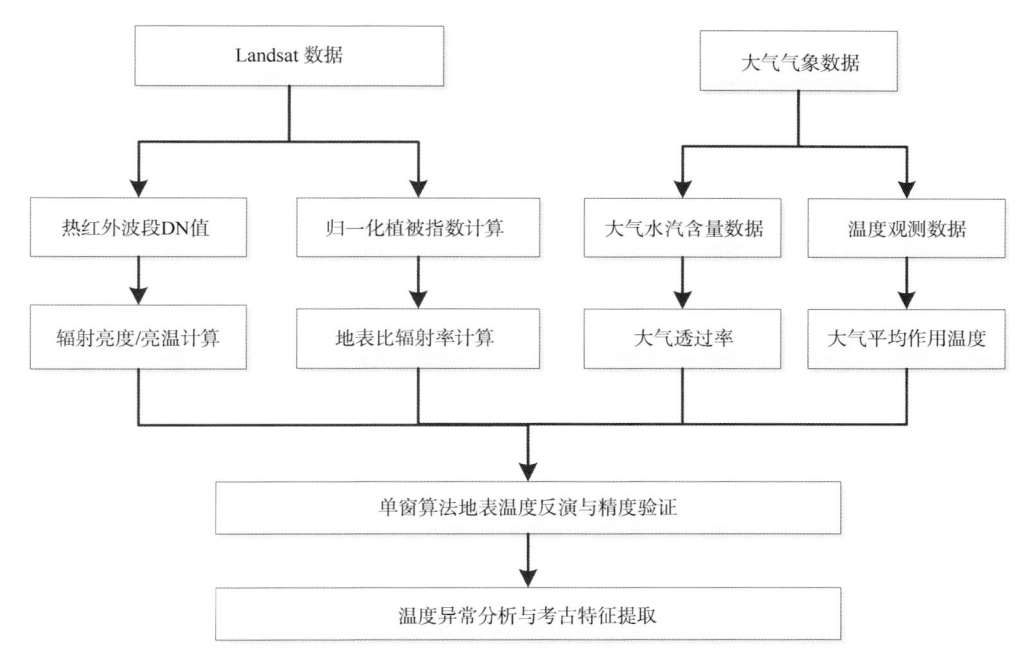

图 4-4 单窗算法技术路线图

4.5.1 亮度温度的计算

物体的亮度温度是指辐射出与观测物体相等的辐射能量的黑体的温度。求解 Landsat 陆地卫星上 ETM+第 6 波段的亮度温度, 必须先进行辐射定标, 求得该波段的辐射能量值。

辐射亮度 L_λ 的值可以通过式(4-3)求得(Sobrino et al., 2001):

$$L_\lambda = \frac{L_{max} - L_{min}}{QCAL_{max} - QCAL_{min}} \times (QCAL - QCAL_{min}) + L_{min} \quad (4-3)$$

式中, QCAL 为像元的 DN 值; $QCAL_{max}$ 为像元可以取的最大值, 即值为 255 的 DN 值; $QCAL_{min}$ 为像元可以取的最小值, Landsat-7 卫星数据中 $QCAL_{min}$ 的值为 1(Chander et al.，2009)。Landsat-7 ETM+的各个波段的 L_{max} 和 L_{min} 的值都可以通过查阅得到(Chander et al.，2009)，其中，Landsat-7 ETM+第 6 波段高增益图像的 L_{max} 值为 12.65，L_{min} 值为 3.2。于是，上式可以简化为

$$L_6 = 0.0372 \times (DN - 1) + 3.2 \tag{4-4}$$

通过式(4-4)计算得到 ETM+第 6 波段的辐射亮度值后，既可以把该值代入以下公式来计算 ETM+第 6 波段的亮度温度值 T_6，即(Schneider et al.，1996)：

$$T_6 = K_2 / \ln(1 + K_1 / L_6) \tag{4-5}$$

式中，$K_1 = 666.09$，$K_2 = 1282.71$ (Chander et al.，2009)。经过计算得到 ETM+热红外波段的亮度温度值图像如图 4-5 所示。

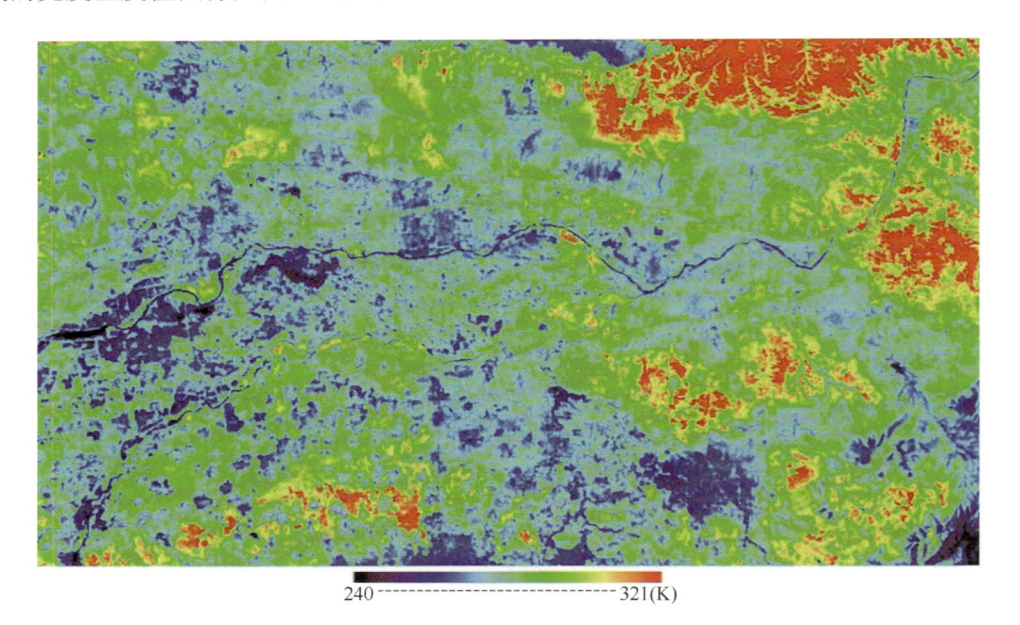

图 4-5　ETM+第 6 波段亮度温度分布图

4.5.2　地表比辐射率的估算

比辐射率又称发射率，它是物体在温度 T、波长 λ 处辐射出射度与同温度、同波长下的黑体辐射出射度的比值，它的值在 0～1 之间，是由构成地物不同材料的性质所决定的。地表比辐射率不仅依赖于地表物体的组成成分，而且与物体的表面状态以及物理性质有关，另外，地表比辐射率的值对地表温度反演的影响非常重要。遥感卫星所探测到的自然地物中，大部分物体的比辐射率值都在 0.9 以上，尤其是在海洋温度反演当中，比辐射率值比较单一，很多简单的反演方法直接把比辐射率的值统一估计为 1 来计算。但古遗址信息相对比较微弱，要求的温度反演精度较高，所以，在地表温度反演中必须获得地表比辐射率的值来作为一个重要参数。据研究(Salisbury et al.，1992；Labed et al.，

1991),地物在波长 8~14μm 范围内变化非常的小,所以对这些波段地表比辐射率的估算方法在热红外遥感温度反演中都是适用的。目前,在温度反演研究中,地表比辐射率的估算主要有基于 ASTER 数据的劈窗算法(毛克彪等,2006)和 NDVI 门槛值法(Roderick et al.,1996)等。本章采用更为经典的 NDVI 门槛值法进行试验研究,即先计算获得 ETM+的第 3 波段和第 4 波段的反射率值,然后用"暗目标法"对这两个波段进行大气校正,计算得到地表的归一化植被指数,再通过归一化植被指数的值和地表比辐射率的关系获得地表比辐射率的值。

"暗目标法"的定义为假设整幅图像的大气散射影响均匀,把"清水"当作暗目标,则直接用暗目标的像元值来取代大气程辐射。表观反射率的值可以用式(4-6)来表达(池宏康等,2005):

$$\rho_\lambda = \frac{L_\lambda \times D^2}{\text{ESUN}_\lambda \times \cos\theta} \tag{4-6}$$

式中,ρ_λ 为 λ 波段的表观反射率;L_λ 为 λ 波段的辐射亮度值;D 为日地距离;ESUN_λ 为太阳光谱在 λ 波段内的平均辐射照度;θ 为太阳入射天顶角;其中,日地距离以及 ESUN_λ 的值都可以通过参考文献(Chander et al.,2009)查得。例如,2001 年 6 月 27 日的日地距离为 1.01656(天文单位),Landsat-7 中 ESUN 在各个波段具有不同的值分别为:$\text{ESUN}_{\text{band3}} = 1551$,$\text{ESUN}_{\text{band4}} = 1044$。$L_\lambda$ 的值可以通过式(4-2)计算得到,其中,$L_{\max}$ 和 $L_{\min}$ 的值可以在参考文献(Chander et al.,2009)中查得,即高增益时 $L_{\max_3} = 152.9$,$L_{\min_3} = -5.0$;$L_{\max_4} = 157.4$,$L_{\min_4} = -5.1$。$\cos\theta$ 的值可以通过头文件读取太阳高度角的值计算得到,也可以用公式 $\cos\theta = \sin\phi \cdot \sin\delta + \cos\phi \cdot \cos\delta \cdot \cos t$(赵英时等,2003)求得,$\phi$ 为地理纬度,δ 为太阳赤纬,即太阳光与赤道平面的夹角,夏至时太阳直射北回归线,$\delta = 23°27'$。t 为太阳的时角,它的定义为:地方时 12 点的时角 t 为 0;6 点的时角 t 为 $-\pi/2$;18 点的时角 t 为 $\pi/2$。本章选用公式(赵英时等,2003)来计算 $\cos\theta$ 的值。最后,把经过上述计算得到的 D、ESUN 以及 $\cos\theta$ 的值代入上式,即可求得 ETM+第 3 和第 4 波段的表观反射率值。经代入参数简化计算,符合本章的简化公式如下所示:

$$\rho_{\text{band3}} = 0.00213235 \times (0.62165 \times \text{DN}_{\text{band3}} - 5.62165) \tag{4-7a}$$

$$\rho_{\text{band4}} = 0.00316796 \times (0.63976 \times \text{DN}_{\text{band4}} - 5.73976) \tag{4-7b}$$

式中,DN_{band3} 为波段 3 的 DN 值;DN_{band4} 为波段 4 的 DN 值。求得的表观反射率值再减去暗目标的像元值,即为大气纠正后的 ETM+数据。然后可利用式(4-7a)、式(4-7b)来对 ETM+第 3 和第 4 波段经过大气纠正后得到这两个波段的地表反射率值计算地表的 NDVI 值:

$$\text{NDVI} = \frac{\rho_{\text{band4}} - \rho_{\text{band3}}}{\rho_{\text{band4}} + \rho_{\text{band3}}} \tag{4-8}$$

式中,NDVI 为归一化植被指数;ρ_{band4} 是近红外波段的地表反射率值;ρ_{band3} 为红波段的地表反射率值。经过计算求得的归一化植被指数分布如图 4-6 所示。

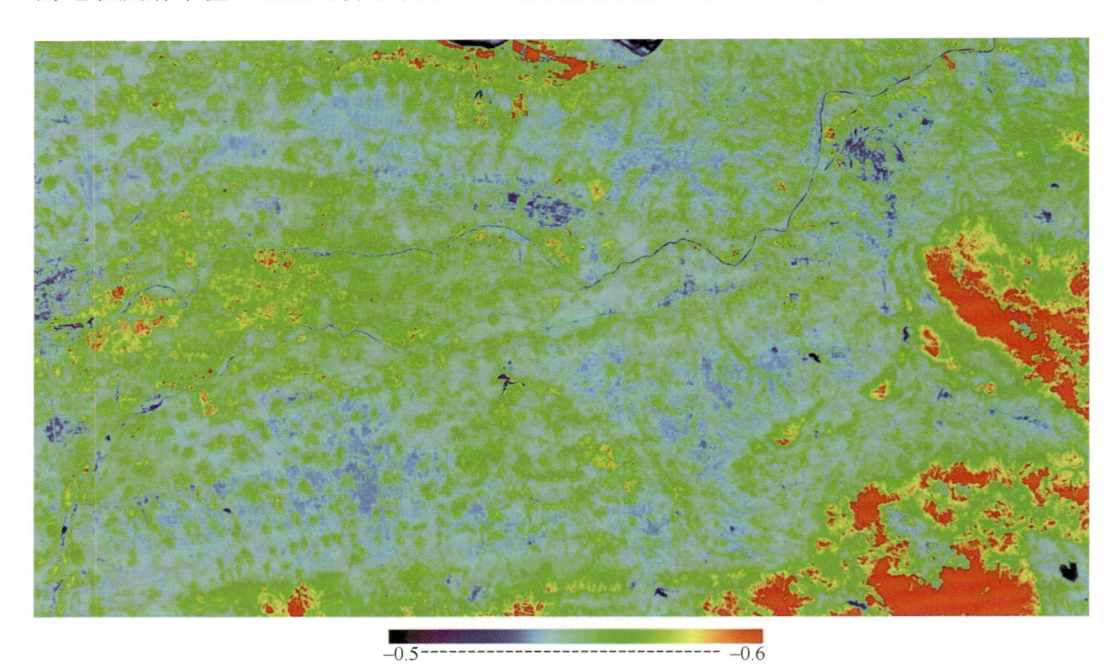

图 4-6　经 ETM+数据计算得到的 NDVI 图

图 4-6 中红色部分 NDVI 的值比较高，代表长势较好的植被。蓝色部分 NDVI 的值较低，代表裸露的土壤、建筑物或者是水体。结果表明，洛阳盆地伊、洛河流域的农田基本已无植被覆盖。

对于地表比辐射率的计算，国内外很多学者通过 NDVI 值与比辐射率之间的关系研究，取得了一些成果(毛克彪等，2006；Van de Griend et al.，1993；Sobrino et al.，2004)。其中 Van 等所得出的经验公式只适合于 NDVI 值在 0.157～0.727 之间的自然地表。为了得到更加精确的地表比辐射率值，本章采用了 Sobrino 等的 NDVI 门槛值法：

(1) 当 NDVI<0.2 时，地表像元被认为完全由裸土组成，此时 $\varepsilon = 0.981 - 0.042\rho_{red}$；

(2) 当 NDVI>0.5 时，地表像元被认为完全由植被覆盖，此时 $\varepsilon = 0.989$；

(3) 当 $0.2 \leq \text{NDVI} \leq 0.5$ 时，地表像元被认为是由裸土和植被组成的混合像元，此时 $\varepsilon = 0.971 + 0.018 P_v$。

ε 为热红外通道的地表比辐射率；ρ_{red} 为可见光红波段的反射率值，即 ETM+第 3 波段的值；$P_v = (\text{NDVI} - \text{NDVI}_{min})^2 / (\text{NDVI}_{max} - \text{NDVI}_{min})^2$，其中 NDVI_{min} 和 NDVI_{max} 分别是裸土的归一化植被指数和完全植被覆盖的归一化植被指数。基于 NDVI 结果，该计算公式可以简化为 $P_v = (\text{NDVI} - 0.2)^2 / 0.09$。即，通过计算得到研究区域在 ETM+6 波段的地表比辐射率分布如图 4-7 所示。

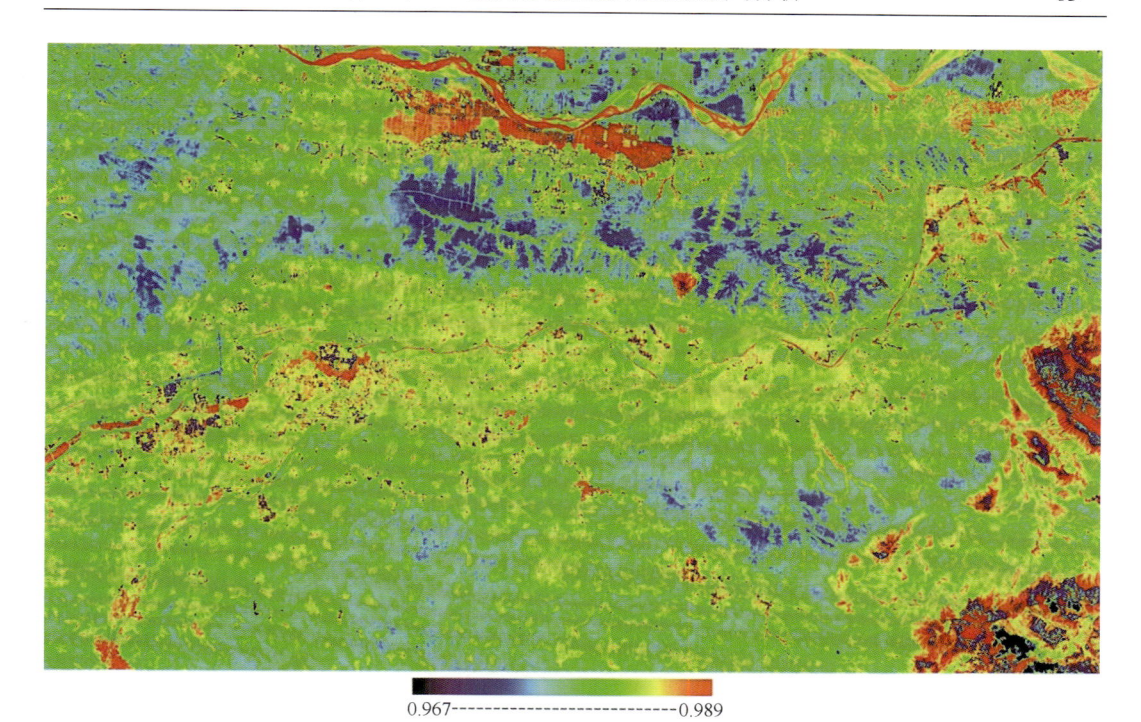

图 4-7　ETM+第 6 波段通道地表比辐射率分布图

从图 4-7 中可以看出，自然地表的比辐射率值都在 0.9 以上，其中水体比辐射率值较高，接近 0.99 左右，山区茂密植被的比辐射率值也比较高，在 0.98～0.99 之间，裸土以及建筑物等的地表比辐射率大都在 0.96 或者 0.97 左右。

4.5.3　大气透过率和大气平均作用温度的估算

虽然在大气窗口的热红外波段电磁波基本都能被星上传感器所接收，但大气仍然不是完全透明的，它会吸收一部分地物的热辐射，还会向星上传感器辐射一部分能量。所以，计算大气透过率和大气平均作用温度对遥感温度反演来说非常重要，它们是遥感温度反演的基本参数。

所以，大气透射率和大气平均作用温度的影响因素都非常多，计算准确的大气透射率和大气平均作用温度就需要进行复杂的大气模拟，了解大气的成分及其分布状态，这很难在研究中普遍使用。据研究(覃志豪等，2003)，大气透射率的变化主要取决于大气水分含量的动态变化，其他因素因其动态变化不大，对大气透射率的变化没有显著的影响，因此，水分含量就成为大气透射率估计的主要考虑因素。大气平均作用温度除了与大气剖面以及大气水分有关以外，跟近地面的温度有着直接的关系。在没有实时的大气状况资料的情况下，可以用标准大气状态来代替大气水分含量以及大气成分的分布状态，用研究得出的近地面温度与大气平均作用温度的线性关系来计算大气平均作用温度。TM6 大气透过率估计方程和中纬度夏季平均大气作用温度估计方程为：

$$\tau_6 = 0.974290 - 0.08007\omega \tag{4-9a}$$

$$T_a = 16.0110 + 0.92621T_0 \tag{4-9b}$$

式中，τ_6 为热红外波段的大气透过率值；ω 为大气含水量；T_a 为大气平均作用温度；T_0 为近地面温度。2001 年 6 月 27 日的平均大气含水量和近地面温度都可以在中国气象数据共享网站上得到。这里 $\omega = 0.86$，$T_0 = 303.16$。经过计算得到大气透过率值为 $\tau_6 = 0.9054$，大气平均作用温度 $T_a = 296.8$。

4.5.4 单窗算法温度反演

覃志豪等（2001）根据辐射能与温度之间的关系和热辐射传输方程，用泰勒公式对 Planck 函数进行线性化展开推导，总结了一个适合 Landsat 卫星这样只有一个热红外波段的遥感温度反演的单窗算法公式，如下：

$$\vec{T}_s = \left\{ a_6(1-C_6-D_6) + \left[b_6(1-C_6-D_6) + C_6 + D_6 \right] T_6 - D_6 T_a \right\} / C_6 \tag{4-10}$$

式中，a_6 和 b_6 为回归系数，在温度变化范围为 0~70℃时，它们分别为 $a_6 = -67.35535$，$b_6 = 0.458608$，$C_6 = \tau_6 \varepsilon_6$，$D_6 = (1-\tau_6)[1+\tau_6(1-\varepsilon_6)]$；$T_6$ 为热红外波段的亮度温度，T_a 为大气平均作用温度，τ_6 和 ε_6 分别为热红外波段的大气透过率和地表比辐射率。将已计算得到的 ETM+6 波段的亮度温度值、热红外波段的地表比辐射率值、大气透过率以及大气平均作用温度几个参数，代入单窗算法公式，即可得到地表温度反演结果，如图 4-8 所示。

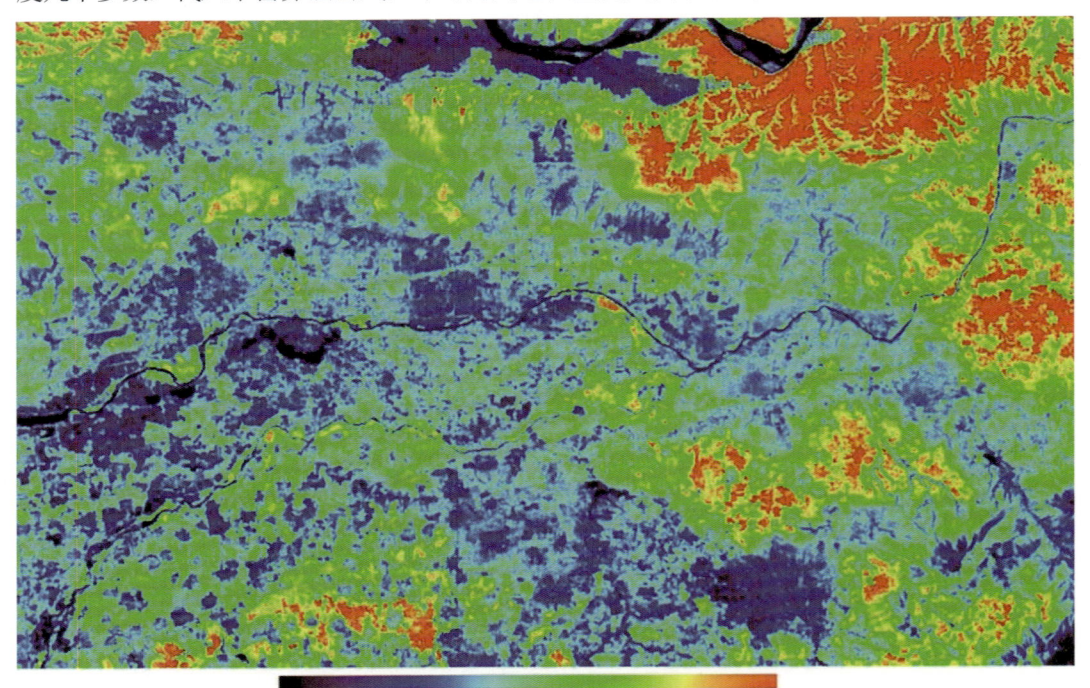

图 4-8　ETM+地表温度反演结果图

4.6 地表温度图像分析与居民点信息提取

利用 Landsat ETM+影像对研究区的土地利用进行分类,可大致将其分为裸土、居民点、水体三类。从遥感的光谱特征来讲,与二里头遗址有关的考古信息多隐藏在居民点信息中。因此,基于地表温度差异提取居民点是提取考古特征的重要条件。从 ETM+反演的地表温度结果(图 4-9)可以看出,水体与其他地物类型温度差异明显,图中可以很容易地看出伊河和洛河的位置。而区域内居民点的温度值与裸土区域的温度值相差不大,在图中很难识别,造成居民点信息被掩盖,无法很好地对二里头遗址的考古特征进行定位。为此,必须了解居民点与裸土、水体光谱特征的区别。

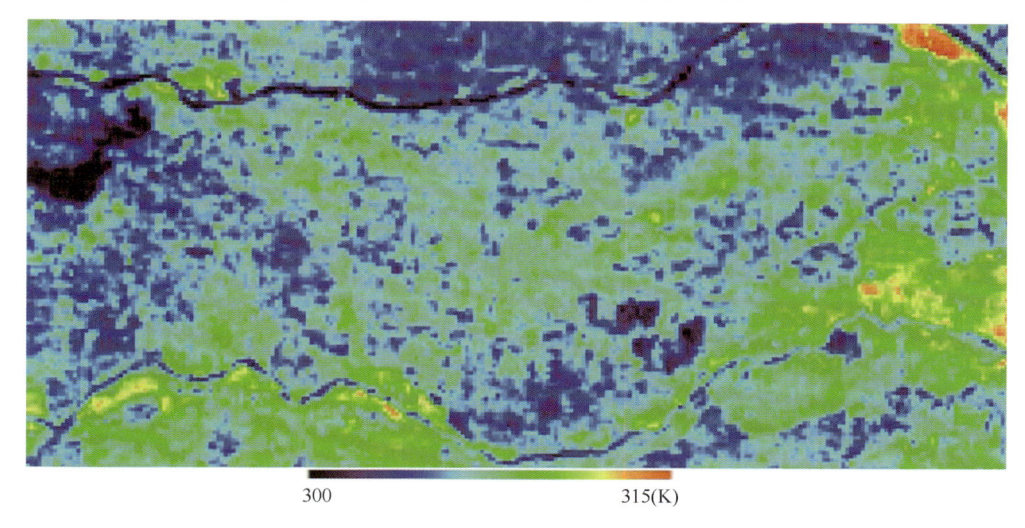

图 4-9 ETM+局部区域温度反演结果图

研究中,在 ETM+影像上分别建立居民点、水体和裸地三个地物类型的感兴趣区(ROI),经处理可得到每个类型的平均光谱曲线,如图 4-10 所示。

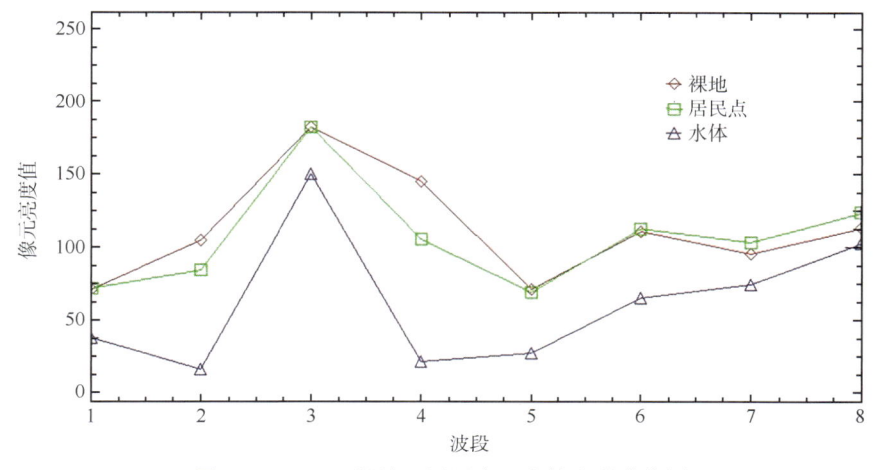

图 4-10 ETM+裸地、居民点、水体光谱曲线图

从图 4-10 可以看出，只有第 2 波段和第 4 波段（对应 ETM+数据的短波红外第 7 波段和短波红外第 5 波段）能把这三类地物区别开来。居民点像元在第 4 波段的 DN 值为 105.1，而在第 2 波段的 DN 值是 84.7；裸地像元在第 2 波段的 DN 值为 104.5，在第 4 波段的 DN 值为 144.5；同时水体像元在第 2 波段和第 4 波段的 DN 值均小于 21。所以，为了区别居民点信息与背景信息，经过多次试验得出最佳提取公式为

$$(band_2 - 86)/(band_4 - 104) < 0 \tag{4-11}$$

将满足这一条件的像元归类为居民点。提取出的居民点分布如图 4-11，为进一步提取考古特征提供了参考范围。

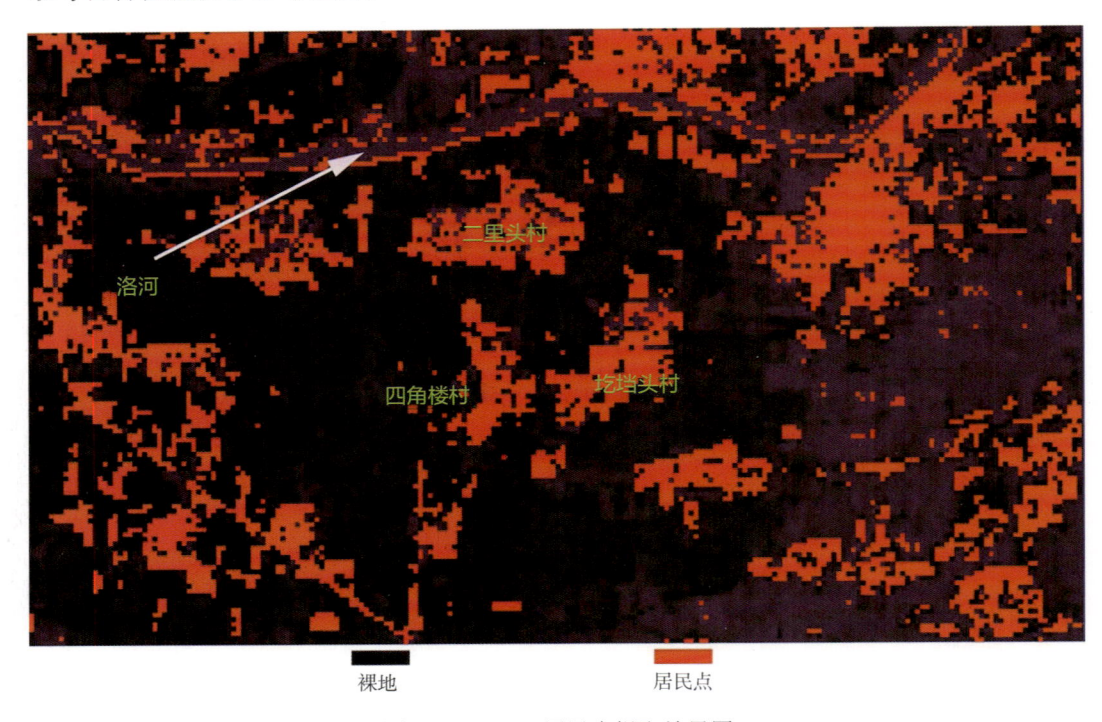

图 4-11 ETM+居民点提取结果图

4.7 TVDI 模型反演土壤含水量

在国内外的很多研究中发现，将地表温度与归一化植被指数（NDVI）相结合，能够有效地反演土壤中的水分情况。例如，Sandholt 等（2002）用地表温度和植被指数构建了 NDVI-T_s 特征空间，并通过该特征空间计算得到温度植被干旱指数（TVDI），用来反演土壤湿度。基于该理论模型对地表土壤湿度进行了监测，取得了很好的效果（Xin et al.，2006；齐述华等，2003）。研究植被覆盖区的土壤水分，常采用 NDVI 和地表温度等指标，研究发现（Sandholt et al.，2002；Goetz，1997；Moran et al.，1994），单独用 NDVI 或地表温度作为指标来评价土壤水分状况时有一定的局限性，而将二者结合得到的温度植被干旱指数（TVDI）与土壤水分状况具有很大的相关性。

TVDI 是 Sandholt 等通过简化的 NDVI-T_s 特征空间提出来的,如图 4-12 所示。它将湿边 $T_{s\text{-min}}$ 定义为与 NDVI 轴平行的直线,同时将干边 $T_{s\text{-max}}$ 看作是与 NDVI 值呈线性关系。

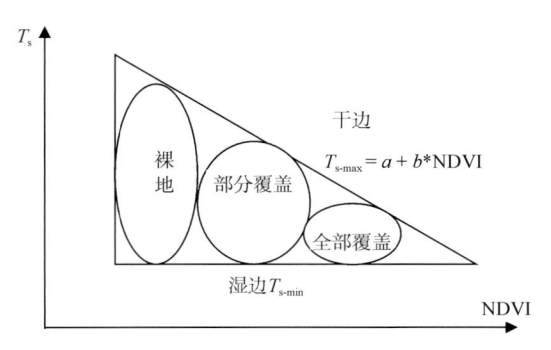

图 4-12 简化的 NDVI-T_s 特征空间
(引自:王家强等,2014)

图 4-12 中,三角形区域为图像中 NDVI 值所对应的地表温度值,从裸地到植被全覆盖区域 NDVI 值越来越大,地表温度值则越来越低。在 NDVI-T_s 特征空间中,TVDI 的计算式可表达为

$$\text{TVDI} = \frac{T_s - T_{s\text{-min}}}{T_{s\text{-max}} - T_{s\text{-min}}} \tag{4-12}$$

式中,T_s 为 NDVI 值所对应的地表温度值;湿边为 $T_{s\text{-min}}$;干边 $T_{s\text{-max}}$ 的值需要用一个线性表达式来表达。图 4-12 湿边被描述为一条平行于 NDVI 的直线,所以直接表达为 $T_{s\text{-min}}$,但在实际的地表区域中,湿边都不是平行于 NDVI 的直线,需要用 NDVI-T_s 特征空间中的点来拟合近似为一个线性表达式。因此,要计算 TVDI 的值,首先应构建一个 NDVI-T_s 特征空间,然后提取出干边和湿边上的点,即 NDVI 值所对应的地表温度最大值和最小值,然后通过这些点的数值分别拟合出干边、湿边的线性方程,进而得到 TVDI 的值。在研究中,基于研究区的 NDVI 和地表温度,得到 NDVI-T_s 特征空间以及干边和湿边,如图 4-13 所示。

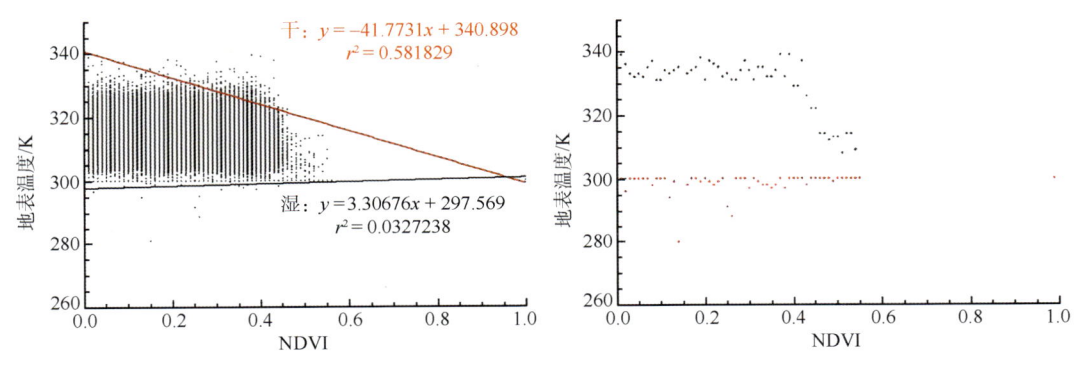

图 4-13 植被覆盖下 NDVI-T_s 特征空间图以及它的干边和湿边

基于以上计算结果，可得到二里头遗址区的 TVDI 图(图 4-14)。

图 4-14　二里头遗址高分辨率影像与 TVDI 图

从图 4-14 可以看出，在二里头村、圪垱头村以及四角楼村之间有一块区域 TVDI 值较大，即土壤含水量较低，通过与高分辨率影像的对比发现，此处正是二里头遗址宫殿基址所在的区域。

此外，对古河道区域的遥感数据进行 TDVI 反演，同样也能获取到土壤含水量的差异，从而探测出古河道的具体位置(图 4-15)。

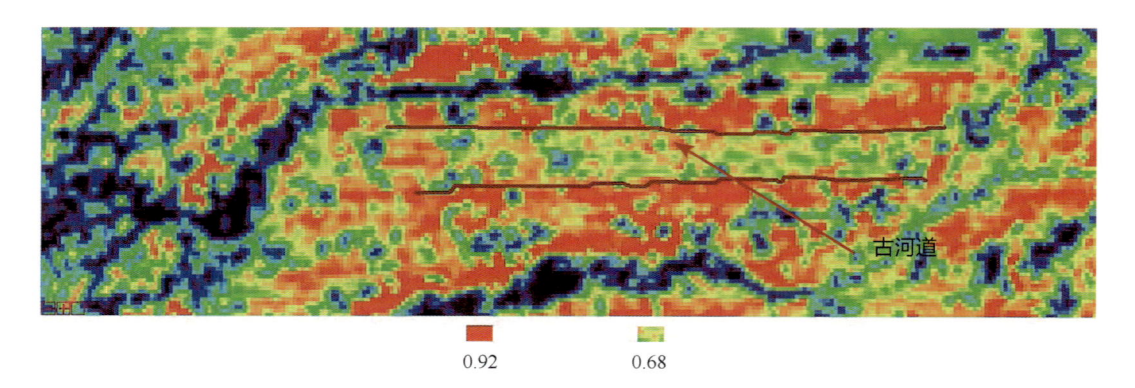

图 4-15　古河道区域的土壤含水量分布图

通过以上对 TDVI 反演结果的分析可以证明，结合地表温度和 NDVI 反演的土壤含水量，能够反映出古遗址区域与周边的异常，进而探测遗址区内的考古特征。

4.8 小　　结

本章通过对 Landsat-7 ETM+数据采用单窗算法获得了研究区的表观反射率数据、亮度温度数据、NDVI 数据、地表比辐射率数据以及最终的地表温度分布数据。从地表温度分布图的比较来看，空间分辨率、时间段的选择以及地表温度反演方法等都会对反演结果产生很大影响。在反演得到地表温度后，通过光谱分析提取居民点信息，缩小考古特征的探测范围，再采用 TVDI 模型反演土壤含水量，进而可有效地探测二里头遗址内的宫殿区和周边古河道。实验表明，结合地表温度和 NDVI 反演土壤含水量，可用于考古特征的探测。

第 5 章　陶寺遗址作物物候生长差异遥感探测

陶寺遗址作为中华文明起源时期黄河流域中原地区的政治文化中心（胡宇煊等，2016；高江涛，2011），分布在汾河流域的临汾盆地，地势相对平坦，适合人类居住与农业发展。陶寺遗址均位于现代建筑比较少的乡野田间，周围被农民居住的村落所包围，通过对比遗址近期的高空间分辨率影像和 Corona 卫星影像可以发现。随着经济发展、人口增多，陶寺遗址周边的村落规模均有了不同程度的扩大，形状也发生了变化，但整体而言没有太大的改变。

为此，本章将从考古特征探测遗址背景环境特征的角度开展研究。物候作为反映植被生长特点的生态学指标，可以间接反映植被在生长全周期受到植被下垫面差异的影响。找到这一差异，也就找到了遗址区植被标志的最佳探测窗口。下面就分别应用 MODIS 和 Landsat 影像数据对陶寺遗址区作物物候生产差异进行探测和验证，并在此基础上分析了正向和负向植被标志。

5.1　陶寺遗址概况

陶寺遗址坐落于山西省中南部的临汾市襄汾县县城东北，位于山西地堑系南部的汾河河谷地带的临汾盆地汾河以东的塔儿山的山前冲积平原上。汾河下游地区的河谷平原和韩城山前冲积平原所组成的多阶台地共同构成了临汾盆地，以韩侯岭为北界，与东北部的太原盆地相隔；向南后折向西直至黄河岸，与峨嵋台地相接；与太原盆地、南部的运城盆地和西南部的渭河盆地与灵宝盆地共同构成了晋陕盆地带。东西两侧分别为山脉断层和山地，东部与上党盆地（沁潞高原）以太岳山、中条山相隔，以霍山山前断裂带为界；西部与陕北盆地相隔以吕梁山脉，以罗云山山前断裂带、韩城山前断裂带和黄河为界。两边山地与中间的平川形成"凹"字形，中间宽 20~25 km，边缘为连续的低山，向盆地内部发展为低山的山前丘陵和冲积平原，最中间为河谷地带的多级黄土台塬，三部分由高到低构成多级阶地，面积约 5 000 km^2，总共长度从北部的灵石隆起到南部的峨嵋台地约 200 km。由于汾河及其支流的冲积和堆积作用，盆地土壤肥沃、地势平坦。临汾盆地地处温带季风气候区，该区域内冬春两季为干旱季节，多西北风或东南风，降雪降雨较少，气候干燥；夏季秋季为多雨季节，多暴雨或绵绵阴雨，伏天旱雨交错，因此属于大陆性半干旱气候区，冬寒夏热，雨热同季。塔儿山位于临汾盆地东南缘，属于太岳山系，由于其向平原内部凸起，因此地质上称为襄汾凸起。陶寺遗址分布在其西麓山脚的黄土台塬上，海拔 500~600 m，地下水位 80~120 m。由于地下水位较低，井水灌溉比较困难，所以陶寺遗址内部农田灌溉方式单一，主要依靠自然降水及形成的地表径流。图 5-1 为陶寺遗址的高空间分辨率影像及其内部的主要遗迹（严志斌等，2005；

中国社会科学院考古研究所山西队等，2007；解希恭，2007；高天麟等，1980；高天麟等，1986）。

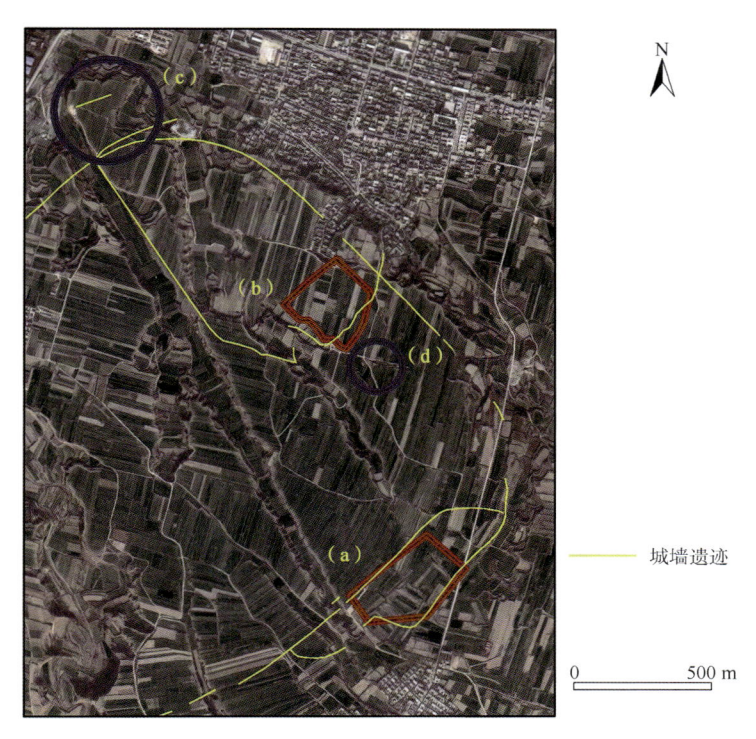

图 5-1　陶寺遗址的 2010 年 12 月 2 日 Geoeye 影像及其内部的主要遗迹
(a)南部小城祭祀区和观象台遗址；(b)宫殿区；(c)北部祭祀区和北墙遗址；(d)窖穴集中的仓储区域

陶寺遗址处于汾河东岸陶寺乡，其东北缘一线与陶寺村居民地相隔以南河故道、南部一线与东坡沟村相邻，其居民地与贯穿整个遗址的中梁沟、赵王沟东南底端相接，西北部被中梁村居民地所覆盖、与宋村相隔以宋村沟，此四个自然村将陶寺遗址围绕，遗址西南与沟西村相邻。东面紧临的南河故道(已干涸)是一条陶寺文化时期就已存在的曾经的汾河的小支流，西面则以宋村沟为界，被沟渠所破坏，边界不清。陶寺遗址处于山地向河谷平原逐渐下降的过渡地带，东南近山，地势高，地下水位低，土壤干燥；西北靠近河谷平原，地势低缓，地表径流和降雨容易形成洼地，土壤潮湿；两条东南-西北向干沟大南沟-南沟和赵王沟-中梁沟分别纵贯遗址东北部和中部将两期城址分别分为东、西两个部分。陶寺遗址出土的文化遗存主要包括仰韶和龙山两期文化，其中的仰韶文化遗存属于仰韶文化晚期，是新石器文化中期分布在黄河中游大部分地区的一种原始彩陶文化，陶寺遗址中该时期遗存数量较少，分布范围零散且有限。遗址中大多数遗存属于龙山文化，属于中原龙山文化中的陶寺类型，又称为陶寺文化，主要分布在中原地区，是一种黑陶文化，在陶寺文化的早、中期遗存中分别发现了断续的城墙，其和周边干沟共同构成了陶寺文化早期城址和陶寺文化中期城址。

陶寺早期城址，又称早期小城，建成于约公元前 2300 年到公元前 2100 年间，位于整个遗址的东北部，占整个遗址面积的约 1/4，面积约 $56×10^4$ m^2；陶寺中期城址则已经覆盖整个陶寺遗址的范围，总共面积约 $280×10^4$ m^2，建成约在公元前 2100 年到公元前 2000 年之间，主要构成为中期大城，是从早期城址扩展而成，在大城南端有一个小城，墙体比较完整，面积约 $10×10^4$ m^2。陶寺遗址早期城址现已发现东墙、西墙南段、南墙数段和北墙；中期城址发现了东墙，此墙在北段沿用了早期小城的东墙的基础上向东南方向延伸后向南拐形成南部中期小城两道墙的外墙，同时也是遗址的南墙，而原有北墙被拆除，另外在早期小城北墙外新筑了北墙。陶寺遗址中期城址的南墙和北墙分别在遗址内部地势最高和最低处，东墙与南河河道走向一致，背临南河而建。从对城墙的设计和规划来看，中期大城参考了一些早期小城的建设并进行了一定的改进，例如早期小城城圈为椭圆形，中期大城城圈接近方形，从工艺上来说，更便于城墙的筑造；另外由于地势的因素，中期大城为圆形城角，同时，两期城址的方向一致，与后来正南正北的朝向不同，城址的中轴线方向为北偏西 45°，先后建立的两道北墙相距距离很近且平行走向一致。陶寺城址除了已经发现的 11 段城墙，目前已探明的遗存还有被认为是宫殿区和大型建筑的夯土建筑基址 9 处，有大片集中的窖穴构成的仓储设施，3 处包括大墓在内的墓地，发现石器加工遗迹的手工业作坊或作坊区 2 处、居住用居住址 5 处等遗迹，其余还发现灰坑、灰沟若干，粟、黍和稻田遗迹等。另外，还有约 $300×10^4$ m^2 的陶寺时期的考古文化层未被探明，等待发掘，陶寺遗址南塔儿山西部还有被认为是遗址石器原料的采集地的大崮堆山采石场。

除东墙外，发现的早期小城时期的 6 段城墙在中期均被废弃。早期城址的东南部分布有陶寺文化早期的贵族居住区，面积约 $6.7×10^4$ m^2，宫殿区内分布有规模比较宏大的核心建筑残留夯土基址。发掘者以遗址内北-南、西北-东南向的干沟，南沟-大南沟为界，这些核心建筑分布的区域又被分为东、西两个部分。南沟以东为上层贵族居住的宫殿区。在该区域中心和北部边缘，发现陶寺早中期的面积 7 800 m^2 的两层长方形台基和带夯土台阶的坑状建筑，发掘中出土的遗址建筑材料表明这一带的建筑经过了精心设计与修饰，等级很高。东部区域的东半部发现了数量众多的集中的灰坑，应该是核心区的生活配置区。南沟以西到中梁沟以东的区域面积约为 $1.6×10^4$ m^2，发现多座相对密集分布的大面积但建筑等级相对较低的夯土建筑。核心建筑区北部为普通居址。另外，在陶寺早期城址外东南，即中期遗址中东部发现面积近 1 000 m^2 的相对独立的窖穴区，容积数百立方米的圆角方形或者长方形窖穴密集分布在该区，多数窖穴都有螺旋形坡道。直到中期城址时期，这些窖穴密集的仓储区域仍然被延续使用。早期城址外东南即中期城址东部，发现陶寺文化早期的等级分明的墓地，其中被认为是埋葬了高级贵族的大墓数座，随葬文物包括各种陶制、石制的乐器以及陶器、玉器、彩绘木器等精美文物。

已发现的中期城址的 5 段城墙分别构成中期大城的东、南、北墙。两道南墙近似平行，由内墙和外墙围起一个封闭的刀形小型城址，城中分布有墓群和祭祀用的大型建筑基址，被认为是用于祭祀的区域，即中期小城。而在早期小城北部北墙和原北墙之间也分布有墓群和建筑基址,被认为是同样的祭祀区域。作为中期城址的最核心区域,城址东北部内发现了中期城址时期最核心的宫殿建筑区,其建置位置与早期的贵族居住区一致,同时还发现了数座规模宏大、被认为是宫殿建筑的大型建筑,出土了包括铜器残片在内的多种珍贵文物。宫殿区的中心建筑大致呈正方形,面积 1 万余 m²,可见两座主体殿堂,以及数座约 2 000 m² 的夯土基址。在中期城址南靠近南部小城发掘一座形制特殊的建筑,发掘者研究认为是观象台,总面积 1 740 m²,观象台中间为夯土台基,而外围则由环状的路基围绕。手工业作坊区在城内西南、西部和东北部,发现有石器作坊、制陶作坊等相关建筑遗迹,包括一座陶寺文化中期的"回"字形北偏西 45°的大型建筑,其面积约 1 300 m²,近似圆角方形。其余,西部也发现了成片的制作石器的场所,而东北部则发现陶窑 5 座。中期墓地位于南部小城内西北部和大城西南部,墓主人大多阶级分明其中大墓一座,出土了丰富的玉器、漆木器和彩绘陶器等具有礼器性质的随葬品,表明墓主为高级贵族。在南沟和中梁沟两处发现有少量的路土,经研究认为大南沟-(小)南沟和赵王沟-中梁沟在当时很可能是纵贯整个遗址的大道,前者纵贯早期城址南北,后者从中间纵贯中期城址,将中期城址分为东西两部分。由于雨水冲蚀,道路经过长期冲刷后不断下切,形成沟壑,而产生"路在沟中"的现象。

选择陶寺遗址作为研究对象之一,是因为从陶寺遗址发掘出的建筑遗迹和出土的文物来看,陶寺城址具有都邑性聚落的特征,且城址内的建筑建置对城内功能区划进行了细分。通过对陶寺遗址截面的黄土-古土壤序列进行研究,发现在地表以下约 40~204 cm 的深度有含有文化层和文物的古土壤的存在,陶寺文化时期(公元前 2050~前 1850 年)的陶器堆积在地表以下 60~124 cm 之间(杨前进,2004)。发掘记录显示,在龙山文化层以上堆积有唐宋时期(618~1279)或明清时期(1368~1840)的文化层和文物,并在地表以下 10~15 cm 处形成 10~15 cm 厚的坚硬地层(解希恭,2005)。如今的陶寺遗址只是普通的乡野地区,遗址周围分布着村落而不再是都市、城市,居住者多以从事农业为生。在遗址范围内没有工厂或者现代建筑的存在。北有一座 250 m×100 m 大小的小型铁厂,位于陶寺遗址下游,无工业废水污染。根据 2004 年在遗址的北部、中部和南部分别取样的土壤进行磁化率测量的数据表明,遗址区无降尘污染作物,长势未受到环境污染的影响。

5.2 归一化植被指数

归一化植被指数 NDVI 是近红外波段与红光波段的反射值或反射率的差与两者之和的比值:

$$\text{NDVI} = (\text{NIR} - R)/(\text{NIR} + R)$$

NDVI 的值域范围为-1 到 1 之间,当 NDVI 值小于 0 的时候,地表覆盖对可见光,尤其是红光反射较高,地表覆盖多为冰雪、水体或者地表被云雾所遮掩;当 NDVI 的值大于 0 的时段,传感器接收到的地表近红外反射值大于红光波段,地表覆盖多为植被作物等。NDVI 值与地表植被覆盖在一定值域范围内呈正线性关系。当 NDVI 值达到一定的阈值，红光反射值不再变化，植物吸收到的红光达到饱和，地表植被覆盖了全部区域。此时虽然近红外反射值依旧增加，但 NDVI 值不再变化。当 NDVI 的值等于 0 或近似于 0 的时候，地表覆盖对于近红外和红光波段的反射近似相等，地表覆盖多为裸土或者岩石等，对红光和近红外的反射值近似。基于植被的光谱特征，NDVI 的计算是采用数学变换以强化红光波段与近红外波段之间的差异：由于叶绿素吸收红光而反射近红外光，导致植物绿色组织尤其是含有大量的叶绿素进行光合作用以维持植株的生理机能的茎叶组织对二者的吸收和反射具有巨大的差异。植物在生长季节吸收的可见光与光合作用的生产效率成正比，因此，通过 NDVI 值可得到用于表征植被健康状态的光合有效辐射的吸收和反射关系，进而确定一个地区给定时间内的植被的生长状态。

利用时序 NDVI 还可以进行地表植被动态变化研究等，由于 NDVI 只需要红光波段和近红外波段，所以通过 Landsat、MODIS、NOAA-AVHRR 等高时序的影像数据都可以计算获得，进而生成 NDVI 时间序列。NDVI 时间序列可以对土地利用或者植被覆盖进行长时间持续的动态监测并对地表和植被的动态变化等进行一定面积范围的检测。对连续的 NDVI 时间序列影像采用主成分分析、聚类分析和矢量变化分析等方法，可以分析地表植被的变化规律，进而对广区域范围内地表植被的动态变化差异进行研究。另外，NDVI 的时序变化与降水、气温、浅层地温等气候因子具有一定的相关性，通过研究 NDVI 时序数据的空间分布变化，得到地表植被覆盖的空间分布随时间的变化模式，结合水文、气候的统计数据，通过建立统计模型，或者一些数学统计分析方法，研究地表植被对降水与温度的响应以及降水与温度对 NDVI 变化的驱动作用。通过比较旬、月或者年 NDVI 平均值与逐旬、逐月的或者逐年的 NDVI 数据可以得到某一个时间段内某一地区植被生长是否具有独特性，或者植被生长状态是否因气候因子造成了明显的促进或者抑制，例如干旱、低温等延缓植被生长的因子等。

如今，NASA、NOAA 等机构生成了 20 年的由 MODIS、NOAA-AVHRR 等卫星数据计算而得到的覆盖全球范围的 NDVI 时序数据，而 Landsat 系列卫星所载的 MSS、TM、ETM+ 和 OLI 的传感器获取的宽波段多光谱数据亦可以生成覆盖全球范围的 NDVI 时间序列数据。植被的各个主要物候期在 NDVI 曲线上均能得到良好的体现，利用 NDVI 数据在农作物等植被的同年不同期或者同期不同年的变化趋势，研究 NDVI 的周期性变化规律以及年际之间变化幅度，进而得到地表植被的各个物候期及期间植被生长状态等季节性信息。

在本章中，NDVI 用来表达地表植被生长状态和生长变化趋势，同时，NDVI 值与植被的分布密度和覆盖度呈正线性相关。所以，通过 NDVI 影像可以获取被地下埋藏的遗址，促进或者抑制而表现出的与周边植被不同的生长异常标识。结合实地调查数据，利用 NDVI 时间序列数据获取遗址区的作物随季节变化的物候生长规律，通过研究作物在不同物候期的生长差异变化，并对植被标志进行探测，获取观察不同植被标志的最佳观测时间窗口/物候期以及作物异常出现的区域。在经常用于物候观察的三种 NDVI 时间序列数据集中，NOAA-AVHRR NDVI 数据空间分辨率最低为 1.1 km，MODIS 数据较低为 250 m，而 Landsat TM/ETM+ 数据最高为 30 m。但是 Landsat 数据由于天气的原因持续性较低,如云层、雨季等均会对 Landsat NDVI 时间序列的生成造成障碍,而 MODIS 数据则没有这方面的干扰,所以本章主要使用 MODIS 和 Landsat 生成的 NDVI 时间序列数据进行研究。

5.3 陶寺遗址的作物物候生长

陶寺遗址大部分地区为冬小麦和夏玉米轮作耕种的农业耕地,是遥感探测的主要背景环境。冬小麦和夏玉米均属于须根系统的作物,冬小麦的主根一般深埋至地下 200 cm 左右的黄土区域,而夏玉米的根系深度为 100 cm 以上,最大可达 230 cm,这使得冬小麦和夏玉米的长势均可以提供一定深度的地下信息。其中,在夏玉米成熟期之前,80% 的根系重量集中在地表以下 40 cm 的土壤中;而到了灌浆期的时候,90% 的根系重量集中于地表以下 80 cm 的土壤中。从这方面来看,冬小麦可以比夏玉米反映更深的地下埋藏信息。图 5-2 为陶寺遗址的平均年 NDVI 变化曲线以及各个物候期。

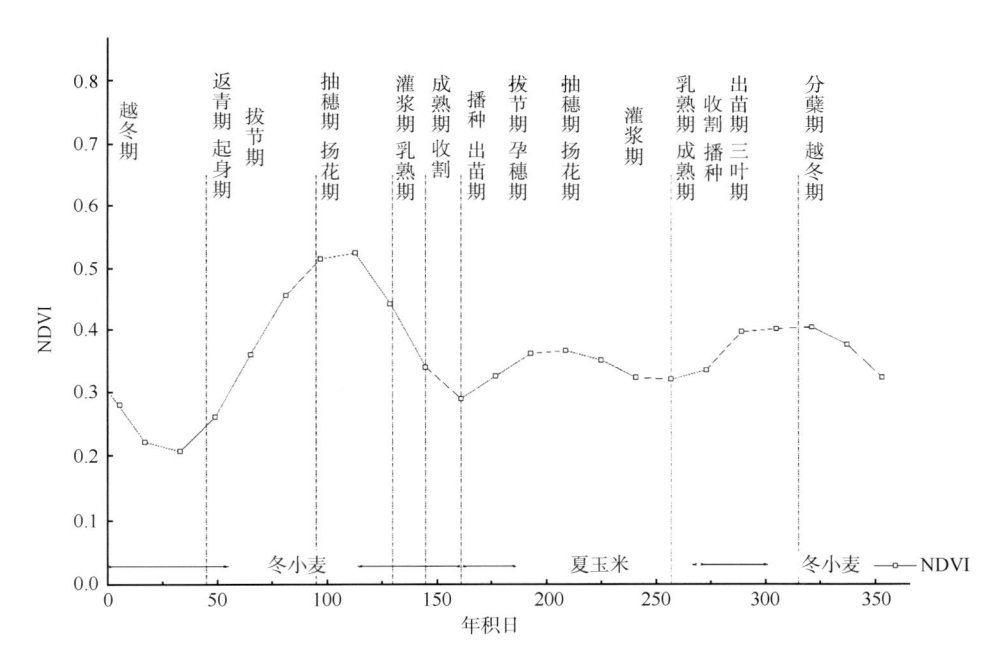

图 5-2 陶寺遗址的平均 NDVI 变化曲线以及物候期
冬小麦——出苗期和三叶期、分蘖期和越冬期、返青期和起身期、拔节期、抽穗期和扬花期、灌浆期和乳熟期、成熟期和收割;夏玉米——播种与出苗期、拔节期和孕穗期、抽穗期和扬花期、灌浆期、乳熟期和成熟期、收割与播种

根据实地调查结合当地气候水文资料对陶寺遗址的 NDVI 平均曲线进行物候识别与划分,为不同物候期作物异常探测的数据物候期采样做准备。遗址区的冬小麦从 9 月底至 10 月上旬开始播种并进入出苗期,至 6 月初进入成熟期并开始收割,然后准备夏玉米的播种、发芽,冬小麦的生长期持续 9 个月,是生长周期较长的一种跨越了秋季、冬季和春季三季的粮食作物。由于冬小麦具有良好的抗旱和抗寒的优势,而在研究区所在

的黄河流域具有冬季低温寒冷、春季干旱多风的特点，因此成为广泛种植的越冬作物。研究区的冬小麦的物候生长，主要分为 11 个物候时期。

出苗期和三叶期：9 月底，遗址区的夏玉米进入收割期，同时冬小麦开始播种，持续到 10 月上旬。进入 10 月中旬，冬小麦开始发芽并先后进入一叶一心期和两叶一心期，先后长出顶芽以及两片真叶。图 5-2 中显示尽管上升的速度缓慢，但是作物的 NDVI 曲线在这段时间开始小幅上扬，冬小麦作物在这段时间内的田间出苗率和生长速度均强烈依赖表层土壤的水分。由于研究区属于温带大陆性季风气候，7~9 月份为降雨集中季节，所以，在非干旱的夏季，大量的降雨为冬小麦的播种和出苗提供了大量的水分，这些水分被土壤所储藏，地下水位上升，土壤湿度增加。进入 10 月下旬到 11 月，冬小麦进入"断奶期"，也就是三叶期，这段时间内冬小麦的生长将开始完全依靠土壤供给的养分，种子胚乳内的养分被完全消耗。冬小麦抽出第三片叶子且逐渐展开，从图 5-2 可以看出 NDVI 的值继续上涨，且 NDVI 与地表作物的生长速度成正比。

分蘖期和越冬期：进入 11 月中旬，冬小麦在地面开始长出分枝，生长成为分蘖或者根系，进入分蘖期，这段时间冬小麦的生长不但需要土壤提供足够的水分进行分蘖，同时还需要储存大量的水分准备过冬。虽然该时期内冬小麦的生长依旧强烈依赖于土壤水分，但是图中作物 NDVI 上涨的速度开始变缓慢，曲线走向趋于平缓。进入 12 月后，研究区气温和地温均降到 5℃以下，冬小麦的 NDVI 停止上涨开始回落，冬小麦停止生长且匍匐在地，叶片颜色逐渐变黄，完成春化作用，保证度过冬季并为春季的生长储存营养。相对于其他阶段，本阶段冬小麦的生长对土壤水熵的依赖较小。从冬小麦 NDVI 曲线上来看，从出苗期到越冬期末期，NDVI 经历的上涨—平缓—回落三个阶段，形成一个不明显的小型波峰，然而由于 NDVI 的变化幅度不大，NDVI 在该阶段一般上涨到 0.4 左右，其后回落到 0.3 以下。

返青期和起身期：2 月上旬，进入春季之后，冬小麦旧叶转绿，新叶长出，新苗重新恢复生长，作物进入返青期。从图中 NDVI 曲线上看，由于叶片的颜色转变，NDVI 值开始重新上涨，且生长速度较快。至此，冬小麦进入苗期阶段末期，马上将进入快速生长期。进入 3 月初，冬小麦进入起身期，长出新的叶子，麦苗直立继续分蘖，开始旺盛生长。由于麦苗长出新叶且不再匍匐，NDVI 曲线继续持续快速上升。从此时开始，作物生长速度开始强烈依赖土壤水熵和施肥方式。

拔节期：进入 3 月中旬，冬小麦节间开始伸长，分蘖开始两极分化。当气温达到 10℃以上，叶面积开始成数倍增长，干物质迅速积累。这段时间内冬小麦的穗叶茎的生长速度和生长量均是冬小麦营养生长阶段最快的时期，同时由于茎叶的快速生长和叶面积的增大，图 5-2 中显示遗址区 NDVI 曲线的上升速度也成为整个冬小麦生长期最快的阶段。NDVI 曲线生长变缓且趋于波峰时，旗叶叶片开始抽出叶鞘，冬小麦的生长即到了孕穗期，种植区作物绿色面积达到最大。两个阶段有时又被合称为拔节孕穗期，NDVI 曲线从拔节期开始快速上升到了孕穗期，即冬小麦整个 NDVI 曲线逐渐趋近于峰顶。拔节期期间冬小麦进入营养生长的晚期，到孕穗期时，冬小麦开始进入生殖生长阶段，该时期内两种生长呈并行阶段。

抽穗期和扬花期：进入4月，冬小麦的生长完全进入生殖生长阶段，麦穗从叶鞘中开始抽出，冬小麦的叶面积不再增大，作物的绿色面积停止生长，遗址区NDVI曲线到达整条曲线的唯一的峰顶。

灌浆期和成熟期：灌浆期又称为乳熟期，进入5月中旬，冬小麦籽粒开始淀粉沉积，蛋白质乳化，重量增加。作物茎叶中储存的营养转运到小麦种子之中，叶片叶绿素含量逐渐减少，叶片开始变黄，作物绿色面积减少，遗址区NDVI曲线开始下降。成熟期又称为蜡熟期或黄熟期，一般在5月底6月初，籽粒成蜡状转黄，冬小麦果实成熟并可以开始收割，大面积的作物呈成熟的金黄色，NDVI迅速下降，到收割完成时，遗址区NDVI曲线下降到谷底。此时作物生长对土壤水熵的依赖性并不如前几个阶段。

夏玉米的根系能够快速吸收土壤的水分并进行有效利用，因此具有良好的抗旱性，且生长速度快，其生长对于周边环境的要求条件较少，最重要的是生长周期短，6月初至9月底正好可以填补冬小麦生长周期留下的空隙，因此在冬小麦种植区是和冬小麦轮流耕作的理想作物。与冬小麦不同的是，夏玉米没有漫长的越冬期，以及其后的返青期和起身期，这大大缩短了其生长周期。陶寺遗址区的夏玉米生长状况并不好，从曲线中可以看出遗址区的夏玉米种植季NDVI变化不大，基本在裸土状态之上略有起伏。经过实地调研并调阅研究区在MODIS数据采集的十年时间内的气候天气资料发现，由于陶寺遗址位于塔儿山西麓的山前冲积平原上，海拔500～600 m，地势较高，而地下水位较低，在地下80～120 m，作物的生长强烈依赖于降雨量及其形成的地表径流，尤其每年5、6月的降雨量是夏玉米能否生长的关键。同时由于遗址所属的季候区，3～5月的春季和早夏季节为旱季，土壤水分供给了冬小麦的生长，而没有足够的储蓄。据统计资料显示，在1997～2002年和2004～2010年的十数年间，研究区所在的临汾市遭遇了持续多年的夏旱，降雨量稀少，这导致该地区的绝大部分地方夏季作物歉收。基于以上两个原因，遗址区的大部分地区在夏玉米出苗期因为土壤水分不足以支撑其生长而导致幼苗难以存活。尽管如此，在遗址区的一些地方，仍旧有夏玉米维持生长至收割，通过实地调研，研究区的夏玉米的物候生长主要分为8个时期。

出苗期和三叶期：6月上旬，冬小麦进入了收割季节后，夏玉米同时开始播种；6月中旬，经过一叶一心和两叶一心期之后，进入三叶分蘖期。这段时间夏玉米的需水量少，对土壤水分的依赖性并不高，但是需要精确把握土壤的田间持水量，过多或过少，都会影响夏玉米的出苗率和生长速度。进入6月下旬，种子储存的营养耗尽，夏玉米进入离乳期，也就是三叶期，根系开始向纵深发展，作物生长缓慢，叶面积较小，植株较矮小，本阶段对浅地层土壤水分依赖性较低。

拔节期和孕穗期：7月，遗址区进入夏季，水热环境适宜作物生长，夏玉米的茎叶均开始快速生长。由于叶面积的增加和植株的不断拔高，叶绿素含量也增加，植被的NDVI值快速上升。进入7月中旬，植株的茎叶生长到定数，植株由营养生长转向生殖生长，雌雄穗开始分化与形成。NDVI在这段时间内变化不大，由于植被冠层彻底遮住了土壤，该阶段绿色面积无变化。以上两个阶段作物对水分的依赖性比较强，约占总需水量的1/4，土壤水熵影响了作物植株的生理活动机能。

抽穗期、扬花期和抽丝期：7月下旬至8月上旬，茎叶等营养体不再生长，进入完全的生殖生长阶段，先是雄穗露出顶叶，开始散粉，进入8月中旬，雌穗的花丝伸出。整个阶段作物对土壤水分非常敏感，是植株的新陈代谢最为旺盛的一个阶段。由于该阶段内植株的茎叶都已经生长到最大，作物的绿色面积不再增大，并开始逐渐缩小。遗址区NDVI影像上作物集中分布区的亮度依旧比较大，与周边区域对比度依旧明显，反映的依旧是植被冠层的状态。该时期又被称为"需水临界期"，是夏玉米生长周期中对水需求最大的阶段。

灌浆期：进入8月下旬，夏玉米进入灌浆期，籽粒的重量开始增加，淀粉沉淀，蛋白质乳化，茎叶中储存的营养被输送到作为种子的果实中，叶绿素减少，叶片逐渐变黄，失去生机活力。作物的生理生长对土壤水分的依赖依旧很大。

成熟期：9月中旬，夏玉米进入成熟阶段，籽粒蜡化，叶片完全变黄。作物的黄色面积迅速扩张，由于植株的生理活动减弱，此时作物对土壤水分的依赖性降到最低，进入干燥脱水的过程中。

表5-1为根据陶寺遗址作物物候生长对Landsat所获取数据进行的物候期划分。

表 5-1　陶寺遗址各个物候期内获取的 Landsat 数据

作物	物候期(开始时期—结束时期)	Landsat 数据获取时间
冬小麦	分蘖期和越冬期(2000年11月15日~2001年2月15日和2001年11月15日–2002年2月15日)	2000年11月22日，2000年12月16日，2000年12月24日，2000年12月31日，2001年1月16日，2001年1月17日，2001年2月2日，2001年2月9日，2001年2月10日，2001年2月17日，2001年11月16日，2001年11月17日，2002年1月3日，2002年1月4日，2002年1月20日，2002年2月5日，2002年2月5日，2002年2月12日
冬小麦	拔节期(2001年3月5日~2001年4月4日和2002年3月5日~2002年4月4日)	2001年3月13日，2001年3月21日，2001年3月29日，2001年3月30日，2002年3月8日，2002年3月9日，2002年3月17日，2002年3月24日，2002年4月2日
冬小麦	抽穗期和扬花期(2001年4月5日~2001年5月10日和2002年4月5日~2002年5月10日)	2001年4月14日，2001年5月1日，2001年5月8日，2001年5月9日，2002年4月18日
夏玉米	出苗期、三叶期、拔节期和孕穗期(2001年6月18日~2001年7月24日和2002年6月18日~2002年7月24日)	2001年6月18日，2001年6月25日，2001年7月4日，2001年7月12日，2002年6月29日，2002年7月15日
夏玉米	抽穗期、扬花期和抽丝期(2001年7月25日~2001年8月23日和2002年7月25日~2002年8月23日)	2001年8月4日，2001年8月5日，2001年8月12日，2001年8月13日，2002年7月30日
夏玉米	灌浆期(2001年8月24日~2001年9月15日和2002年8月24日~2002年9月15日)	2001年9月5日，2001年9月6日，2001年9月13日，2002年8月24日，2002年8月31日，2002年9月1日，2002年9月9日

5.4　基于MODIS数据的作物生长差异以及时间窗口的选择

最大最小距离是衡量数据之间不匹配程度的指标。采用最大最小距离对NDVI影像进行变化分析，可以获取遗址内部某个时间段的作物长势的相似性和不同时段之间的差异。研究中基于最大最小距离的方法对 MODIS NDVI 的变化进行计算和分析，用来测量遗址区内一段时间作物长势的相似性与差异性。陶寺遗址地区的最大最小值距离测量结果见表 5-2，绝大多数时期的最大最小值距离保持在 0.89 的阈值范围内，只有一期结果数据值大于 0.89，不足 5%的概率显示出区域内样本间差异很小，反映了遗址内部作物生长状态的同质性和生长趋势的一致性。另外，最大最小值距离的幅值范围从 0.14~0.90，变化较大。图 5-3 为最大最小值距离测量结果，经过 Savitzky-Golay 平滑后的随时间变化的趋势曲线，通过图像可以看出作物生长差异从冬小麦播种之后开始缩小，在越冬期降到谷底，其后随着作物返青期恢复生长而差异增大，到拔节期后期，作物间生长差异达到最大，其后开始回落，到了冬小麦与夏玉米交接的季节，生长差异降到第二个谷底，此时仍然具有一定的生长变化差异。在夏玉米的种植季节，作物生长差异曲线逐渐上升，至抽穗期开始保持平稳的状态，生长差异不再变化，到了灌浆期之后差异缩小。

表 5-2 陶寺遗址地区的最大最小值距离测量结果

开始天数	结束天数	作物	距离
1	17	冬小麦	0.18
17	33		0.15
33	49		0.29
49	65		0.18
65	81		0.62
81	97		0.90
97	113		0.72
113	129		0.85
129	145		0.51
145	161		0.54
161	177	夏玉米	0.45
177	193		0.44
193	209		0.42
209	225		0.60
225	241		0.68
241	257		0.60
257	273		0.45
273	289		0.56
289	305	冬小麦	0.42
305	321		0.58
321	337		0.21
337	353		0.14
353	1*		0.24

注：1* 为下一年的第 1 天；▨ 为最大最小值距离较大的值。

对于冬小麦生长季节，有两个阶段时间出现了相对的高值（大于 0.5）：早期阶段的三叶期到分蘖期初期（305～321 天）以及拔节期到扬花期末期（65～145 天）。在三叶期到分蘖期初期，最大最小值距离虽然显现出明显的高值（0.58），但是持续时间短，其后的分蘖期和越冬期出现了连续的低值时期。而在拔节期到扬花期末期，最大最小值距离结果出现了连续的高值区域，5 个物候周期平均值 0.72，显著高于冬小麦种植季节的其他时期。根据图 5-3 可知，冬小麦的 NDVI 值在该期间内迅速上升到峰值并开始回落，这段时期内，作物为了维持快速的生长而进行强烈的代谢作用与光合作用，因此需要从土壤中吸收足够的水分。因此，土壤中的水分、肥料的差异会引起作物生长变化的差异，在水肥充足的区域作物生长得快，而在缺少足够的水肥的区域，作物生长缓慢。

对于夏玉米生长季节，最大最小值的变动幅度并不大，处于 0.42～0.68 范围之内。抽穗期到灌浆期（209～257 天）的最大最小值距离相对要高一些，均大于等于 0.60。而其他时期的最大最小值距离也并不小，除了在成熟收割期的 0.56，其余均在 0.42～0.45 之间。说明在夏玉米生长季节，遗址区的作物生长变化差异本身就比较大，而在抽穗期到灌浆期这种差异会尤其明显。

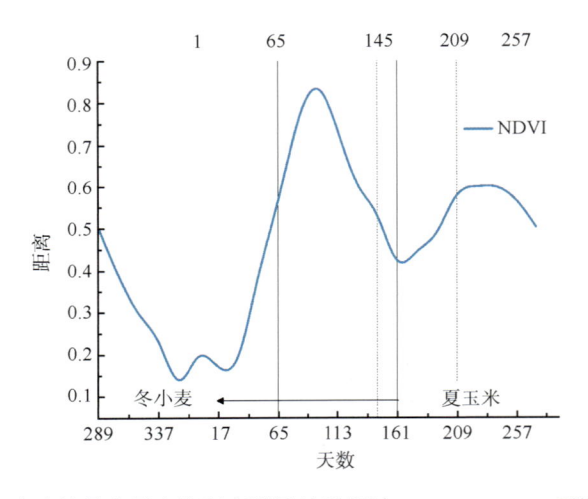

图 5-3　陶寺遗址最大最小值距离测量结果经过 Savitzky-Golay 平滑后趋势曲线

通过以上分析，选取冬小麦的拔节期到扬花期末期（65～145 天）和夏玉米的抽穗期到灌浆期（209～257 天）作为遥感探测的时间窗口。NDVI 平均变化累积值是将各时期 NDVI 之差的平均值求取绝对值之后相加，即是各时期的平均变化 NDVI 值之和，这个值表现出一个区域的 NDVI 在一个时间段内累积的变化。图 5-4 为陶寺遗址区在时间窗口的 NDVI 平均变化累积值。通过影像可以看出，在冬小麦生长季节的时间窗口范围内，除了遗址南半部作物生长变化明显较大，在北半部的早期小城、中期北部祭祀区、遗址的西北部分以及东南底端的南部小城作物生长变化均不及遗址南半部分。而在夏玉米生长季节的时间窗口范围内，遗址东南部作物基本没有生长变化，而西北部和早期小城的东北部以及东南缘的南部中期小城的植被生长略有变化。

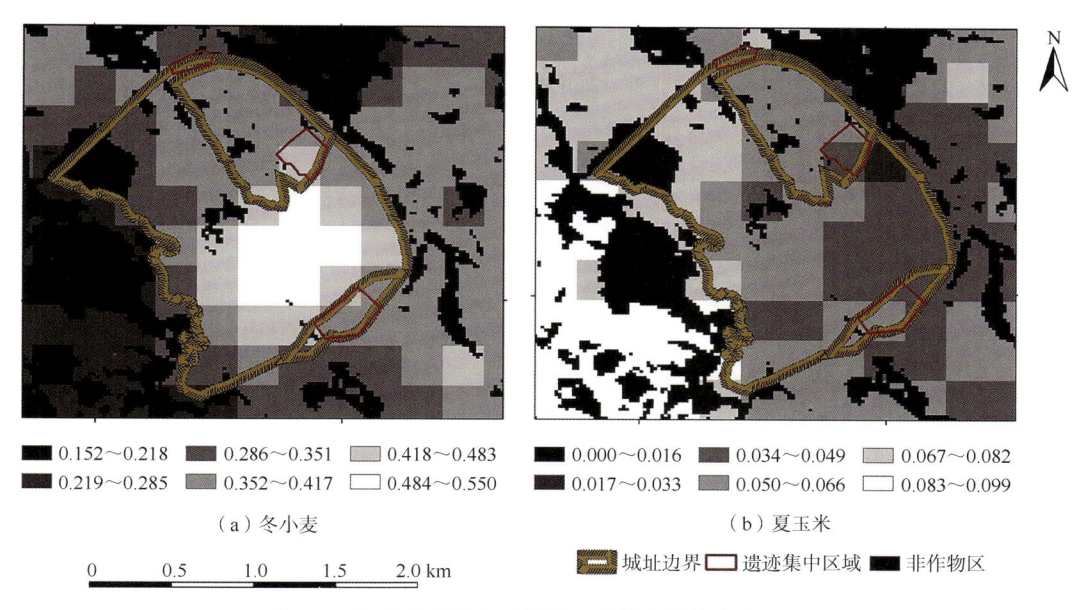

图 5-4 陶寺遗址区在时间窗口的累积平均变化 NDVI
(a) 冬小麦拔节期到扬花期；(b) 夏玉米抽穗期到灌浆期

5.5 基于 Landsat 数据和 Hausdorff 距离的作物异常探测与验证

考虑影响作物 NDVI 变化最多的人类耕作因素（播种、种植、成熟和收获），根据 Landsat 数据获取时间和每个时期 NDVI 数据的变化趋势，研究侧重于作物生长的关键阶段，并对每个阶段 NDVI 影像上的采样数据进行了 Hausdorff 距离的计算。表 5-3 为陶寺遗址的 Hausdorff 距离测量结果，由欧氏距离测量的结果中有 83% 小于 0.4。宫殿遗址区的计算结果均小于 0.4，其平均值为 0.28，表明在各个物候时期，均未显示出宫殿区和空白区样本间的显著的作物生长差异。而从皮尔逊相关系数距离获取的 Hausdorff 距离结果显示，祭祀区样本的结果在冬小麦的拔节期、抽穗期和扬花期明显高于其他物候时期

表 5-3 陶寺遗址 Hausdorff 距离测量结果

作物	物候期	欧氏距离 S1	欧氏距离 S2	皮尔逊相关系数距离 S1	皮尔逊相关系数距离 S2
冬小麦	分蘖期和越冬期	0.341	0.337	0.408	0.402
冬小麦	拔节期	0.645	0.274	0.798	0.339
冬小麦	抽穗期和扬花期	0.569	0.262	1.130	0.520
夏玉米	出苗期、三叶期、拔节期和孕穗期	0.386	0.269	0.707	0.492
夏玉米	抽穗期和扬花期	0.339	0.150	0.501	0.221
夏玉米	灌浆期	0.282	0.386	0.504	0.691

的结果。除了夏玉米的灌浆期，在其他时期从欧氏和皮尔逊相关系数得到的两个 Hausdorff 距离结果均是祭祀区高于宫殿区。从皮尔逊相关系数计算出的 Hausdorff 距离较大，但是除了祭祀区在冬小麦抽穗扬花期的值之外，其他值均小于 0.9，暗示了样本之间的强相关性。对于宫殿区的样本，在冬小麦的抽穗扬花期以及夏玉米的出苗三叶期和拔节孕穗期和灌浆期的结果相对比较高。而对于祭祀区来说，在冬小麦的拔节期、抽穗扬花期的结果显现出显著高于其他时期的高值，这一现象在欧氏距离的结果中同样有显现。同时，皮尔逊相关系数得到的结果距离和欧氏距离结果在祭祀区的夏玉米种植季具有明显的不同，在夏玉米的出苗三叶期和拔节孕穗期显示出明显的高值。

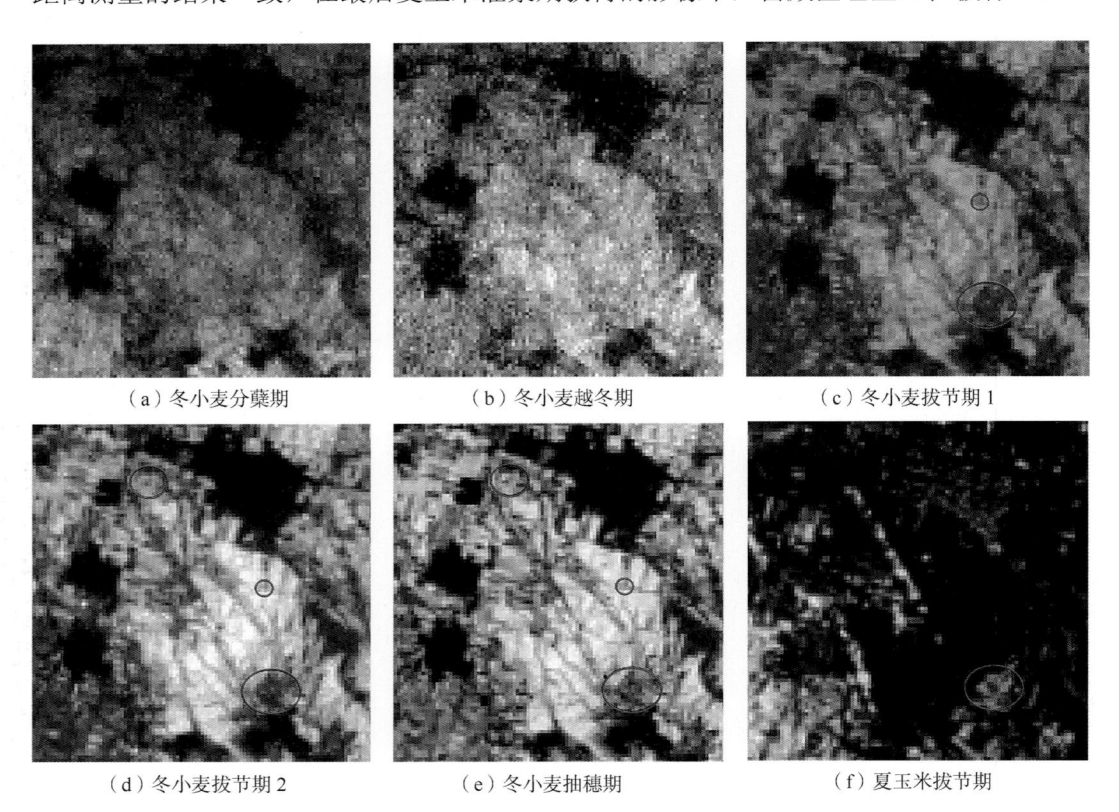

图 5-5 和图 5-6 是 2000～2001 年和 2001～2002 年的 Landsat NDVI 时间序列影像。该地区的 NDVI 从 3 月中旬的拔节期到 4 月中旬抽穗期和开花期均显示出作物生长异常标识。在此之前的分蘖期和越冬期阶段，NDVI 并没有发现生长异常标识，但在此期间的影像上，古遗址特征引起的作物生长异常比较明显。在遗址的东南部，2003～2005 年期间发现的祭祀区和天文观测台的夯土建筑基址所在的南部小城呈现出明显的负向植被标志，在早期小城外的北部祭祀区以及遗址区域内窖穴集中的仓储区域也是如此。2002～2007 年发现的拥有大量夯土基址的宫殿区域尽管很模糊，但也能识别出来。除了干沟和天文台以及附近的南部小城外，整个遗址区的 NDVI 与地表裸土相当。与单向 Hausdorff 距离测量的结果一致，在最后夏玉米灌浆期获得的影像中，宫殿区也呈正植被标志。

（a）冬小麦分蘖期　　　　　（b）冬小麦越冬期　　　　　（c）冬小麦拔节期 1

（d）冬小麦拔节期 2　　　　　（e）冬小麦抽穗期　　　　　（f）夏玉米拔节期

(g)夏玉米抽穗期　　　　　　(h)夏玉米灌浆期

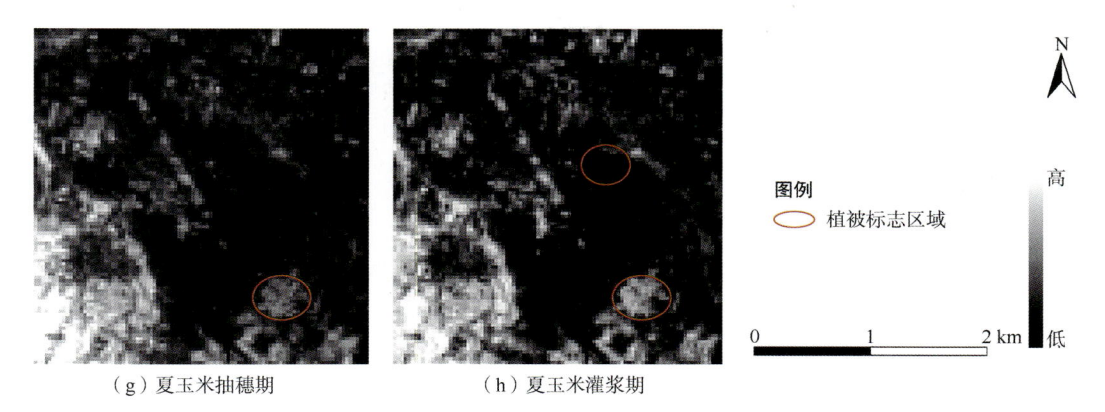

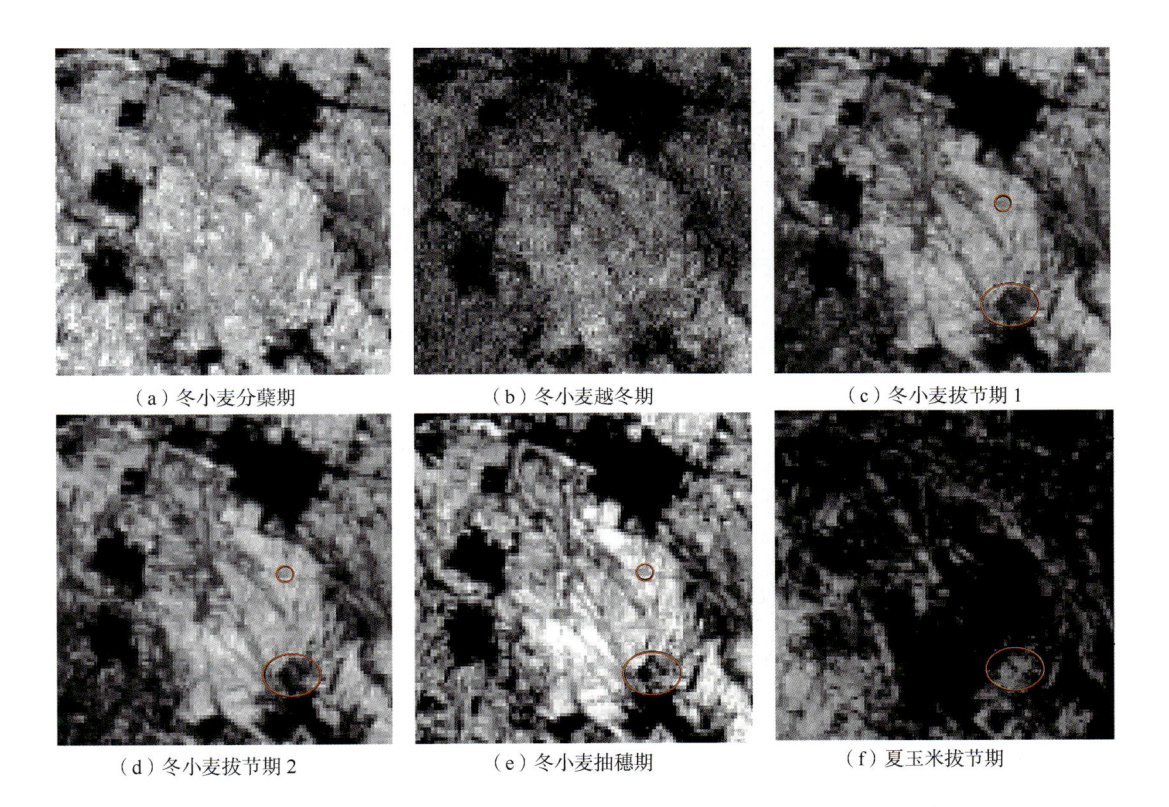

图 5-5　陶寺遗址 2000～2001 年的 Landsat NDVI 时间序列影像

(a)冬小麦分蘖期(2000 年 11 月 22 日)；(b)冬小麦越冬期(2000 年 12 月 24 日)；(c)冬小麦拔节期 1(2001 年 3 月 13 日)；(d)冬小麦拔节期 2(2001 年 3 月 30 日)；(e)冬小麦抽穗期(2001 年 4 月 14 日)；(f)夏玉米拔节期(2001 年 7 月 4 日)；(g)夏玉米抽穗期(2001 年 8 月 4 日)；(h)夏玉米灌浆期(2001 年 9 月 13 日)，由用来祭祀的南部小城遗址在影像(c)～(h)中显示负向和正向作物异常，北部祭祀区和窖穴集中的仓储区域在影像(c)～(e)中显示负向作物异常，而宫殿区域在影像(h)中显示了正向作物异常

(a)冬小麦分蘖期　　　　　(b)冬小麦越冬期　　　　　(c)冬小麦拔节期 1

(d)冬小麦拔节期 2　　　　(e)冬小麦抽穗期　　　　　(f)夏玉米拔节期

(g) 夏玉米抽穗期　　　　　　(h) 夏玉米扬花期

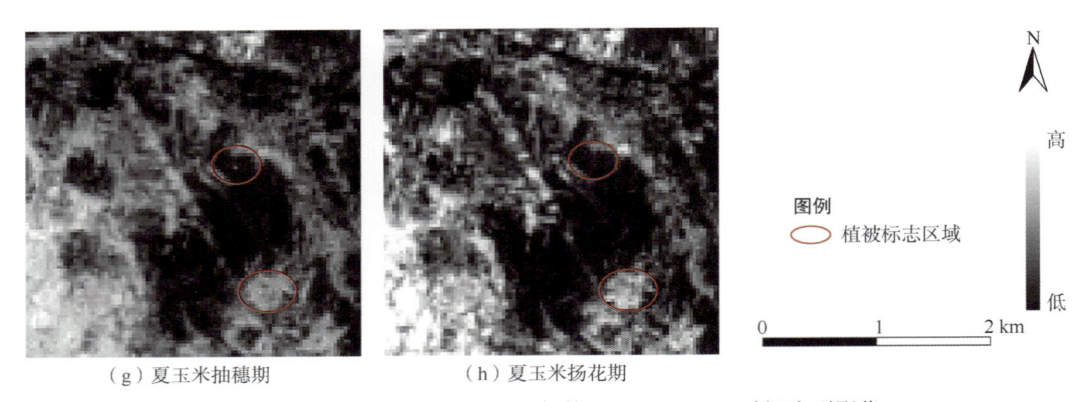

图 5-6　陶寺遗址 2001~2002 年的 Landsat NDVI 时间序列影像

(a) 冬小麦分蘖期 (2001 年 11 月 16 日); (b) 冬小麦越冬期 (2002 年 2 月 5 日); (c) 冬小麦拔节期 1 (2002 年 3 月 9 日); (d) 冬小麦拔节期 2 (2002 年 3 月 24 日); (e) 冬小麦抽穗期 (2002 年 4 月 18 日); (f) 夏玉米抽节期 (2002 年 6 月 29 日); (g) 夏玉米抽穗期 (2002 年 7 月 30 日); (h) 夏玉米扬花期 (2002 年 8 月 31 日), 由用来祭祀的南部小城遗址在影像 (c) ~ (h) 中显示负向和正向的作物异常, 窖穴集中的仓储区域在影像 (c) ~ (e) 中显示负向作物异常, 而宫殿区域在影像 (g) 和 (h) 中显示了正向作物异常

通过对陶寺遗址区作物的物候观察, 可以发现在冬小麦的拔节期到扬花期, 遗址区的作物生长差异增大。利用累积平均 NDVI 变化可以得到遗址区在该时间内的生长变化, 在遗址分布密集的区域, 植被的生长变化较小, 即在拔节期 NDVI 值上升缓慢, 幅度比起其他地区要小, 到了抽穗期和扬花期, NDVI 最大值比起其他地区要小。用陶寺遗址 Landsat NDVI 序列影像计算的 Hausdorff 距离结果与 MODIS NDVI 最大最小值距离得到的时间窗口相近。在冬小麦的拔节期至扬花期地表作物的生长变化差异比较大, 中心遗迹区和相对空白区之间的作物生长与周边作物生长状况不同。一些浅埋藏面积大或者密集分布的地下遗迹在冬小麦的拔节期至扬花期抑制了作物的生长, 显现出了负向的植被标志。

另外, 在夏玉米季节的 Landsat 距离结果与 MODIS 得到的时间窗口略有不同, 且情况更为复杂。MODIS NDVI 最大最小值距离显示出在夏玉米的抽穗期至灌浆期遗址区的作物生长变化差异较大, 平均变化累积值则显示出在遗迹较集中的区域, 作物的生长变化要大于遗迹分布较少的地区。Landsat NDVI 的 Hausdorff 距离结果显示出, 陶寺遗址在整个夏玉米生长季节, 遗址内部的生长差异出现了较大的值, 由于天气和地形的影响, 导致该地区大部分夏玉米的生长受到抑制, 夯土遗迹的致密结构可以阻挡地下水渗流, 使得其上的土壤层湿度比周边地区高一些, 因此在浅埋藏的面积大的或者密集分布的地下遗迹区域, 作物可以维持生长, 出现了正向的植被标志, 而在 MODIS 时间窗口, 夏玉米的抽穗期至灌浆期, 这种正向的植被标志尤其明显, 即使是在影像上相对模糊的宫殿遗址区, 也出现了正向植被标志。表 5-4 统计显示, 在陶寺遗址冬小麦种植期间, 100% 的拔节期的 NDVI 影像和 80% 的抽穗扬花期的影像显现出明显的植被标志, 而在夏玉米种植期间, 100% 的出苗期到孕穗期影像、抽穗扬花期影像以及灌浆期影像均显示出明显的植被标志。

表 5-4 植被标志在各个物候期出现的概率

作物	物候期	识别出植被标志的比例
冬小麦	分蘖期和越冬期	22%
	拔节期	100%
	抽穗期和扬花期	80%
夏玉米	出苗期—灌浆期	100%

5.6 陶寺遗址区植被标志

5.6.1 负向植被标志

冬小麦和夏玉米是陶寺遗址所在的黄河中下游地区主要种植的粮食作物。在冬小麦种植期间，陶寺遗址的作物从拔节期到扬花期的时间内，以及在夏玉米种植期间从抽穗期到灌浆期，均存在明显的负植被标志。这些阶段均是在冬小麦和夏玉米对水需求的临界期和高峰期。另外，这些时期，作物根系的长度足以深入甚至超过考古遗迹在地下的埋藏深度。在冬小麦种植季节，两个遗址的冬小麦 NDVI 值在拔节期均快速上升，这个时候作物植株需要吸收大量水分以维持增长。到了抽穗期和扬花期，冬小麦的 NDVI 值停止上升，并且从峰值开始缓慢下降。对于夏玉米的抽穗期到抽丝期，NDVI 值的变化呈相同趋势，停止上升并开始缓慢回落。抽穗期以后的冬小麦和夏玉米从营养生长逐步转向生殖生长，作物在这一时期对土壤水分的变化非常敏感。图 5-2 显示，陶寺遗址区 NDVI 曲线在冬小麦拔节期阶段经过迅速上升后，在孕穗期逐渐平缓到第一个波峰，然后在扬花期开始平缓下降，最终在经历成熟期和收割后下降到谷底。

考古文化层中所包含的遗迹，例如由夯土筑成的宫殿建筑基址等，由于其结构紧密、土壤含水量低，无法供给作物足够的水分，所以会抑制冬小麦和夏玉米的生长，导致覆于其上生长的作物的 NDVI 值低于周边区域，出现负向的作物生长异常现象。从冬小麦拔节期到扬花期的这段时间内，在陶寺遗址地区的南部小城和天文台遗址区域，集中埋藏的古遗址特征及其对作物根系的水分胁迫作用抑制了冬小麦的生长，NDVI 影像上出现明显的低于周边区域的低值区域。陶寺遗址的宫殿遗址区，集中窖穴的仓储区和早期小城北部的祭祀小城区也在影像中有显示。

图 5-7 显示了陶寺遗址中主要的负向植被标志的分布及其对应的古遗址特征。Landsat NDVI 影像中出现明显的负植被标志，而对应的高空间分辨率影像则显示了其相对古遗址特征的细节信息。应该注意的是，NDVI 的值受到陶寺遗址内干沟的影响，从拔节期到扬花期作物的 NDVI 值低于其周边区域以及遗址的其他地区。其中一个原因是"路在沟中"现象所引起的,遗址中的两条纵贯早期小城和中期大城的干沟被认为是遗址筑造之时修筑的两条大道，其上至今仍有路土的残留，埋藏在浅地表层的结构密致的路土

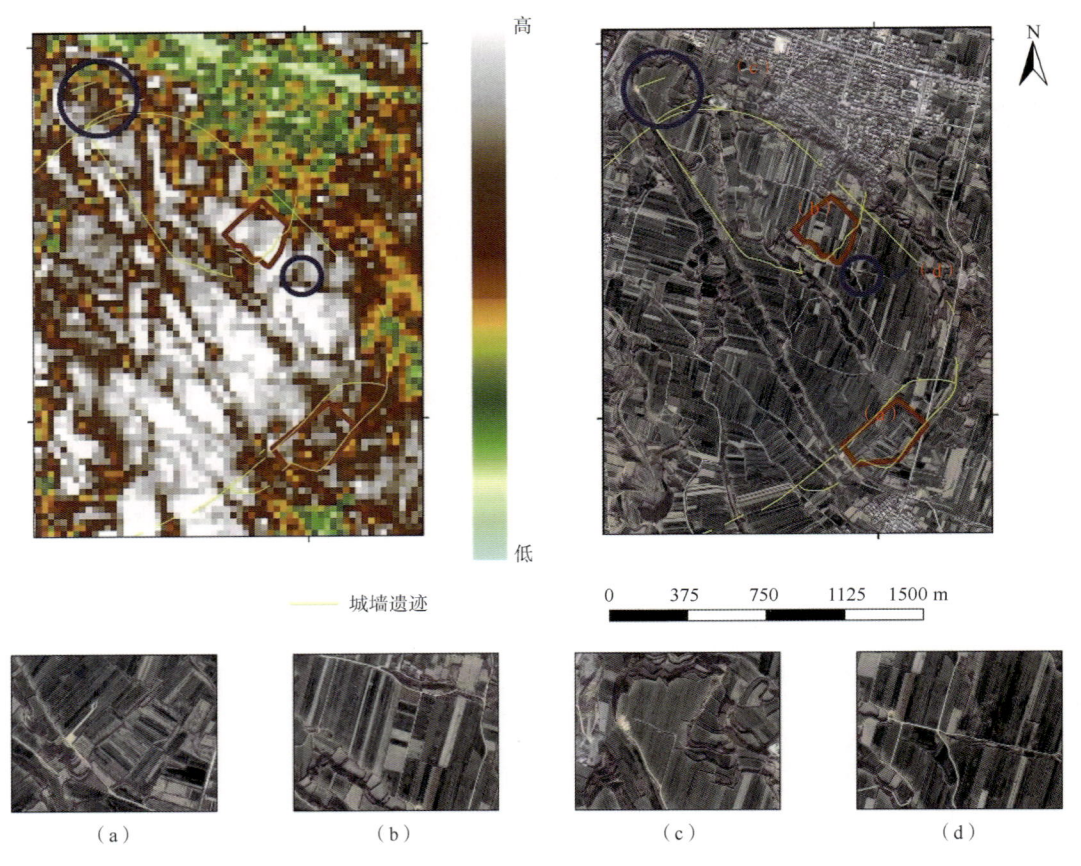

图 5-7 陶寺遗址主要的负向植被标志的分布及其对应的古遗址特征

2001 年 5 月 9 日的 Landsat NDVI 影像（左上）和 2010 年 12 月 2 日 Geoeye 影像（右上）。(a) 南部祭祀小城和古代观象台，2003～2005 年；(b) 宫殿区域，2002～2007 年；(c) 早期小城以北北部祭祀区以及北墙，2000～2004 年；(d) 窖穴集中的仓储区域，2001 年

抑制了其上覆盖的作物生长而造成 NDVI 的低值区域。另外，还有一个原因是陶寺遗址位于塔儿山山脚下，海拔高，地下水位低，又处于大陆性季风气候带，从拔节期到扬花期的大部分时间窗口正处于该地区的每年 3～5 月的旱季。而在干旱季节，在地下水位相对较高的地区，由于剧烈的蒸发作用导致大量的盐在土壤表层积累而造成高土壤盐碱化。土壤盐碱化抑制了冬小麦的生长，造成了负向的作物生长异常和明显的 NDVI 低值。

5.6.2 正向植被标志

图 5-8 显示了陶寺遗址地区主要的正向植被标志的分布和其对应的考古遗存，在 Landsat NDVI 影像上，宫殿区和南部小城址区域均出现了明显的正向作物生长异常。Google Eearth 影像则显示了夏玉米种植期间该地区古遗址特征的分布情况和作物生长状况。在 Landsat NDVI 系列影像中，沟渠与埋葬区域，显示出冬小麦和夏玉米的作物异常

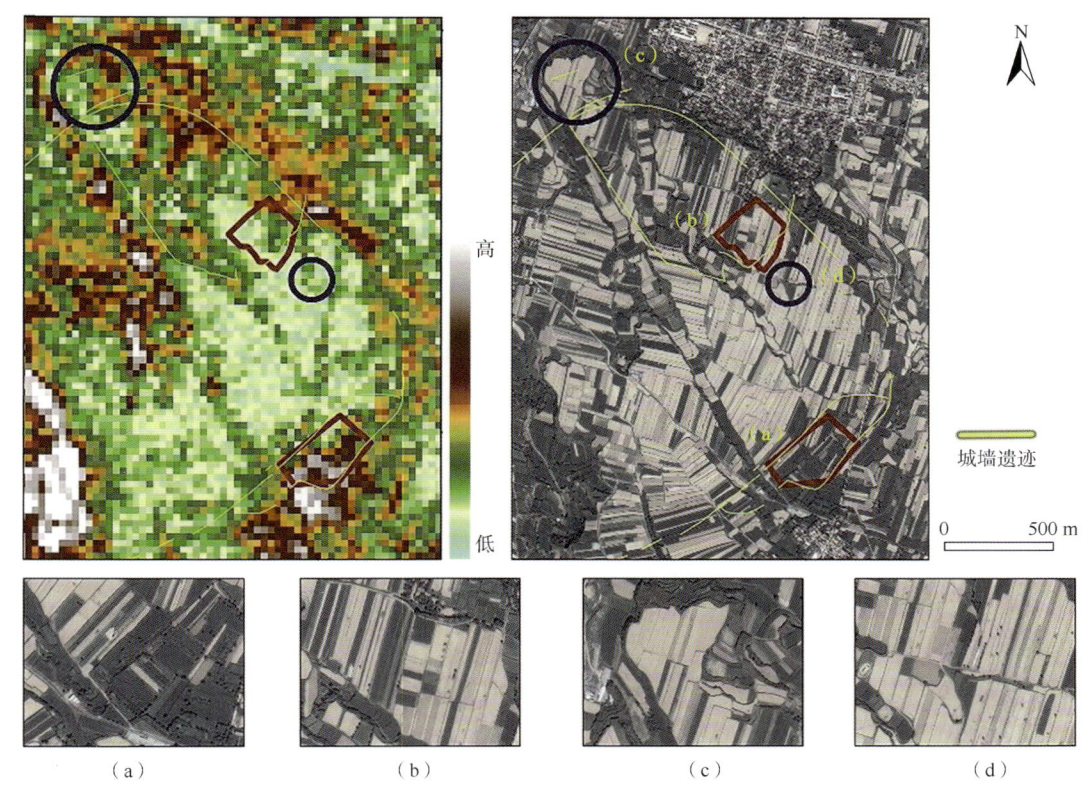

图 5-8 陶寺遗址地区主要的正向植被标志的分布和其对应的考古遗存

2001年9月13日的Landsat NDVI影像（左上）和2013年8月30日的Google Earth影像（右上）。(a)南部祭祀小城和古代观象台，2003~2005年；(b)宫殿区域，2002~2007年；(c)早期小城以北北部祭祀区以及北墙，2000~2004年；(d)窖穴集中的仓储区域，2001年

之间的明显差异。与冬小麦在快速生长阶段出现负向植被标志相反，Landsat TM/ETM+数据影像显示，除了干沟区域和南部小城地区，整个陶寺遗址地区的夏玉米的生长都受到抑制，甚至无法生长。而干沟区域的 NDVI 值对比遗址的其他地区，出现了明显的 NDVI 高值。遗址东南地区具有祭祀和观象功能的南部小城与天文台则显示出明显高的 NDVI 值。在冬小麦三叶期与其他有效的显现作物生长异常的物候期阶段也显示出明显相反的作物生长异常痕迹。通过监测并追踪这些作物生长异常，可以发现在冬小麦的出苗期和三叶期，异常生长的作物长势好于其周边地区，但这种异常在冬小麦分蘖期后便逐渐消失。

陶寺遗址区的正向植被标志最开始均出现在出苗率和生长率均严重依赖于土壤水分的作物种植早期阶段。地下埋藏的古遗址具有密致的结构阻碍了地下水的向下渗透，导致埋藏遗址与地表表层土之间的土壤湿度比周边地区高，这促进了作物的出苗和生长，导致其上的作物比周边地区生长得更好，而这种现象持续到作物的三叶期。

5.7 小　　结

　　冬小麦是陶寺遗址所在的黄河流域最主要的粮食作物，通过最大最小值距离计算结果可以得出，在冬小麦种植季节的拔节期到扬花期的时间内，遗址内作物生长变化差异较大，在这段时间内正是冬小麦营养生长和生殖生长的快速生长时期，NDVI 曲线显示冬小麦迅速攀升到波峰之后开始缓慢回落。而通过对集中埋藏遗址的地区和相对空白的地区的 Hausdorff 距离计算结果亦显示出，在这段时间内冬小麦的生长受到地下夯土遗迹的胁迫与抑制，出现了负向的植被标志。

　　夏玉米是黄河流域比较重要的一种夏季粮食作物，通常与冬小麦轮作耕种，以填补冬小麦种植季留下来的空隙。而在夏玉米种植季节，抽穗期到灌浆期正是夏玉米的生殖生长关键期，也是夏玉米的蓄水临界期，遗址内作物生长变化差异比较明显，同时由于夏玉米的根系长度足以到达一定的深度，因而可以探测到地下夯土遗迹的存在。

　　考古文化层中所包含的残留遗迹，例如由夯土筑成的宫殿建筑基址等，由于其结构紧密、土壤含水量低，无法供给作物足够的水分，所以会抑制冬小麦和夏玉米的生长，导致覆于其上生长的作物的 NDVI 值低于周边区域，出现负向的作物生长异常现象。

　　无论冬小麦或者夏玉米，在其生长早期的出苗期至三叶期期间，由于作物根系长度不足以到达夯土遗迹表面深度，主要从遗迹以上到表土之间的土壤地层中吸收水分和养分。由于夯土遗迹大多质地致密，对水流有一定的阻挡作用，减缓或者阻滞了降雨或者径流的向下渗流，从而导致其上的土壤湿度与周边区域不同，略高于周边区域，进而促进了作物的出苗率和生长速度，使覆于浅埋藏夯土遗迹之上的作物出现了正向植被标志。

第 6 章　临汾先秦聚落遗址空间聚类分析

　　自古人类择群而居，人口规模的壮大，文化交流和贸易增多，使得古人的居所逐步聚集形成不同等级聚落，随着社会形态的发展和人们改造自然能力的增强，又演变成部落并建立起防御工事。人类的居住模式和聚落分区反映了当时文化时期的生活特性。人口增长之后形成聚落，此刻的中心聚落就成为当时的政治、物质交流中心，更是社会繁荣性的集中体现。聚落的分布以及聚落之间的关系也是探索文明形成发展的一个方面。各个聚落因气候、战乱、生活资源等因素经历着此消彼长，规模也在不断地变化着。当某个区域中的聚落规模逐渐变大，周围的聚落基本没有变化时，聚落的等级就出现了分化。小型的聚落围聚在大型聚落周围，经过逐步发展，促进了政治形态的中心形成，早期国家的雏形由此慢慢形成。区域聚落的发展演变也反映了文明发展的过程。

　　聚落形态的研究在综合反映社会组织结构和文明发展的研究中占有不可取代的位置，充分了解古聚落的分布规律及其空间发展演化，能理解古人的活动，更好地指导考古研究。聚落形态指的是在一个文化时期或者一段时间内，结合自然环境和社会背景，聚落呈现出的空间形态和交流方式。在建筑学中，聚落形态重点是研究居址建筑的结构和空间布局。聚落形态研究由单体居址到聚落空间结构不断地深入，同时结合了自然环境因素、社会文化、经济、人文的因素。

　　中华文明起源则是要从各个方向去探索古代文明的发生和发展，不仅仅是探索其过程，更是要研究其中的背景、机制。聚落形态研究，可以为中华文明起源提供重要的材料。在《中国文明的起源》一书中就提到考古学的综合研究要立足于大量的可靠资料，并强调要引进自然科学方法（夏鼐，1985）。考古与遥感、GIS 的结合扩展了我们探索世界、探索历史的视野，更为我们探索中华文明起源提供了技术支持。

　　研究区临汾位于山西省，因其紧邻汾河而得名。区域位置优越，西部与陕西省相邻，东部与长治市、晋城市接壤，北部是吕梁市、晋中市，南面为运城市。在考古学上，临汾是人类社会聚集和生产活动频繁之地，从旧石器时代开始就有人类生活，新石器时期此地土壤、气候条件适宜且资源丰富，为人类文明的发展提供了保障，尤其是以陶寺遗址为代表的龙山文化和以侯马晋国遗址为代表的晋文化，都对研究我国文明起源和发展有着重要的价值。

　　本章采用空间聚类方法来深入分析山西临汾古文化聚落遗址的聚落形态，为理解遗址形态、文明发展、时空演化提供了理论支撑，并对中国古聚落以及中华文明探源的研究有着重要的科学意义。

6.1　聚类分析的理论依据与方法

　　伊尔曾说"考古学研究文化进化最重要的手段就是聚落形态的研究"（Timothy，

1984），但随着空间技术的发展与应用，人与自然的联系、资源利用、聚落发展演化、政治组织的发展都属于研究范畴，并支撑着社会、经济、文明的发展及其演化研究。

加拿大学者特里格曾提出聚落划分的分析模式，他将聚落分为三个层次：①单个建筑，即单个房屋，包括大小、形状、内部建筑模式、构筑方式等；②社区布局，多个单体建筑组成，包括地理位置、组织层次、社区内外的活动方式、外部边界等；③区域形态，包括资源环境状况、贸易与人口迁移情况、活动地点、政治组织活动，其他如宗教活动场所等。国内从考古学方面认为，对单独遗址和聚落集群的研究，同时期不同地点的聚落遗址的对比分析，以及同地点聚落遗址的发展演化都应是聚落考古的研究内容。聚落的分布受自然环境的影响，所以自然环境和聚落之间的关系都属于聚落考古研究的内容。随着空间技术的发展，聚落考古逐步从单个遗址研究到聚落区域分布情况及周边关系研究。

遗址聚类分析是了解聚落形态的重要方法之一。聚类是将物理对象或抽象对象的集合分组（王颖，2006），将由类似的对象组成的多个类（簇、组）的过程被称为聚类。所谓聚类旨在寻找出集群内最相仿的数据对象，同时最大化集群之间的差异性。聚类是数据挖掘中的重要概念和组成部分，其不同于分类之处在于，分类是将对象分成若干已知的类型，聚类是依据不同的度量（距离、熵等），将研究对象分类。

聚类的算法和模型也根据对象和应用领域的不同而有所差别。聚类的一些重要应用有图像分割、对象识别、信息检索。领域也涵盖了医学、地质学、考古学等多领域（李敏，2009）。致力于数据挖掘的学者提出了许多聚类的算法，如基于划分的算法、基于密度的算法（薛丽香等，2009）、基于层次的聚类、基于网格的算法、模糊聚类方法以及基于模型的算法（尹波，2008）等。这些算法都是对数据的有效聚类，虽然各自的途径和方法不同，但最终目的是相同的。近年来，除了这些经典的聚类模型外，提出了许多新的聚类方法，例如核聚类、高斯过程、谱聚类、空间约束高斯混合方法等。同时，也有学者根据应用对象的特征，提出了针对性的聚类方法（彭京等，2007）。

算法的多样化发展对算法的评估提出了要求，评价聚类的标准主要涉及以下几个方面：①是否能处理多样类型数据，数据的类型是多样的，处理不同的数据显示出聚类算法的优劣；②是否能够处理和发现多种形状的簇，数据对象的分布不可预知，所以无论哪种算法够能发现任意形状的簇是比较重要的；③能否很好处理噪声的能力，一般数据对象尤其海量数据会包含噪声点，即存在一些错误、缺失的数据，是否能很好地处理噪声点，是评价聚类质量的重要指标；④高维性，数据可能含有若干属性，可以理解为若干维度，即是否能很好地处理不同维度的数据；⑤可解释和可用性，聚类的结果应该是可以解释、可以应用的，即聚类的方法是根据实际应用目标选择的最佳方法。

每个算法都具有各自的优缺点（表 6-1），一些聚类的算法是多种聚类思想的集合，所以很难划定其具体的分类。而某些特定的领域，基于数据和对象的特点，通常是综合使用多种聚类方法。

表 6-1 常用聚类算法的对比

聚类算法	优点	缺点
基于划分的方法(k-均值算法)	简单，易操作	聚类数目要用户给出；不适合发现大小差别大的簇；对噪声点敏感
基于层次的方法(CURE)	规则容易定义；可聚类成任意形状	计算复杂度高；对于合并和分裂条件要求高
基于密度的方法(DBSCAN)	可识别噪声点；可聚类成任意形状	高维，稀疏点密度难定义
基于网格的方法	可识别噪声；能扩展到高维；可聚类成任意形状	处理时间和划分单元数相关
基于模型的方法(神经网络)	获得高质量聚类结果	选择出适合的模型难度较高
模糊聚类方法(模糊C-均值)	软分类，一个数据不只属于一个类	参数阈值难于设定

聚类的方法众多，但目前还不存在一个可以处理所有情况的聚类算法，所以实际操作中，聚类方法需要根据研究的目标和数据的结构关系进行选择。计算水平的提高，使得聚类算法有了不断的改进。但现在还存在一些问题：首先是算法的自适应性和结果的准确性有待提高；其次是算法的时间复杂度有待提高；再者随着计算机水平的发展，数据量的增加也呈指数形式，面对大规模数据以及高维数据的分析，实用性有待继续研究。所以面对实际领域的问题以及大数据的聚类算法设计还需要从多方面综合考虑：首先是多种聚类算法融合，融合多种算法的优势解决实际研究领域中的问题；其次是使用合适的评价准则，对聚类结果的准确性、合理性进行多元的评价；再次是引入实际领域的专业知识，专业领域知识的加入可以提高聚类结果的准确性。

6.2 基于地形约束改进算法的聚落聚类方法

本章研究发现先秦时期古遗址聚落的自然环境因素对聚落位置的影响最为重要，如地貌、水系等地理因素。因此在聚落形态的聚类方法中重点考虑地形因素，社会因素则作为辅助信息。综合以往聚类方法以及考古专业的知识，本章提出了更适合聚落聚类的算法——基于地形约束的聚类算法。

聚落位置的选取要考虑两个基本的要素及需求：一是要能最大便利地获取周围资源(包括自然资源和社会资源)，二是出行消耗能量最小。聚落的分布和聚落群的形成应是这两个需求的共同结果。地形从宏观上对聚落的形成和发展起到了约束限制的作用，尤其是地形中山脉、河流等因素，直接影响自然资源尤其是水资源的分布，影响农耕和渔猎的资源获取，同时作为交通的阻隔会增加人们出行和文化交流的成本。因此，地形是聚落研究中应该重点考虑的因素。

现行的聚类方法大多数都直接或间接地采用欧氏距离作为聚类的标准，以距离来度量要素之间的相似性，欧氏距离不考虑地形阻碍时，采用直线距离；当考虑地形阻碍时，则需要绕过阻碍来计算距离，称之为条件约束距离。由图 6-1 可见，带约束条件的聚类和无约束条件的聚类结果差别很大。无约束条件的聚类应用在遗址聚类中存在不足，首先是欧氏距离不能体现多个大型中心遗址间相互作用对于周围遗址的影响；其次是欧氏距离无法体现山脉、河流的阻碍作用。鉴于这些不足，本章提出的改进算法，用约束距离代替欧氏距离进行聚类分析。

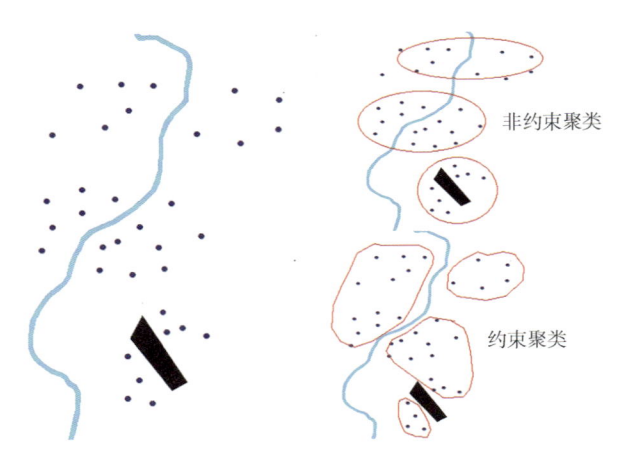

图 6-1 约束聚类和非约束聚类对比示意图

6.2.1 改进算法思路

泰森多边形（voronoi diagram）是泰森最早提出的概念，主要用来研究从离散气象站点获取的降雨量数据计算平均降雨量。其特点为：①每个泰森多边形内仅含有一个离散点数据（王涛等，2011）；②泰森多边形内的点到相应离散点的路径最短；③位于泰森多边形边上的点到其两边的离散点的路径相等（郭建忠等，2003）。其应用包含统计分析、邻近分析等。

欧式距离：最常用的一个距离。指的是空间中两个点的真实距离，也即向量的自然长度。

$$\text{dis}(1,2) = \sqrt{\sum_{k=1}^{n}(x_{1k}-x_{2k})^2} \tag{6-1}$$

阻力距离：是指距离最近源位置的每个像素的最短加权距离（累积行程成本），是以成本单位表示的距离，而不是以地理单位表示的距离（孙瑜，2014）。

$$D_{\text{cost}}(i) = w_u \sum c_v(i) f_v(i) \tag{6-2}$$

$$\text{Dis}(i,j) = D_{cost}(i) - D_{cost}(j) \tag{6-3}$$

式中，w 是权重；$\sum w = 1$；u 是权重因子的数量；v 是每个因子下具体划分区间的个数；f_v 是每个因子区间范围函数；c_v 是每个因子区间的阻力值。

类间距离：假如两个类为 G_1 和 G_2，则距离为

$$\text{Dis}(G_1, G_2) = \frac{\sum_{i=1}^{n}\sum_{j=1}^{m}\text{Dis}(G_{1i}G_{2j})}{m*n} \tag{6-4}$$

式中，$m \geq 1$，$n \geq 1$；当 $m=1$ 且 $n=1$，是计算两个点的距离。

聚类过程中距离阈值的定义为

$$\varepsilon = \theta * \mathrm{Dis}(C_1, Z_2) \tag{6-5}$$

式中，C_1 是第一类的中点或质心；Z_2 指距离 C_1 最远的点；θ 的范围是 $0<\theta<1$。

类内中点的计算为

$$\mathrm{midpoint}(G) = \left(\frac{\sum_{i=1}^{m} x_i}{m}, \frac{\sum_{i=1}^{m} y_i}{m} \right) \tag{6-6}$$

式中，m 是一组数据 G 中点或对象的数量，且 $m \geq 1$。i 是数据组 G 中的点。

算法思路如下：

步骤 1　输入数据集 S 和聚类阈值 ε。

步骤 2　建立泰森多边形。

步骤 3　结合地形调运函数 $\mathrm{Dis}(G_1, G_2)$ 计算每两点（或两个类）之间的阻力距离，将得到的阻力距离放在矩阵 DC 中。

步骤 4　将矩阵 DC 进行排序，选出最小距离值，当最小距离 $\min(\mathrm{dis}) < \varepsilon$，合并两点（或两个矩阵）形成一个新类 g_i。

步骤 5　计算新类 g_i 的质心，添加质心的坐标到矩阵 S。

步骤 6　递归循环步骤 3~5，直到 $\min(\mathrm{dis}) > \varepsilon$，停止。

6.2.2　地形约束的阻力模型建立

添加地形约束条件的聚类能达到多元信息结合、提高聚类的效果。根据本章研究区域的特点，添加相应的地形约束条件，具体步骤如下：①选取影响聚落遗址分布的重要影响因子；②根据每个因子的影响力计算对应的成本权重值；③计算每两个聚落遗址之间的阻力距离。

1. 因子选择

地形因素中影响聚落遗址分布的地形因子包含坡度、地面曲率、坡向、地形起伏度，河流因素中影响遗址分布的因子包含河流宽度、河流流量、距离河流的距离。本章在分析研究区内聚落遗址的分布特征时，选取了影响程度较高且具有独立意义的变量：高程、坡度、地形起伏度及河流宽度。高程指的是绝对高度，数值可从数字地面模型 DEM 中获取。国际地理学联合会地貌调查与地貌制图委员会关于地貌坡度等级的划分见表 6-2 所示。

表 6-2　坡度等级

坡度/（°）	分级描述
0~0.5	平原
0.5~2	微斜坡

续表

坡度/(°)	分级描述
2~5	缓斜坡
5~15	斜坡
15~35	陡坡
35~55	峭坡
55~90	垂直壁

国际地理联合会地貌调查与制图委员会关于地形起伏的划分见表 6-3 所示。

表 6-3 地形起伏度分级

地形起伏度/m	分级描述
0~20	低平原
20~75	丘陵
75~200	台原
200~600	低山和中山
>600	高山

河流的宽度是指河流的河面宽度。古人沿河而居，便于取水；旅行时，顺河而下或沿河是他们的主要路线。地面流水是地貌形成的外营力之一，洪灾的发生威胁着人类的生存，河流对于古人的影响重大，故而选取其作为其中一个指标。

根据对研究区内聚落遗址的特征分析以及国内外通用的规则评估因子的影响力，即将各因子划分等级并赋予阻力值(约束值)，见表 6-4 所示。表中阻力值和地形因子之间的关系并不是连续函数，因为各因子的图像都是栅格形式，对不同因子分类赋值能方便叠加计算综合阻力。另外，遗址的聚集呈现出一定的规律性和集中性，所以对于非遗址集中的区域范围，给予高的阻力值，能体现遗址聚集的现状。阻力值赋值存在一定的主观性，但在研究了之前学者的成果后做出的设定已经是最大程度地利用了现有研究和经验。

表 6-4 各因子的阻力值表

因子	阻力值
高程/m	
<200	1
200~600	2
600~1 000	5
1 000~1 700	10
1 700~2 500	20

续表

因子	阻力值
坡度/(°)	
0~5	1
5~15	5
15~35	10
>35°	20
地形起伏度/m	
<20	1
20~75	2
75~200	5
200~600	10
>600	20
河流宽度/m	
<5	1
5~20	5
>20	20

2. 权重的确定

各影响因素的重要性不同，需要赋予每个因子权重以表示其重要程度。研究中所考虑的影响因子有 4 类，这里引入层次分析法(analytic hierarchy process，AHP)即多目标决策法进行各因子的权重评价。AHP 是根据目标研究的方案，找出影响因子，确定各因子的优先权数，然后根据优先权数得出综合的评估。很多领域都应用 AHP 方法进行决策，例如陈桥等运用 AHP 法对矿山生态环境综合评价模式进行了研究(陈桥等，2006)，肖黎将分层 AHP 方法应运于二级医院绩效评价中(肖黎，2006)，吴晓涛将 FAHP 方法用来评估社区应急准备能力(吴晓涛，2010)。

AHP 能将定性问题简单化表示。具体步骤是：首先是构建一个多层次的结构模型，层次化问题的性质和目标，使得看似复杂问题的每个因素得以简单量化，并对影响因素进行两两判断，建立影响因素之间的重要性矩阵；然后计算各影响因素的权重，即确定重要程度；最后分析决策得出结果。其中相对重要性的判断，即两个因子两两判断，是将每两个因子进行比较，由数字 1~9 表示，1 表示两个因子同等重要，9 表示极为重要；从 1~9 重要性逐步增加，用其倒数表示相反的重要级别。本书中结合之前已有工作(Liu et al.，2019)进行因子重要性判断，例如高程相对于地形起伏更重要，重要矩阵中数值就为 3，依次对比判断后形成各因子的重要性判断矩阵表(表 6-5)。

表 6-5　各因子的重要性判断矩阵表

	高程	坡度	地形起伏度	河流宽度
高程	1	2	3	7
坡度	1/2	1	3	7
地形起伏度	1/3	1/3	1	3
河流宽度	1/7	1/7	1/3	1

采用 Matlab，计算各影响因子重要性判断矩阵的特征值和特征向量（图 6-2），得出各个因子的权重值，见表 6-6 所示。为评价矩阵的一致性程度引入一致性指标（C.I.）式（6-7），经过计算得出矩阵的最大特征值为 4.0686，越接近影响因子个数 4，说明判断矩阵的一致性很高。在公式中 C.I.值为 0.0228，其值越小，说明矩阵的一致性程度越高。

```
b=[1 2 3 7; 0.5 1 3 7; 1/3 1/3 1 3; 1/7 1/7 1/3 1];
>> [v1, d1]=eig(b);
>> v1(:,1)=v1(:,1)/sum(v1(:,1))
v1 =
  0.4741    0.8212            0.8212           -0.7350
  0.3338   -0.1542 + 0.5243i  -0.1542 - 0.5243i  0.3993
  0.1393   -0.1387 - 0.0612i  -0.1387 + 0.0612i -0.5059
  0.0527   -0.0162 - 0.0618i  -0.0162 + 0.0618i  0.2107
>> d1
d1 =
  4.0686    0                 0                 0
  0        -0.0202 + 0.5267i  0                 0
  0         0                -0.0202 - 0.5267i  0
  0         0                 0                -0.0281
```

图 6-2　Matlab 中计算示意图

表 6-6　各个因子权重值

因子	权重
高程	0.4741
坡度	0.3338
地形起伏度	0.1393
河流宽度	0.0527

$$\text{C.I.} = \frac{\lambda_{\max} - m}{m - 1} = \frac{4.0686 - 4}{3} = 0.0228 \tag{6-7}$$

式中，m 是因子的数量；λ 是矩阵的特征向量；C.I.越小，结果的一致性越好。

3. 计算阻力距离

成本阻力模型（cost distance mode）是 GIS 中分析点与点要素之间空间关系的三类模型之一。其在物种保护和生态景观学中的应用较多，例如曲艺等（2010）运用最小费用距离模型对世界珍稀物种东北虎核心栖息地进行分析；俞孔坚等（2005）将费用阻力模型应用在了城市遗产的廊道适宜性分析中。本章中阻力距离和成本距离的计算思路一致。

阻力距离的计算应用 Python 实现，在栅格图像中，像元的中心被赋为整个像元的结点，并且各像元通过水平、垂直、对角线的方式连接。每条连接线都带有关联的阻抗，阻抗即可理解为成本。如图 6-3 所示，相邻的结点（水平和垂直）计算较为简单，对角结点的计算则是水平距离的 $\sqrt{2}$ 倍。

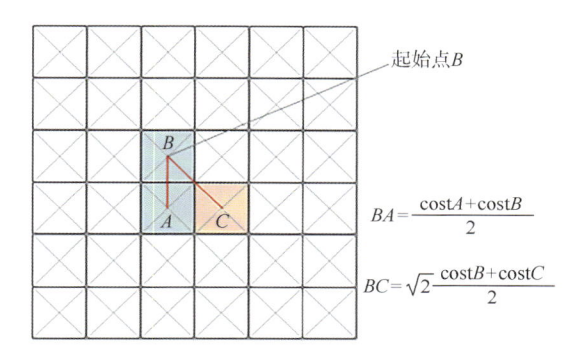

图 6-3 不同方向结点计算示意图
（参考 ArcGIS 帮助文档）

上述提到的每个影响因子都能用一个栅格图像来表示，但每幅图像都代表不同的含义，因此，需要将每个因子再栅格分级重分类，再利用式(6-8)进行加权计算，得出整体研究区域的阻力栅格图像，采用阻力模型来进行阻力距离计算。阻力栅格图像中每个栅格的值就是阻力值，计算每两点位置的最短加权距离（亦称累计行程成本）。每两点的阻力距离都记录在一个矩阵中，形成阻力距离矩阵。

$$f(x) = \sum W_i * F_i \tag{6-8}$$

式中，W 是权重值；F 代表影响因子；i 是影响因子的个数。

6.2.3　临汾先秦聚落遗址改进聚类算法结果

按照 6.2.2 节中描述的方法，使用区域高程、坡度、地形起伏和宽度作为影响因子，将每个因子图像分级重新分类到一个共同的尺度，并应用权重表（表 6-6）对每个因素赋予权重值，采用加权计算模型来获得综合权重成本阻力图（图 6-4）。图中可见河流周边地区的成本阻力最低，而山区的成本阻力最高。

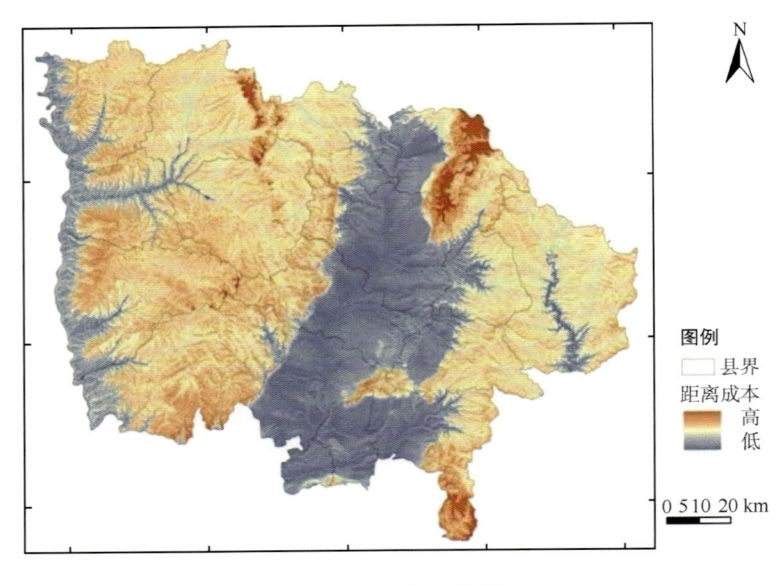

图 6-4 成本阻力图

图中表面上使用 Python 编程的方法，通过搜索周边 16 邻域的最小值，来计算每个文化时期中每两个聚落遗址之间的阻力距离，最终形成基于地形的阻力距离矩阵。计算结果如图 6-5 所示。

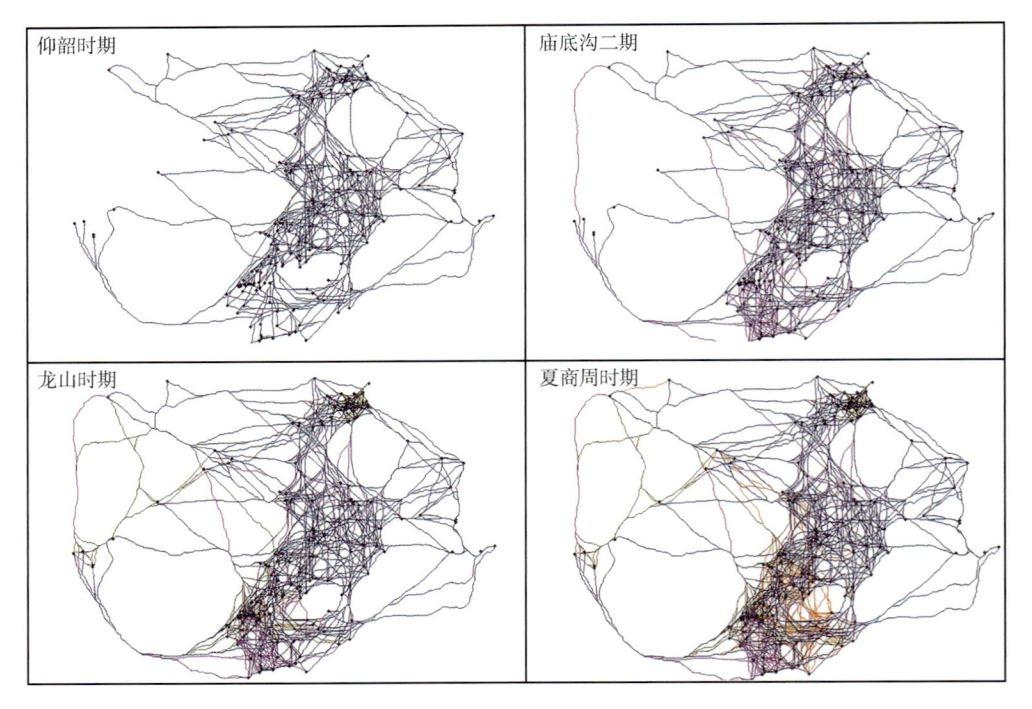

图 6-5 计算阻力距离过程图

针对仰韶时期、庙底沟二期、龙山时期、夏商周时期这四个文化时期的聚落遗址的分类设置阈值(ε)并执行聚类算法。阈值和参数的设置,我们参考先前的研究(Zhou et al., 2006; Zhang et al., 2006)将 θ 设置为 1/2 式(6-5),ε 值为 150 000。聚类结果如图 6-6 所示。

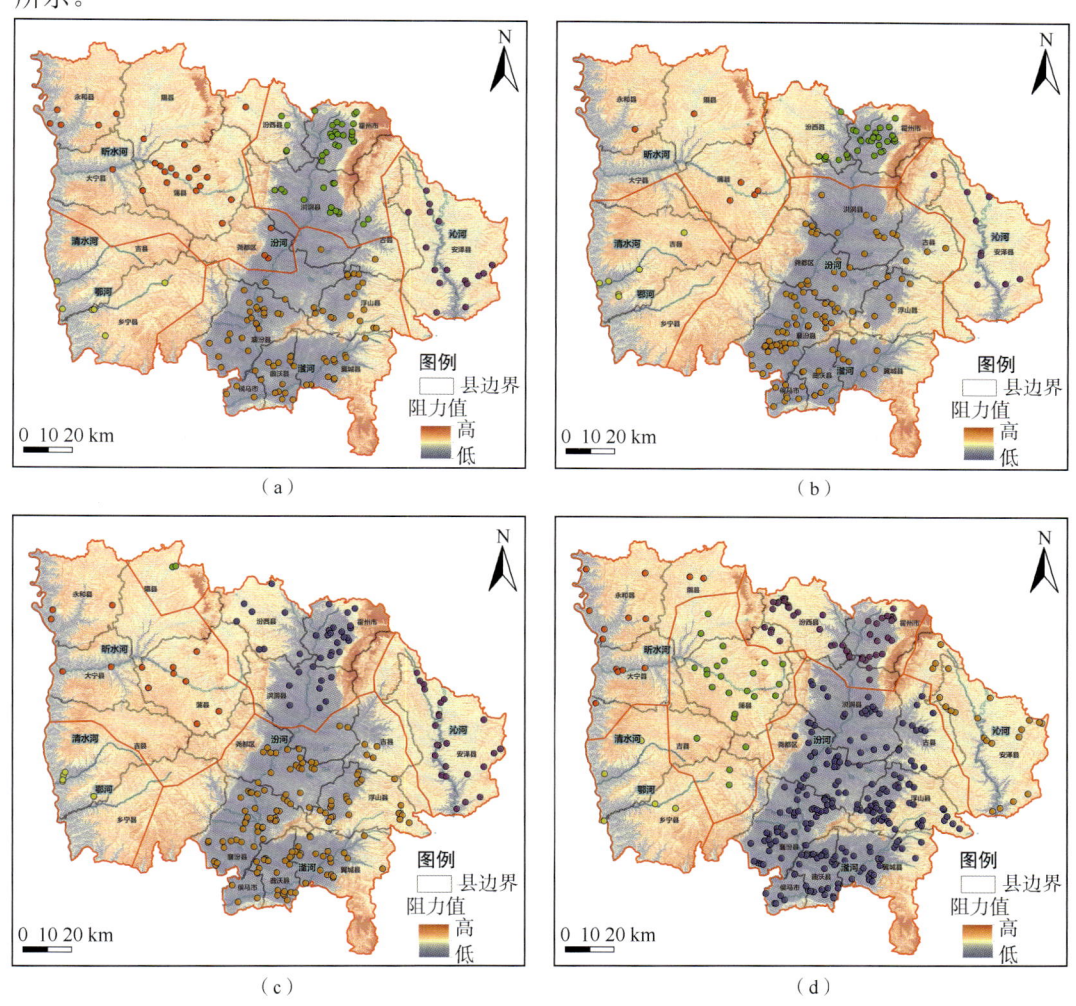

图 6-6 改进算法的先秦聚落遗址聚类结果图
(a)仰韶时期;(b)庙底沟二期;(c)龙山时期;(d)夏商周时期

图 6-6(a)显示仰韶时期聚落遗址主要聚集在河流两岸及河流形成的盆地中,可分为 5 个聚集群:东部安泽县聚类群,主要以沁河为中心;中部黄河流域分为南北两个聚落群,西部遗址主要分布在昕水河流域周边,按南北分为两个聚落群。图 6-6(b)显示庙底沟二期聚落遗址的聚类情况,其结果大致和仰韶时期相同,东部安泽县聚类群,中部黄河流域分为南北两个聚落群,南部聚落向北发展,西部 12 个聚落遗址按南北分为两个聚落群。图 6-6(c)展现的是龙山时期聚类,分为东部安泽县聚类群,中部黄河流域分为南北两个聚落群,南部主要包含襄汾、翼城、浮山聚落,北部主要包括汾西和霍州聚落

群,此时期中南部发展较快,但相比庙底沟二期,北部聚落略为向南发展,西南部为乡宁-吉县聚落群,西北部为蒲县-大宁聚落群。图6-6(d)是夏商周时期的聚落遗址聚类结果,划分成6个聚落群:东部安泽县聚类群,中部黄河流域聚落遗址数量增加,但仍分为南北两个聚落群,西部分为3个聚落群,与之前不同的是,西部3个聚落群中,昕水河上下游分为两个聚落群,总体来说,东部安泽县聚落群以沁河为中心,变化不大,中部以黄河流域及临汾盆地为主要聚落聚集区域。

6.3 空间聚类算法的对比与评价分析

算法的评价是对算法本身的一个综合考量,本小节采用 k-均值算法聚类实现,并提出改进算法进行对比。从直观对比和指标客观分析两方面进行评价。

k-均值聚类算法是基于距离的典型算法,该算法认为两个对象距离越近,其相似性越大(李志伟,2016)。根据此相似性将数据对象进行聚类。k-均值的基本思路(Hartigan et al.,1979)如下:

(1) 设置 k 值,从给定的 n 个数据或对象中选取 k 个作为初始聚类中心;
(2) 计算每个对象与这些中心对象的距离,根据最小距离进行分类;
(3) 重新计算新的集群(类)中心;
(4) 循环 2~3 步直到每个集群不再变化;
(5) 得到结论并输出。

k-均值算法以其简单、快速、高效的优势被广泛应用。但此算法也存在一些缺点,例如 k 值需要预先确定,k 值的选定难以估计;初始聚类中心的选择对聚类效果有较大的影响;数据量大时,时间成本需要考虑。

k-均值使用的是约束距离,k 的选取是根据本章改进算法聚类结果的类别数而定,k 值分别为 5,5,6 和 6。运用 Matlab 和 Python,用约束阻力距离代替欧氏距离,实现临汾地区内四个时期聚落遗址的聚类。结果显示如图6-7所示。

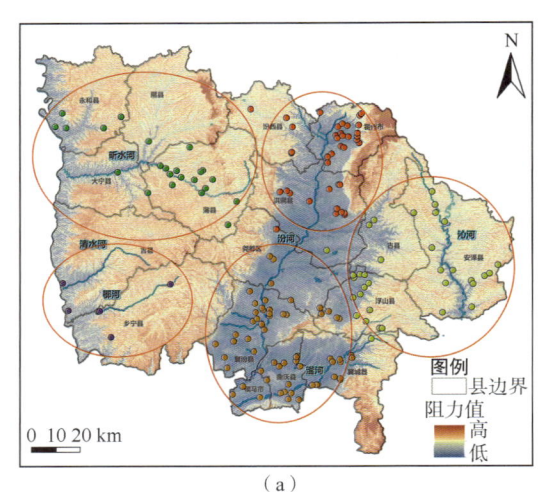

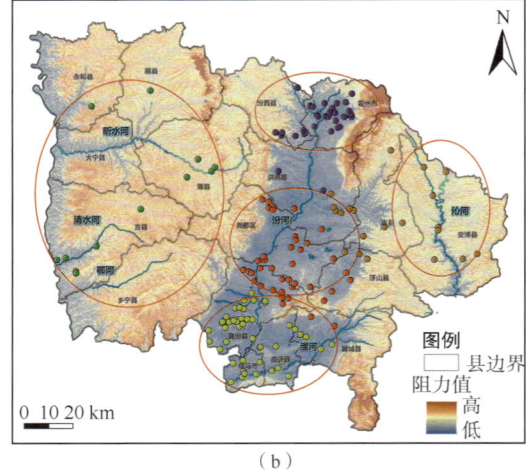

(a)　　　　　　　　　　　　(b)

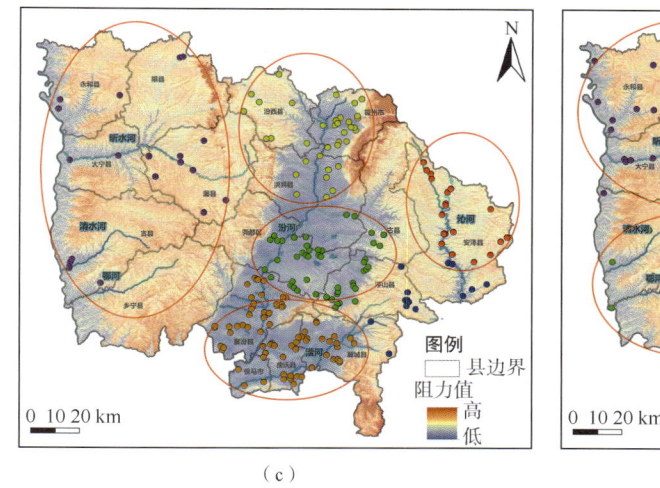

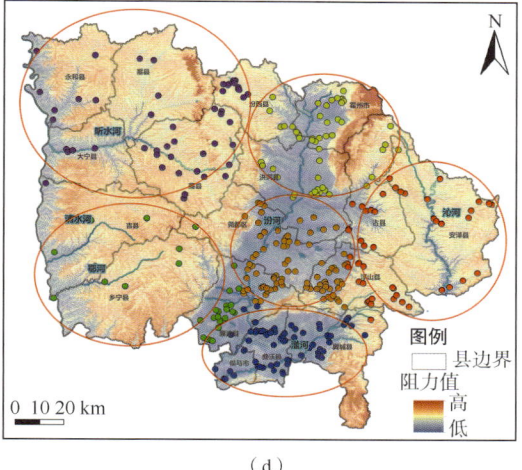

图 6-7 采用 k-均值算法聚类结果(不同颜色的点代表不同的集群)
(a)仰韶时期；(b)庙底沟二期；(c)龙山时期；(d)夏商周时期

6.3.1 直观评价

将 k-均值聚类算法作为对比算法进行对比评价。相对于 k-均值聚类，本章提出的改进算法不需要定义 k 值，能够自动考虑地形因素。整体来看，西部的遗址相对较为分散，k-均值算法较好地进行了划分。东部遗址的聚类处理上，k-均值算法显得不太合理，尤其是在龙山时期和夏商周时期。龙山时期将东部的遗址划分在了两个聚落群中，夏商周时期的聚类结果则是将本属于中部聚落群中的遗址划分在了东部聚落群中。相对具体文化时期而言，仰韶时期遗址的聚类对于东部遗址的划分存在明显差异，东部遗址群落与中部遗址群落之间边界明显，k-均值算法还将古县和浮山县的部分遗址包含在东部群落中，划分并不准确。另外，庙底沟二期遗址分为 5 个聚落群，西部聚落遗址归为一个整的聚落群，中部偏南的两个聚落群划分边界不是很明显。龙山时期遗址划分为 6 个遗址群，东部遗址划分为两个聚落群，但明显两个聚落群边界并不明显。以上 k-均值算法划分存在明显不准确性。夏商周时期聚落遗址划分为 6 个聚落群，东部遗址群包含安泽区沁河周围的遗址和中部古县、浮山县部分遗址，西南部的聚落遗址群也包含了部分襄汾县的遗址，这两处聚落群的划分边界不明显。由此可见，k-均值不能反映地形的影响，而且在处理相对分散的聚落遗址点和部分相邻点时存在缺陷。

图 6-8 显示的是地形约束的聚类算法和 k-均值算法的聚类结果对比。图 6-8(a)采用地形约束的聚类算法能很好地将不同聚落划分出来。图 6-8(b)中也出现了同样的情况，其中襄汾县绿色的聚落遗址在 k-均值聚类结果中是错误的。然而，本章提出的算法存在一个小缺陷，即尧都区的三个位于汾河冲积平原的聚落遗址被划分在了西部的集群中，此处效果不佳，见图 6-8(c)所示。总的来说，地形约束聚类算法比 k-均值聚类算法提供了更好的聚类结果，适用于聚落遗址分析。

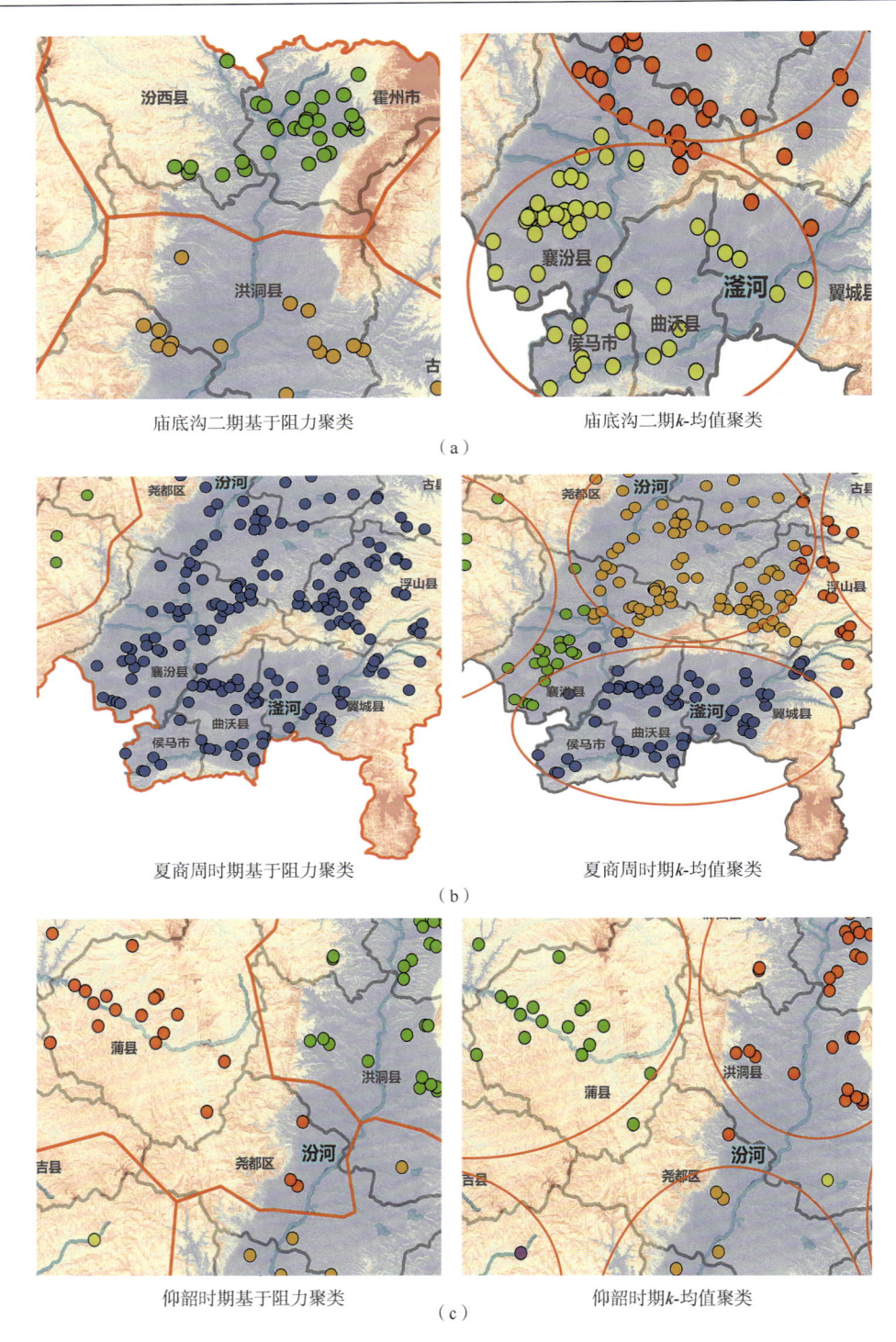

图 6-8　两种算法聚类结果对比(k-均值算法和本文改进算法的对比，不同颜色的点代表不同集群)

(a)两种方法在庙底沟二期聚类结果的对比；(b)两种方法在夏商周时期聚类结果的对比；(c)两种方法在仰韶时期聚类结果的对比

6.3.2 指标评价

对不同算法聚类效果的对比分析，除了直观的观察判断之外，还需要相关的评价指标来评估。聚类评价指标是评价聚类效果好坏的常用方法，聚类分析的目标是实现组内相似性高、组间相似性低，也就是通常理解的内聚度和分离度。组内相似性越大，组间相似性越大，聚类效果越好。至今，仍有许多学者致力于研究评价指标(Castellanos et al.，2017；Orsi，2017)。现阶段被广泛应用并取得良好效果的评价指标有：Dunn 指数(Dunn，2008)、CH 指数(Caliński et al.，1974)、I 指数(Maulik et al.，2002)、S 指数(Rousseeuw et al.，1987)。不同的指数有着不同的数据结构，I 指数对于不同密度分布的对象处理效果欠佳，Dunn 指数对于噪声数据处理困难。本章研究的是遗址数据集，不同区域的分布密度不同，有些甚至差别很大，也存在一些稀疏点，所以这些特点表明 I 指数和 Dunn 指数并不适合本书中的评价。S 指数是用距离来评价聚类结果，而本章是用阻力距离作为指标来完成聚类，所以选择了具有同样评价系统的 S 指数。

Silhouette coefficient(S 指数)：轮廓系数，Peter J Rousseeuw 最先于 1986 年提出，是一个评价聚类效果的指数，结合内聚度和分离度两种因素。其取值在-1 到 1 之间，值越小表示聚类效果越差。具体公式如下：

$$S = \frac{1}{\mathrm{NC}} \sum_{i=1}^{\mathrm{NC}} \left\{ \frac{1}{n_i} \sum_{x \in C_i} \frac{b(x) - a(x)}{\max[b(x), a(x)]} \right\}$$

$$a(x) = \frac{1}{n_i - 1} \sum_{x, y \in C_i, x \neq y} d(x, y) \qquad b(x) = \min_{j, j \neq i} \left(\frac{1}{n_j} \sum_{x \in C_i, y \in C_j} d(x, y) \right) \quad (6-9)$$

式中，NC 是簇的数量；$d(x, y)$ 是 x 和 y 之间的距离；n_i 是 C_i 中的对象数；n_j 是 C_j 中的对象数；$a(x)$ 是计算样本 i 到同类其他点的平均距离；$b(x)$ 计算样本 i 到其他某类 C_j 的所有样本的平均距离，b_i 越大，说明样本 i 不属于其他类可能性越大。S 的范围在-1~1 之间，S 越接近 1，说明聚类合理。不同文化时期计算指数如表 6-7 所示。

表 6-7 聚类结果的轮廓系数对比

时期	本文方法计算的 S 指数	k-均值算法计算的 S 指数
仰韶时期	0.5918	0.5115
庙底沟二期	0.7378	0.4548
龙山时期	0.6726	0.4153
夏商周时期	0.6399	0.3550

表 6-7 是改进基于地形聚类算法和 k-均值算法的聚类结果轮廓系数对比，通过计算显示，庙底沟二期的轮廓系数(S 指数)是最大的 0.7378，通过图 6-6(b)可以看出，遗址类之间的间隔明显。总体说来，四个时期的 S 指数，除了仰韶时期以外，其他的接近 0.7，这表明文中提出的算法有一个较好的聚类精度。同一文化时期的两种聚类方法对比，

改进基于地形聚类算法的 S 指数的值要比 k-均值计算的值高，说明改进基于地形聚类算法的聚类精度高于 k-均值算法的聚类精度。

6.4 典型遗址的自然环境分析

陶寺遗址，位于山西省襄汾县陶寺村南部，处于临汾盆地东侧。遗址西侧是汾河，东南部是太岳山系的塔尔山，整体海拔在 510 m 左右。塔尔山是基岩山地，形成时代早，幅度较大。塔尔山-汾阳岭横向的高地成为临汾侯马盆地之间的高地。现已发掘的遗址呈西北-东南走向分布，面积有 400 多万平方米。地层和土壤类型属于山前黄土型冲积扇，由黄土和砂砾石组成。塔尔山西北部山前冲积扇，到处可见黄土冲沟，陶寺遗址所在地势是东南高西北低，冲沟走向随着地势，水最终向西流入汾河。陶寺遗址内部有两条冲沟，赵王沟和南沟；据考古学者研究，这两条冲沟在当时还比较小，因为遗址内部还有水井的存在，而且水井的分布并不在冲沟周边。

作为遗址的边界还有两条冲沟：南河和中梁沟。南河和中梁沟是两条季节河，南河从塔尔山流向李庄村西南，中梁沟发源于塔尔山毛家岭，最终流入汾河。据学者研究，这两条季节河在当时陶寺文化时期规模还比较小，但已经具有资源便捷性和抵御功能。从遗址的位置地貌特征可以看出，遗址属于靠山临水的类型。

曲村天马遗址，位于山西曲沃县曲村和翼城县天马村之间。遗址距离侯马晋国遗址约为 25 km。遗址北部是塔尔山，西部是汾河，南部是浍河，土地肥沃，面积约 10.64 km^2（国家文物局，2006）。1963 年进行首次发掘，20 世纪 60～90 年代期间进行了多次发掘。晋文化层分布最广，部分叠压仰韶、龙山文化。遗迹有房址、陶窑、水井等。墓葬分为公墓区和邦墓区。出图器物有陶器、玉器、骨器、铜器等。晋侯及其夫人墓地（公墓区）的发现，为西周考古提供了学术研究基础，为晋文化的研究打开了新的大门，遗址共清理晋侯及夫人墓 9 组 19 座、陪葬墓 4 座、祭祀坑数十座及车马坑 5 座。

赵康古城遗址，位于襄汾县赵康村东约 100 m，古城在汾河西测、九原山东侧。古城分大小两个城，大城呈长方形，周长约 8 480 m（畅文斋，1963），北墙基宽约 5 m，顶宽约 1 m。小城位于大城北部中央，周长约 2 700 m。整个城北高南低，高差约 10 m，大城外有护城河，南城墙破坏严重，东城墙南段保存较好，北城墙保存最好，北墙有一城门遗址；小城东墙北段保存较好，北墙即利用大城北墙，小城的地势比大城略高。出图器物类型有小口卷唇大陶笼。该城相传是春秋时期"故绛都"。

侯马晋国遗址，又称新田遗址，自 1955 年开始，山西省文物管理委员会及相关科技人员就展开了调查和发掘工作，1961 年被公布为全国重点文物保护单位。遗址处在汾河和浍河交汇处，南部为绛山。据历史文献记载，晋国兼并戎狄，北部疆域达到山西中部汾河中游，东北边界到河北南缘，先定都绛（今天山西省翼城县东）后迁都新田（今山西省曲沃县）。《史记·晋世家》记载："城聚都之，命曰绛，始都绛。"这些聚落遗址的环境展示如图 6-9 所示。

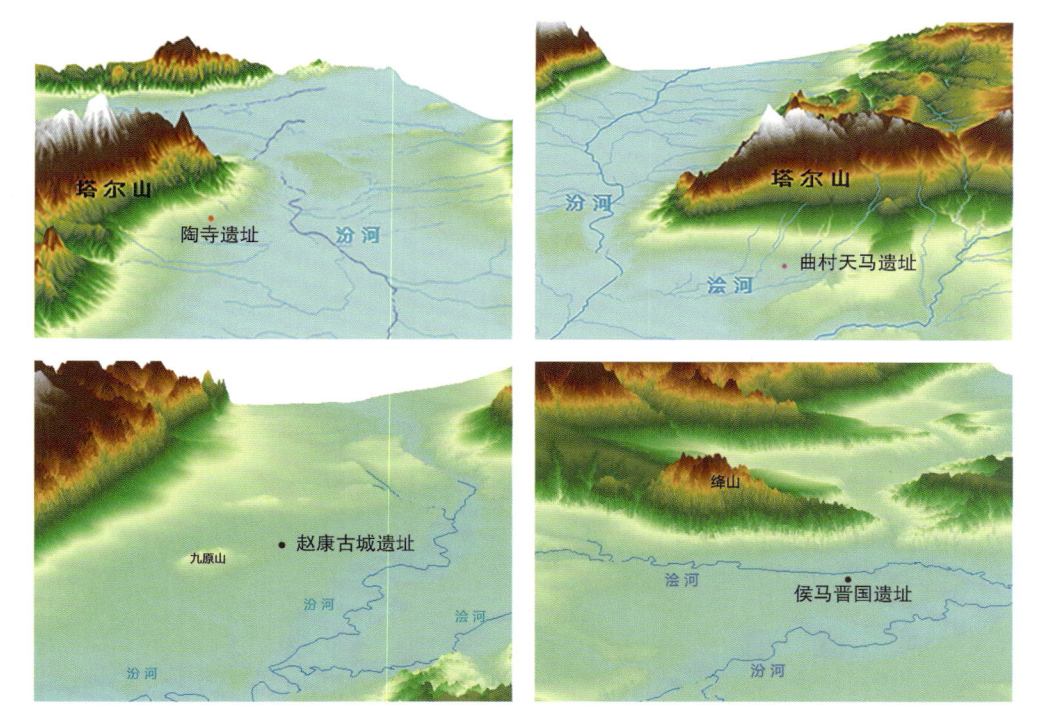

图 6-9　典型聚落遗址的位置环境三维展示图

6.5　先秦聚落遗址的自然环境因素分析

选取临汾市古遗址类别中先秦时期1～5批省级文物保护单位共计33处，分析遗址的地理环境，可以发现大多数遗址都分布在河流两岸的台地或山前冲积坡。

史前聚落遗址的集中分布区在黄河和长江流域，这也是农业发展的集中分布区。黄河流域中下游旱作农业发展迅速，其周边陕、晋、豫地区也是人类繁荣发展的区域。长江流域的农业主要是水稻业，由于水稻产业对于水资源需求较高，整体长江流域的史前聚落遗址数量少于黄河流域。从聚落发展上看，地理环境影响着农业，从而影响聚落的数量和规模。

从奴隶制社会开始，聚落位置不仅仅是代表活动空间的选取，更是聚落和城市文化发展的地理基础。纵观古今，聚落和城市选取的基本原则有：①地形有利、地形高低适中，位置选取要考虑防御因素，利用天然的屏障(山脉、水系)确保聚落居址安全。城址要建在进可攻、退可守的地方，高程高低适中，平坦不易受洪水袭击，尤其山前洪积扇和冲积扇，例如北京城就在永定河的山前冲积扇上。②便利的交通：聚落不是孤立的，存在和周围聚落及城市的资源交换和文化交流，交通则成为发展的支柱。比如，像秦朝都城咸阳是控制关中东西大道的咽喉，洛阳位于陆路交通干线上；像南国名都江陵，则位于水路交通要道上。③水源丰富：水是人类生活的基本物质保证，水资源的获取必须便利。④资源丰富：资源指的是农、林、牧、副、渔等各种物质资源，这些资源在为人们提供生产生活必需品的同时也增加经济收入。

古人在聚落遗址位置的选取上，综合考虑了景观、资源可获取性，生产便利及军事防御等因素。这正是综合地形、土壤、水文、气候等自然环境以及人文环境的产物。提出"人类聚居学"的学者道萨迪亚斯认为早期聚落位置的选取主要考虑 5 个因素：一是最大便捷地获取资源，最小费力满足生存生活需要；二是有一个可以抵御外侵个体可以受保护的空间；三是最大可能地进行交流；四是与生活所需的各类要素能有效连接；五是当地具体的情况。从道萨迪亚斯的人类聚居学理论及中国古居址的思想中看出，理想的居址是能够背山面水，周围有自然屏障以避免灾害，丰富的林木和水资源，土壤肥沃利于开展生产活动，并能充分地和周边聚落遗址进行交流。在这些因素中地形地貌是影响居址空间布局的主要因素之一，无论是用地、发展规模还是道路走向、居住区轮廓形态，都受到地形地貌的制约。临汾区域内河流分布密集、水资源丰富，整体地貌为中部盆地、四周环山，尤其是汾河流域冲积平原区土壤肥沃利于农业生产。有利的地理环境为聚落的形成和发展提供了基础的保障。

6.5.1 地形地貌因素

自然环境是聚落形成的基本要素。本章选取自然要素中高程、坡度、坡向、地形起伏度、地质地层进行分析。在这些因素中，高程表示遗址的高度，是聚落遗址对于地形的反映，坡向对于阳光摄取量、风向以及可视域都具有一定的影响，地形起伏度是地形相对高度值，直接反映了出行的便捷性；地质地层信息反映岩性和土壤信息，对于农业生产等具有影响作用。分别对坡度、坡向、地形起伏度、地质地层信息进行分析，得到聚落环境要素分析结果如图 6-10～图 6-15 所示。

临汾的地貌在第 2 章研究区概况中已有介绍，临汾地区中间盆地、四周环山，从高程图(图 6-10)上可以看到，中间盆地海拔低，四周山脉区域海拔高，整体高程值为 385～2 477 m。从临汾地区四个文化时期遗址的高程统计表(表 6-8)中可以看出，在 0～200 m 高程范围内没有遗址点分布。四个时期 870 个聚落遗址中有 728 个(约 83.68%)遗址分布在高程 200～1 000 m 范围内。在 1 000～1 700 m 高程范围内有少量分布，约占总聚落遗址数量的 16.32%；在 1 700～2 500 m 的高程范围内没有分布。仰韶时期 164 个聚落遗址中在 1 000 m 高程内的数量为 142 个，占到本时期遗址数量的 86.59%。庙底沟二期总遗址点为 160 个，在 1 000 m 内的遗址数量为 147 个，占到本时期遗址数量的 91.88%。龙山时期，有 181 个遗址点位于 1 000 m 的高程内，占龙山时期遗址总数(215 个)的 84.19%。夏商周时期 331 个遗址点中有 258 个遗址位于 1 000 m 高程范围内，占本时期遗址数量的 77.95%。

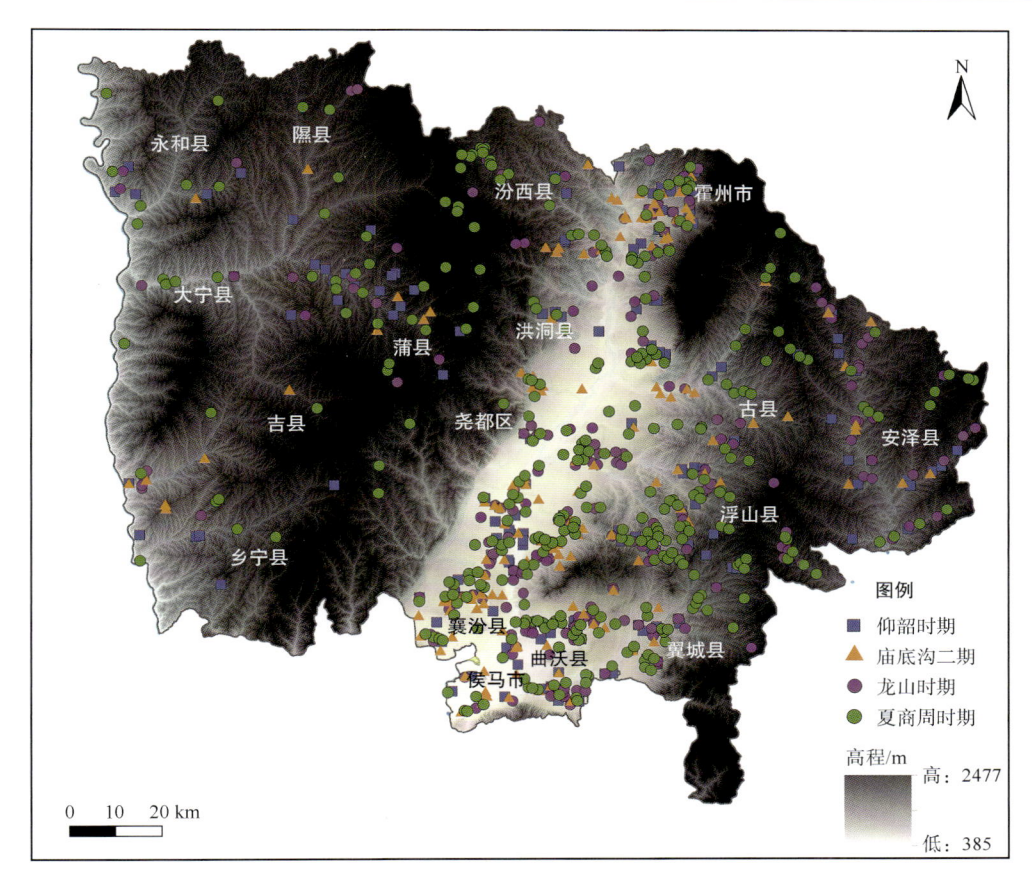

第 6 章 临汾先秦聚落遗址空间聚类分析

图 6-10 临汾地区聚落遗址高程分布图

表 6-8 四个时期聚落遗址高程分布统计表 （单位：个）

高程	<200 m	200～600 m	600～1 000 m	1 000～1 700 m	1 700～2 500 m	各时期遗址点数量小计
仰韶时期	0	62	80	22	0	164
庙底沟二期	0	86	61	13	0	160
龙山时期	0	95	86	34	0	215
夏商周时期	0	133	125	73	0	331
小计	0	376	352	142	0	870

图 6-11 是临汾地区四个时期聚落遗址坡度分布图。临汾市整体的坡度范围是 0°～57°，中部汾河盆地坡度较缓。表 6-9 中统计了临汾地区四个文化时期遗址的坡度分布情况。从表中可以看出，四个文化时期 870 个聚落遗址中有 513 个分布在坡度 0°～5°的范围内。聚落遗址在 5°～15°和 15°～35°范围的地区也均有分布，其中 5°～15°范围内的遗址占总遗址数量的 33.45%；15°～35°坡度范围内的遗址数量为 66 个，占四个时期总遗址数量的 7.59%。在坡度大于 35°的地区无分布。仰韶时期遗址数量为 164，有 54.27%

的遗址共 89 个位于 0°~5°坡度内。庙底沟二期，有 106 个聚落遗址分布在 0°~5°坡度内，占到此文化时期遗址数量的 66.25%。龙山时期 215 个聚落遗址，有 133 个聚落遗址的坡度为 0°~5°，占比 61.86%。夏商周时期，遗址总数 331 个，有 185 个聚落遗址的坡度为 0°~5°，占比 55.89%。

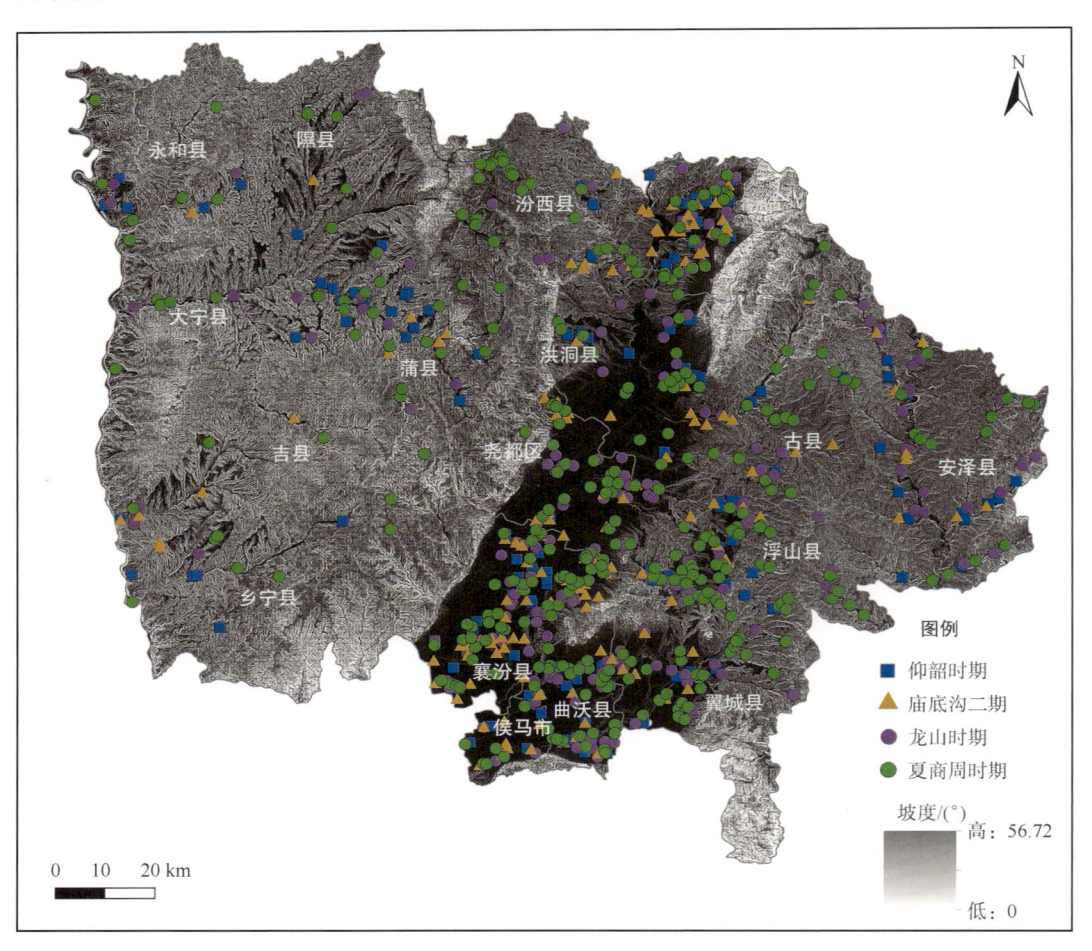

图 6-11　临汾地区聚落遗址坡度分布图

表 6-9　四个时期聚落遗址坡度分布统计表　　　　　　　（单位：个）

坡度	0°~5°	5°~15°	15°~35°	>35°	各时期遗址点数量小计
仰韶时期	89	62	13	0	164
庙底沟二期	106	46	8	0	160
龙山时期	133	66	16	0	215
夏商周时期	185	117	29	0	331
小计	513	291	66	0	870

图 6-12 是临汾地区聚落遗址坡向分布图。坡向采用度为单位,取值范围为 0°~360°,依据通用划分规则,将其划分为东、南、西、北、东南、西南、东北、西北 8 个方向。表 6-10 是临汾地区四个文化时期的聚落遗址坡向分布统计表,从表中可以看出,四个时期的聚落遗址在各个坡向均有分布。在南坡及偏南坡(含西南和东南方向)的聚落遗址为 358 个,占总遗址数量的 41.15%。严格意义上讲,坡向朝南,东南及西南为光照强区域。但从实际出发,坡向为东、西、东北和西北的区域由于太阳东升西落,也能接收

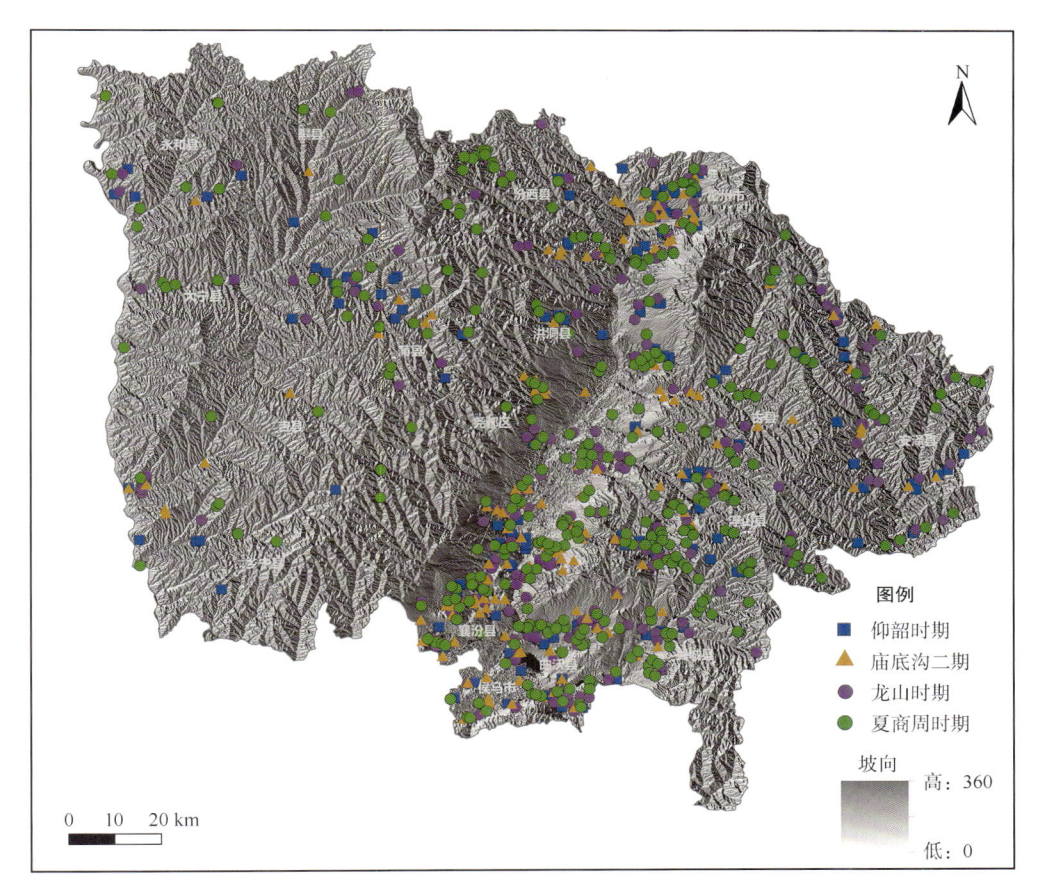

图 6-12 临汾地区聚落遗址坡向分布图

表 6-10 四个时期聚落遗址坡向分布统计表　　　　　　(单位:个)

坡向	南	西南	东南	西北	东北	西	东	北	各时期遗址点数量小计
仰韶时期	28	17	20	24	7	29	24	15	164
庙底沟二期	21	23	22	16	24	21	17	16	160
龙山时期	29	35	28	26	23	30	23	21	215
夏商周时期	49	44	42	48	30	45	42	31	331
小计	127	119	112	114	84	125	106	83	870

到阳光。在总遗址 870 个聚落遗址中，位于朝北坡向的遗址数量为 83 个，占比为 9.54%。坡向在遗址分布中，具有一定的规律，但不足以直接影响遗址选址和分布。

图 6-13 是临汾地区聚落遗址地形起伏度分布图。临汾地区整体的地形起伏度在 0～410 m 范围内，汾河流域内起伏度低，高山区域地形起伏度高。表 6-11 是临汾地区四个文化时期的聚落遗址地形起伏度分布统计表。从表中可以得到，四个文化时期 870 个聚落遗址中，有 738 个聚落遗址位于 75 m 的地形起伏范围内，占比 84.83%，地形起

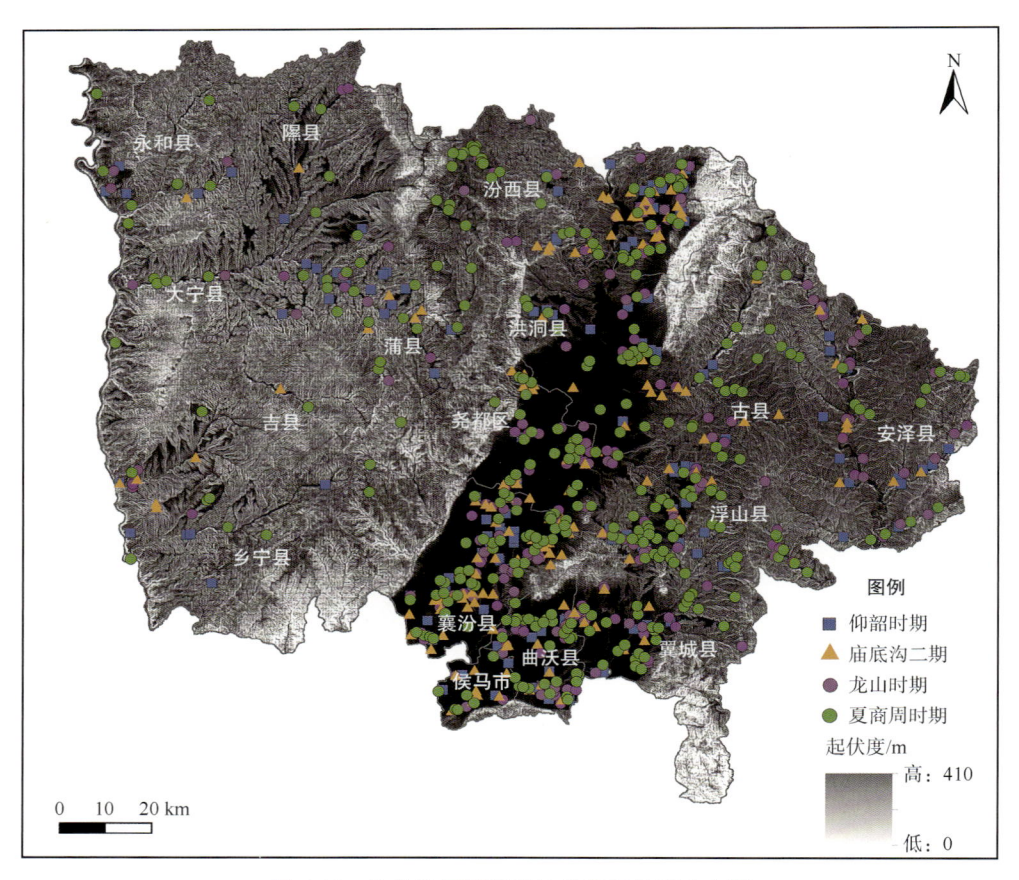

图 6-13　临汾地区聚落遗址地形起伏度分布图

表 6-11　四个时期聚落遗址地形起伏度分布统计表　　　　　（单位：个）

地形起伏度	<20 m	20～75 m	75～200 m	200～600 m	>600 m	各时期遗址点数量小计
仰韶时期	67	73	24	0	0	164
庙底沟二期	73	69	18	0	0	160
龙山时期	95	89	31	0	0	215
夏商周时期	136	136	59	0	0	331
小计	371	367	132	0	0	870

伏度 75~200 m 的范围内有 132 个遗址，占总遗址数量比例为 15.17%，在 200 m 以上的区域没有分布。仰韶时期有 140 个聚落遗址的地形起伏度在 75 m 内，占到本时期遗址数量 164 个的 85.37%。庙底沟二期共有聚落遗址 160 个，约有 88.75% 的聚落遗址位于地形起伏度 75 m 范围内。龙山时期有 184 个聚落遗址位于 75 m 的地形起伏范围内，约占本时期遗址数量的 85.58%。夏商周时期 331 个聚落遗址中约有 82.18% 在地形起伏度 75 m 范围内。

图 6-14 是临汾地区聚落遗址地质地层分布图。临汾地区主要为第四系黄土及冲洪积层，分布在汾河两岸的河谷阶地和盆地，岩性为泥质粉砂及灰黄色黄土状粉质黏土。表 6-12 是临汾地区四个文化时期的聚落遗址地质地层信息统计表。从表中得知，共有 580 个遗址分布在第四系地层中，占全部遗址数量约 66.67%；上第三系分布面积不大，主要位于黄土深切的沟谷中，此地层遗址数量少，约为总遗址点的 1.49%；三叠系中遗址数量占到四个时期总遗址数量的 15.98%，此地层主要集中于临汾西部及黄土冲沟中；二叠系主要集中在西部，较少在黄土冲沟中，共有约 10.92% 的遗址分布在二叠系地层中。石炭系主要分布在吕梁山周围的低山和低地丘陵区，且富含煤层，此地层遗址数量少，约 3.91% 的遗址分布于此。奥陶系分布范围主要在吕梁山周围中低山和低山丘陵区，

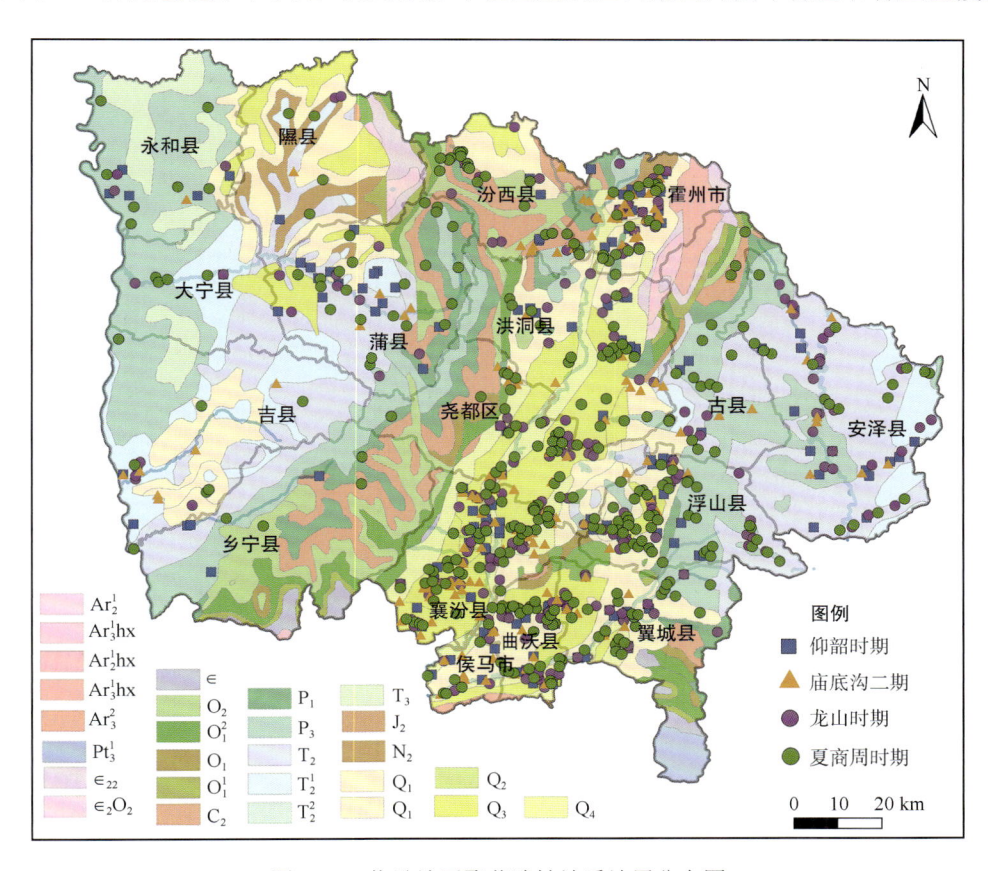

图 6-14 临汾地区聚落遗址地质地层分布图

表 6-12　四个时期聚落遗址地质地层信息统计表　　　　（单位：个）

地层			仰韶时期	庙底沟二期	龙山时期	夏商周时期	小计
新生界	第四系	黄土，冲积，洪积，主要为泥质粉砂及粉砂质泥夹古土壤	106	117	149	208	580
	上第三系	红色黏土，河湖相黏土夹泥灰岩，砂砾石层	4	2	3	4	13
	下第三系		0	0	0	0	0
中生界	白垩系		0	0	0	0	0
	侏罗系		0	0	0	0	0
	三叠系	主要为砂质泥岩和长石砂岩	34	20	33	52	139
古生界	二叠系	主要为砾岩，页岩夹石灰岩，煤层	14	15	24	42	95
	石炭系	主要为煤层、砂岩、页岩	5	5	5	19	34
	奥陶系	主要为石灰岩、白云质泥灰岩夹石膏	1	1	1	6	9
	寒武系		0	0	0	0	0
合计			164	160	215	331	870

此地层的遗址数量少，占四个时期总遗址的 1.03%。仰韶文化时期 164 个聚落遗址中有 106 个分布在第四系地层，约占总遗址比例为 64.63%。庙底沟二期聚落遗址中有 73.13% 的遗址分布在第四系地层。龙山时期有 149 个聚落遗址分布在第四系地层中，占本时期遗址数量的 69.30%。夏商周时期 331 个聚落遗址中有 62.84% 的遗址分布在第四系地层范围内。

图 6-15 和表 6-13 显示临汾地区聚落遗址主要分布在汾河流域，其他流域的遗址点分布较少。仰韶时期汾河流域的遗址点为 119 个，占本时期遗址数量的 72.56%，昕水河遗址点为 23 个，占比 14.02%。庙底沟二期汾河流域的遗址点为 140 个，占本时期遗址数量的 87.5%。龙山时期汾河流域遗址点数量为 164 个，占本时期遗址数量的 76.28%，沁河流域的遗址点为 31 个，占本时期遗址数量的 14.42%。夏商周时期汾河流域遗址数量 260 个，占本时期遗址数量的 78.55%。

6.5.2　气候因素

历史气候不仅是地理研究中的重要部分，也是人类发展的重要环境因素。气候温暖湿润，适合生产生活，为聚落发展提供了良好的环境。气温突变、降水剧增导致的海平面变化以及自然灾害，除带给人类不适应性外，还会影响人类生产和生活，迫使居址发生迁移甚至消失。据专家研究推测，我国古代文明良渚文化(位于浙江余杭地区)是由于洪水的原因消失。

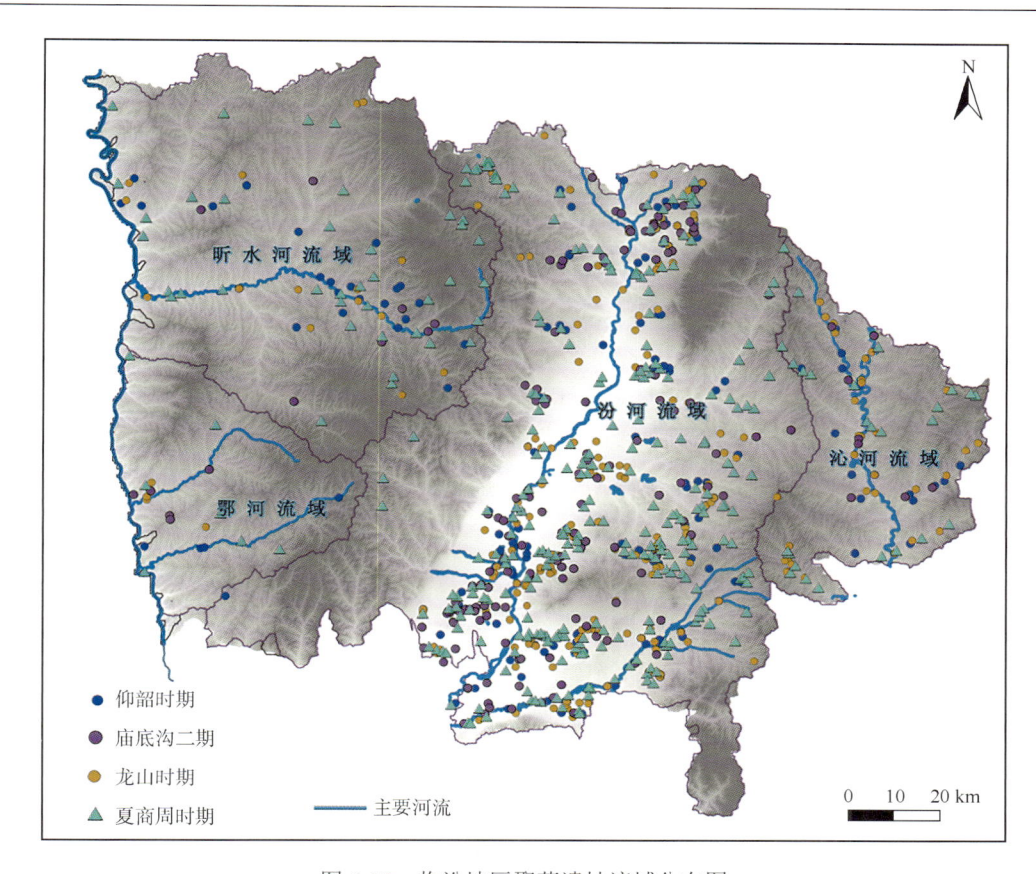

图 6-15　临汾地区聚落遗址流域分布图

表 6-13　四个时期聚落遗址流域分布统计表　　　　　　　　　　（单位：个）

项目	仰韶时期	庙底沟二期	龙山时期	夏商周时期	小计
汾河流域	119	140	164	260	683
沁河流域	16	8	31	25	80
昕水河流域	23	7	15	38	83
鄂河流域	6	5	5	8	24
小计	164	160	215	331	870

根据考古学者的研究成果，光释光测年数据（Huang et al.，2007；Wu et al.，2009）和考古学数据（李拓宇等，2013）显示，山西地区在早全新世时期气候环境温暖潮湿，这表明仰韶文化时期的气候是暖湿气候，降雨充沛，植被繁茂，人口发展迅速。刘东生先生认为在距今 5500 年左右，气候变冷（吴文祥等，2002），施雅风也指出在距今 5500 年出现降温事件（Shi et al.，1993），这就说明仰韶文化晚期开始出现降温，临汾凹形地貌形成相对封闭的环境，降温时间对人口和资源都造成一定的负向影响（图 6-16）。大约庙底沟二期和龙山文化时期，是气候波动的亚稳定暖湿期，但在距今 5000 年左右时有过降温事件发生（邹逸麟，1993），这就说明庙底沟二期初始气温下降，气候干燥，但仍

然比今天暖和潮湿，气候的下降使得临汾地区庙底沟二期文化的聚落人口更集中于低海拔的汾河流域。龙山时期，气候呈现亚稳定状态，虽然在龙山晚期陶寺遗址的植硅石分析中发现有一些指示干冷气候的植硅石类型，但孢粉(孔昭宸等，1992)和植硅石都表明这时期整体气候温暖湿润，相比仰韶时期有些干冷(姚政权，2006)。对于温度的逐渐适应，人类的生存空间有了进一步的扩大，龙山晚期聚落人口规模都有显著增加。在很多研究(吴文祥等，2013；吴文祥等，2004)中指出距今4000年左右发生洪水降温事件，此后气候依然温暖。夏商周时期，由于社会管理体系截然不同于史前，此时聚落的地理分布受环境、资源的影响减少。

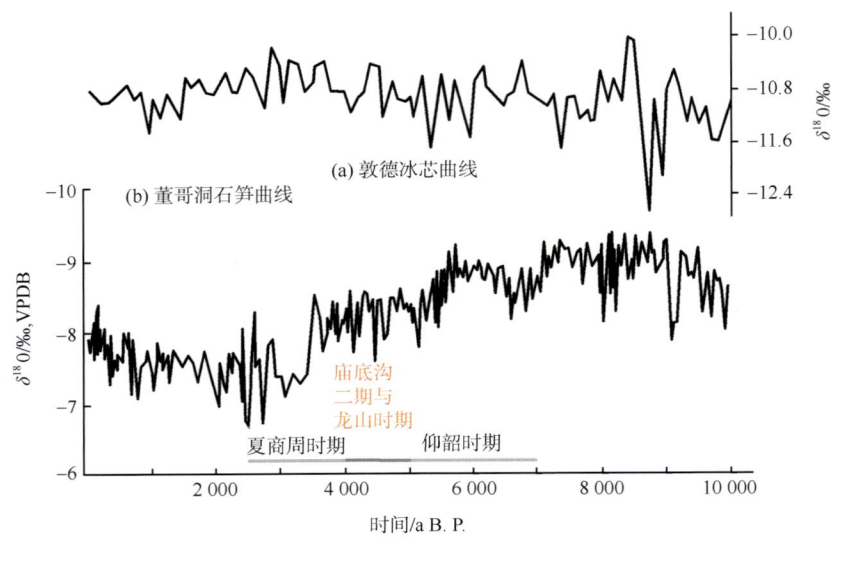

图 6-16 气候变化示意图
(引自：张小虎等，2008)

6.6 临汾先秦聚落遗址发展演化分析

黄河中游仰韶文化是新石器时期的一个重要的考古学文化。临汾地区内仰韶文化类型主要为庙底沟类型和西王村类型。聚落遗址主要分布在 600～1 000 m 高程范围内，喜好较缓的南坡和偏南坡；首先以汾河流域为集中区域，其次是昕水河流域，地层信息大多为第四系地层。仰韶时期的先民喜欢居于平坦且水资源丰富的沿河区域，便于取水生活和生产劳动。出行范围主要集中于距离较近的聚落之间。

许顺湛学者称晋中南地区的庙底沟二期文化在当时是独领风骚的(许顺湛，2012)。庙底沟二期聚落遗址在临汾地区主要分布在汾河流域形成的临汾盆地之上，200～600 m 高程范围内，坡度较缓以 0°～5°为主，汾河流域为其集中分布区域，地层也主要集中在第四系地层。庙底沟二期文化处在黄河流域文化发展的重要阶段，即仰韶文明向龙山文明的过渡期。其聚落形态和出行空间都体现出一定的差异，聚落遗址大多分布在海拔较低且相对平坦的临汾盆地,其出行也集中在汾河周边平坦区,在东西部间的出行交流较少。结合气候因素,庙底沟二期文化初期气温下降、气候变干,影响了聚落形态的分布以及出行的特点。

临汾地区内龙山时期文化遗址的类型都是陶寺类型,很少有白燕类型、小神类型及三里桥类型。龙山文化白燕类型主要分布在临汾北部的晋中地区,小神类型则出现在临汾东南部的长治和晋城地区,临汾南部的运城发现的遗址多属于中原龙山文化三里桥类型。龙山陶寺类型聚落遗址分布主要集中在 200～600 m 平坦区域,喜好缓坡,汾河流域为主要集中地,其次是沁河流域;地层也以第四系为主,此时的出行主要集中在汾河沿线及中南部的大型聚落遗址周边,此外龙山时期中部汾河和东部沁河流域的聚落遗址之间的联系较为紧密,出行密度较高。据推断,临汾市陶寺类型文化的掌控人已经拥有了地域统治的能力,尤其陶寺遗址中,墓葬的规模和随葬品的数量悬殊,更加显示出社会等级性。整个临汾地区龙山时期文化特征一致。临汾地区龙山文化聚落遗址研究是黄河流域文明发展进程研究中的重要环节。

二里头文化东下冯类型是临汾地区陶寺文化之后的主要文化类型。其聚落形态较龙山文化有所发展,形成了中央集权的都城,之后又逐步形成了普通遗址、中心聚落到都城(中国社会科学院考古研究所,2003)的等级形态。此区域早商文化以早商文化东下冯类型为主,商晚期的遗址在临汾地区少见。曲村-天马遗址是临汾区域内西周时期遗址的典型,也是这一带为晋国所在地的实际证明。夏商周时期聚落的分布趋势和史前遗址分布相类似,大都集中在汾河流域,这主要是由于此时社会管理体制不同于史前,对地形的喜好倾向并不明显。其出行模式由于车行的出现,通行范围大幅度增加,在相同时间内,可到达的聚落数增加,聚落之间的互动更加密集。

聚落是人类在适应自然、利用和改造自然的过程中与自然相互作用所产生的。聚落不仅仅反映了气候、地质条件等的自然特征,也反映了当时社会的发展情况和文化特征。聚落的选址也是受到了周围自然环境的影响,如地貌、水源、食物资源等因素,在这些自然因素中,水源是最关键的制约性的因素。距离水源不能太远,方便于取水和农业灌溉;但又不能太近,避免洪水等灾害的发生。在史前文明中,人类更多地还是依靠地表水,所以河流两岸成为人们最佳的居住地,也是聚落形成的最佳地区。聚落的规模和数量,是环境的一个响应,因此,聚落规模可以作为一个指标去衡量人类与环境之间的相互影响程度。先秦聚落的空间分布随着时间发展、环境演化和社会动荡等因素而不断地变化。正因聚落的演化特征包含着社会文明和区域环境等重要信息,时空演化分析对于遗址尤其是史前聚落遗址的研究必不可少。

通过庙底沟二期与仰韶时期的差值可以看出,临汾盆地中部、南部存在明显的高值区,以汾城遗址、北柴遗址和西白集遗址为代表,见图 6-17(a)。这些区域聚落从稀疏分布,演变成聚落群,聚落邻里之间连接更为紧密,说明该区域经历一个较快发展阶段。在浍河流域中上游地区则是低值区,绝大多数为负值,说明该区域在庙底沟二期处在衰落阶段。而以上乐坪遗址为代表的临汾盆地北部地区空间差值范围在[-3, 3]变化不大,基本和仰韶时期发展持平。

龙山时期至庙底沟二期，临汾盆地中北部差值基本为正值，见图 6-17(b)说明龙山时期依旧延续了庙底沟二期的发展，并有往南扩张的趋势。滏河流域和浍河流域中游地区在龙山时期，迎来了一个快速发展时期。沁河流域及其支流的河谷地带，差值也基本为正值，因此推断在龙山时期，沁河流域社会得到了广泛的发展。临汾盆地中部，以陶寺遗址、中梁遗址为代表地区是明显的高值区，可推断在这一区域存在人口增长、聚集和社会较快的发展。

夏商周时期至龙山时期，临汾盆地北部差值为负值，见图 6-17(c)意味着夏商周时期此区域有衰落趋势。在临汾盆地中部，以坊堆遗址和上张遗址为代表的区域发展较为明显。在临汾盆地南部地区，侯马晋国遗址、曲村-天马遗址和赵康古城遗址周围地区的差值是明显的高值区，同时，在高分值区外侧，又出现了明显的低值区。这种现象说明，该地区形成了高聚集的城市化聚落，也可推断出人口很大比例集中在这三个高聚集地区。

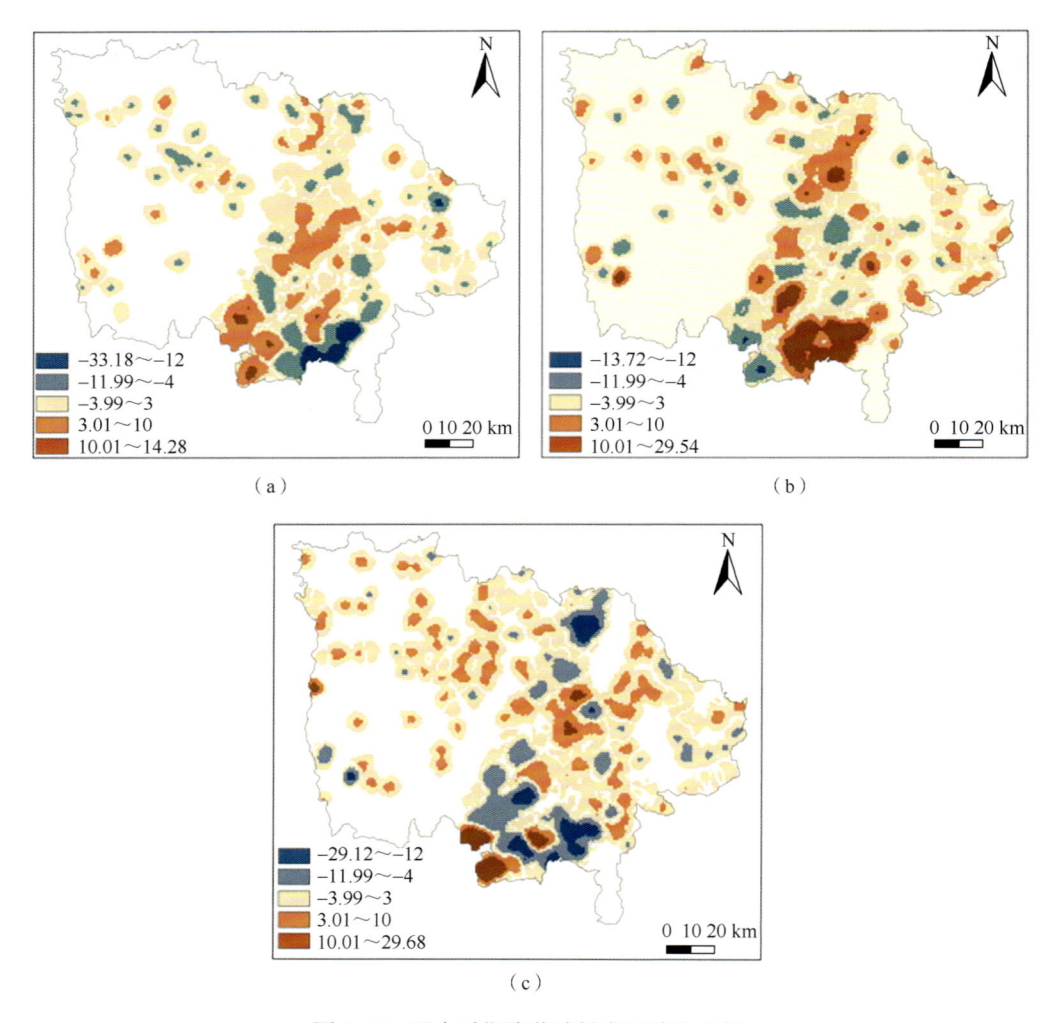

图 6-17 四个时期聚落遗址发展演化分析
(a)庙底沟二期与仰韶时期差值；(b)龙山时期与庙底沟二期差值；(c)夏商周时期与龙山时期差值

6.7 小　　结

　　本章深入介绍了聚落遗址空间聚类方法，并分析各算法的优缺点，提出改进的基于地形约束空间聚类算法，详细阐述了算法的思路，并选取坡度、高程、地形起伏度以及河流宽度作为主要影响因子。通过 AHP 法建立并计算各因子权重，采用 Python 语言计算出基于地形的阻力距离，并将改进的算法应用到临汾先秦聚落遗址中，得到了聚类结果。进一步采用传统 k-均值聚类方法对临汾先秦聚落遗址进行聚类，将改进的基于地形约束空间聚类算法和传统 k-均值算法的聚落遗址聚类结果进行对比分析。通过聚落遗址聚类结果和对比分析表明：改进算法能很好地结合地形信息，对临汾地区四个时期的古聚落遗址聚类也有很好的效果，适合遗址聚类分析和聚落空间形态的研究。同时，以研究聚落的环境因素为基本研究对象，结合聚落形态研究成果，分析了临汾先秦聚落形态与环境间的相互影响，综合分析了临汾地区先秦聚落遗址的发展演化。

第 7 章 太湖流域遗址考古分析

地理环境的发展是一个连续继承的过程，是在古代地理基础上发展演变才形成今天的地理环境。考古遗址是在古代环境中衍生发展的，因此研究古遗址必须了解过去的环境，才能更好地理解人类选址的规律性，掌握人类与环境之间的互动过程。自然环境提供了古人生存必备的物质条件，资源的分布制约了古人的生存与发展，人类在发展过程中也从最初的适应自然条件转变为利用和改造外界环境，通过遥感探测环境变化的痕迹，理解遗址与环境的彼此作用的关系，有助于了解古代的社会情况。

太湖流域面积近 3.7 万 km^2，水系发达，水面约占 17%，水系总长度达到 3.96×10^4 km，其优良的生存环境和气候条件孕育了马家浜文化、崧泽文化和良渚文化，密集分布着多个时期的遗址。本章获取到的遗址信息有太湖流域新石器时期的马家浜、崧泽、良渚文化遗址，共计 544 个。其中，良渚遗址最多，密集分布于太湖南部地区，而根据考古资料，良渚文化影响区域更为广泛，涵盖苏北、鲁南、江淮、赣北和粤北等广大地区。

在本章的研究中，遥感技术为太湖流域遗址环境变化提供关键性线索，结合获取到的古海岸位置和遥感数据提取的现代海岸线数据，对遗址时空特征进行分析、评估良渚遗址群土地利用情况、分析评价良渚遗址群和良渚古城在区域的地位、了解水系变迁对良渚遗址的影响，有助于我们理解良渚时期的社会文化状况。结合考古学、地貌学及地质学资料，发挥遥感宏观实时的优势，分析良渚文化发展与水系变迁、海平面变化的关系和文化发展趋势。

7.1 太湖流域遗址空间特征挖掘

7.1.1 遗址空间分布特征统计

研究首先从遗址点的距离特征入手，分析不同时期遗址的空间分布特征。这里选用平均最近邻法对不同文化时期遗址的空间分布比较。根据图 7-1，马家浜、崧泽和良渚遗址间平均距离分析的 z 得分分别约为 -2.70，-5.82，-19.05，这种聚类模式随机分布的可能性小于 1%，说明三个时期遗址分布都表现出聚类模式。

三个时期的距离统计结果（图 7-2），表明从马家浜发展到崧泽、良渚，遗址间的平均距离不断降低，反映出聚落的数量和密度在不断增大，到良渚时期已广泛分布于太湖流域，遗址的紧邻指数从马家浜时期的 0.84 一直降到良渚时期的 0.51，见图 7-3。这一方面是由于随着文化的不断发展，人口越来越密集；另一方面是由于社会结构在不断变化，聚落的空间分布也随之改变。

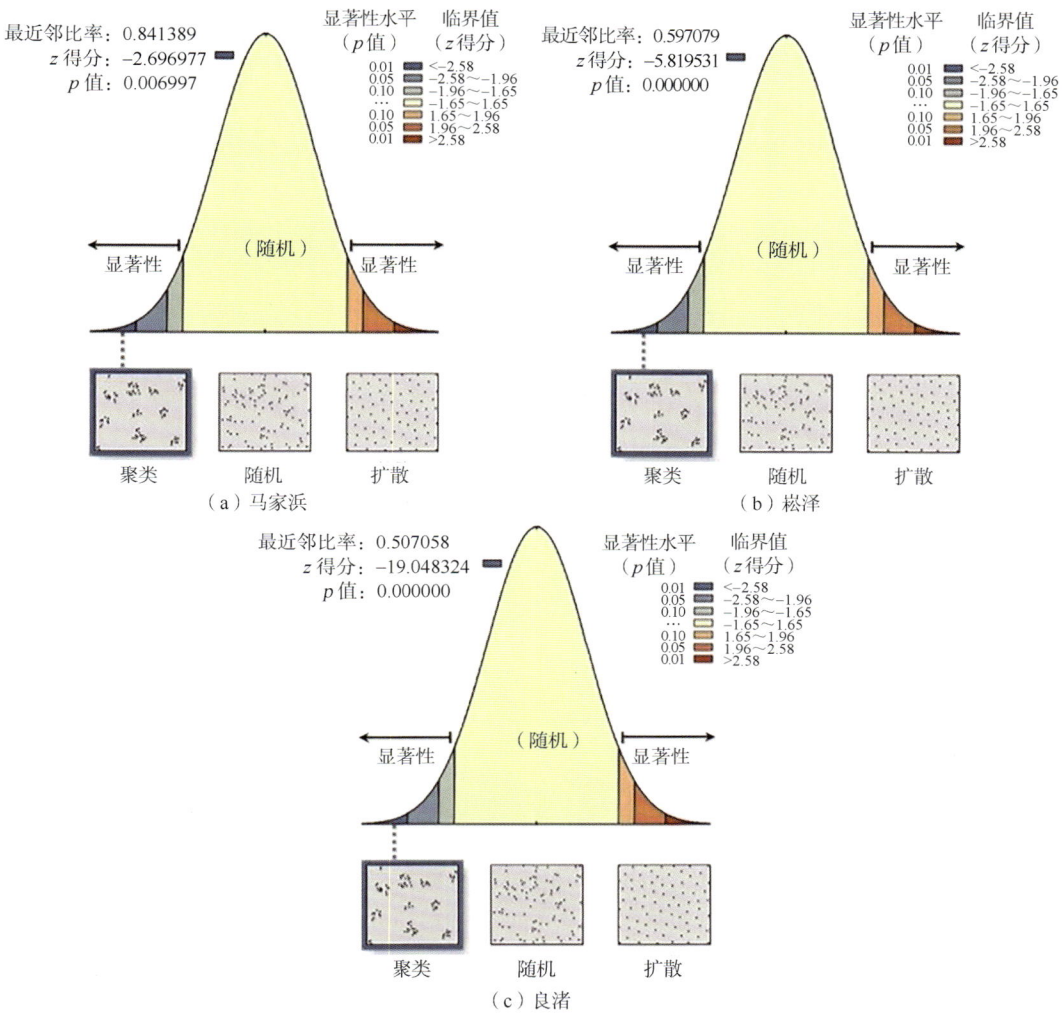

图 7-1　新石器不同时期遗址距离分析图

图 7-2　不同时期遗址距离对比图

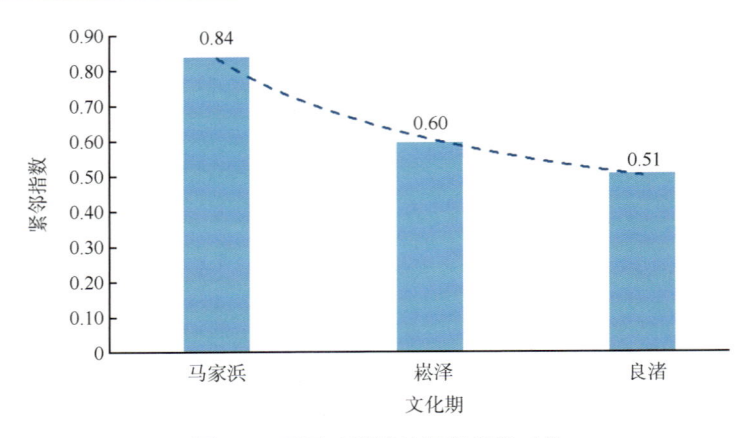

图 7-3 不同时期遗址紧邻指数对比

遗址距离分析可以从一定程度上反映遗址的分布规律与格局，但这种计算只考虑到遗址点的空间位置属性。为了更真实地反映各时期人类活动范围，研究从遗址点的文化属性和人类行为方式出发，采用遗址域的方法来确定其空间考古形态。研究分析马家浜、崧泽、良渚时期人类活动范围，结果如图 7-4、图 7-5 和图 7-6 所示。图中计算的是从遗址点出发，人类步行 1 小时和 2 小时分别能够到达的范围，这从一定程度上反映了古人的活动空间。

图 7-4 马家浜时期遗址域范围

(红色为遗址点，黄色为 1 小时遗址域范围，蓝色为 2 小时遗址域范围)

根据遗址活动范围的统计分析可以发现，马家浜时期 2 小时内能达到的范围约为 5 931 km²，崧泽时期约为 4 075 km²，良渚时期则约为 12 278 km²。这说明良渚时期人类活动范围比马家浜和崧泽时期扩大了很多，虽然崧泽时期总面积小于马家浜时期，

图 7-5　崧泽时期遗址域范围

(红色为遗址点，黄色为 1 小时遗址域范围，蓝色为 2 小时遗址域范围)

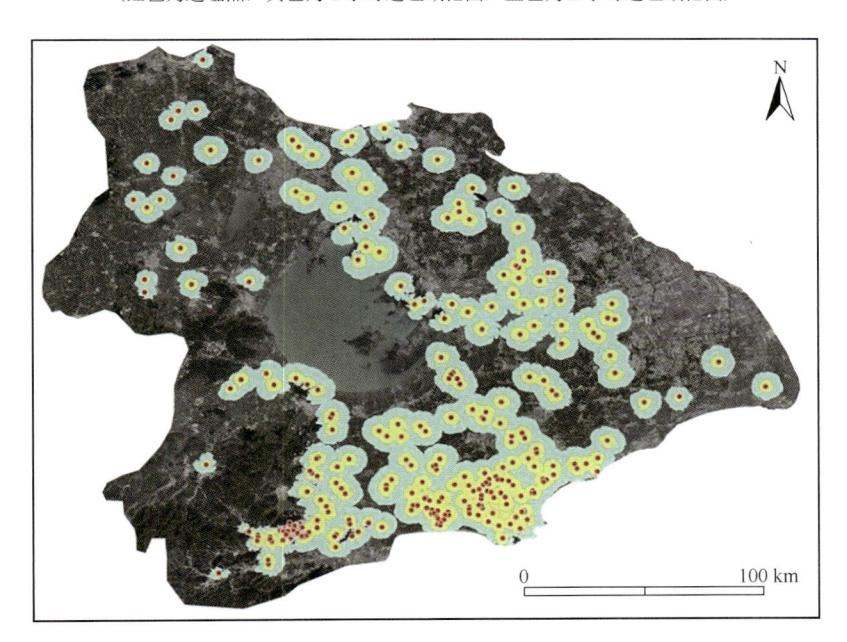

图 7-6　良渚时期遗址域范围

(红色为遗址点，黄色为 1 小时遗址域范围，蓝色为 2 小时遗址域范围)

这可能与收集到遗址点的个数有关，但是三个时期遗址域平均面积则体现了当时社会的发展水平，从马家浜到崧泽、良渚时期，生产工具愈发先进(良渚时期已出现了耘田器)，农业和手工业都在逐步发展，人类活动范围也在不断扩张，聚落面积逐步扩大，体现在单个遗址域面积的不断增加，从马家浜时期的约 191 km²、崧泽时期的约 215 km²，到良渚时期的约 361 km²。三个时期遗址的 1 小时活动范围发现的规律与 2 小时的分析结果基本一致。1 小时和 2 小时活动范围最大的都是良渚时期，分别约为 4 782 km² 和 12 278 km²。

按照 2 小时步行范围内遗址点个数和遗址域个数的统计分析可以发现，马家浜时期每个遗址域内的遗址数量大约为 2.5，崧泽时期为 3，到了良渚时期大约为 12.5，说明马家浜时期遗址分布相对分散，而到了良渚时期遗址分布则比较密集，与距离分析得出的结论是一致的。

表 7-1 三个时期遗址域面积统计

文化期	遗址数/个	步行 1 小时			步行 2 小时		
		域个数/个	面积/km²	平均值/km²	域个数/个	面积/km²	平均值/km²
马家浜	79	54	1 693.48	31.36	31	5 931.02	191.32
崧泽	57	34	1 259.91	37.06	19	4 075.48	214.50
良渚	423	101	4 782.42	47.35	34	12 277.78	361.11

7.1.2 遗址地理趋势分析

趋势面能根据遗址点的坐标进行三维展示，直观地反映遗址的时空分布特征及总体演变趋势，有助于从整个流域分析研究遗址的分布特点，讨论不同时期遗址时空演变特征和规律。

根据图 7-7，发现马家浜-崧泽-良渚三个时期遗址大致都是聚集趋势。马家浜文化时期，遗址密度不高，很多区域分布较少，主要分布在宁绍、杭嘉湖平原和高地，并且有向北扩张的趋势。崧泽文化时期，太湖流域各区域几乎都有人类活动，相比马家浜时期，人类活动区域密度普遍增大，马家浜时期遗址密度低的区域此时也出现了大量遗址。良渚文化时期，遗址具有最显著的聚集特征，遗址数量剧增，崧泽时期的空白区也多有良渚遗址分布。采用趋势面方法能够帮助我们理解马家浜、崧泽、良渚遗址的空间特征与演变过程。

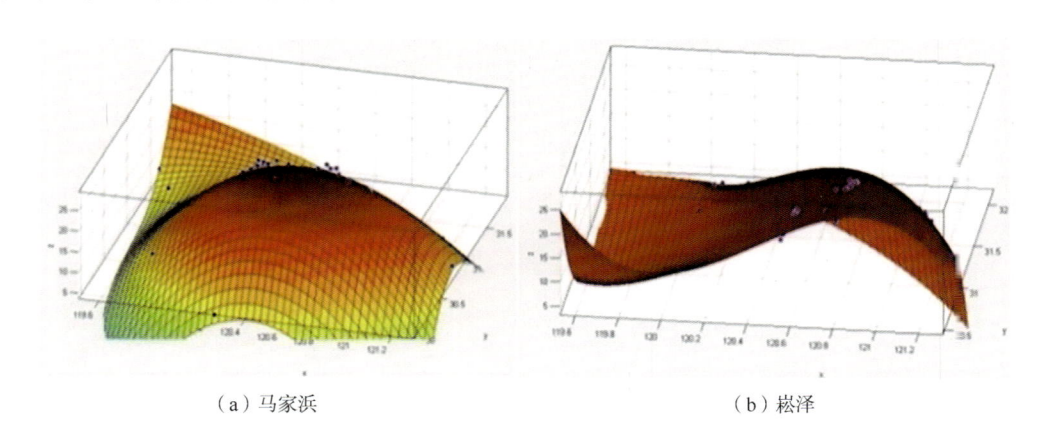

（a）马家浜　　　　　　　　　　（b）崧泽

（c）良渚

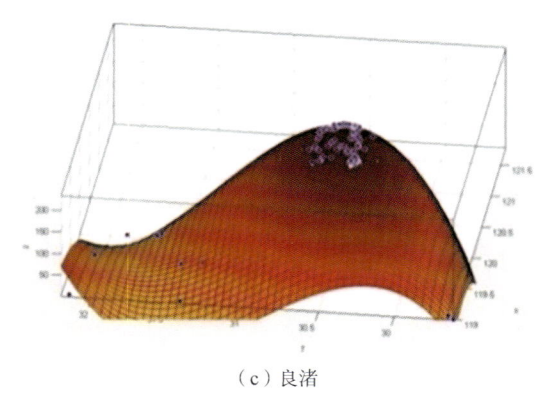

图 7-7　太湖流域新石器时期遗址趋势面分析

7.2　良渚遗址群的时空特征

空间分析方法在考古研究和保护规划中，能对考古遗址的位置和空间关系定量化，为基于空间信息方法的考古研究和应用提供科学依据。良渚时期遗址共有 423 个，如图 7-8 所示。

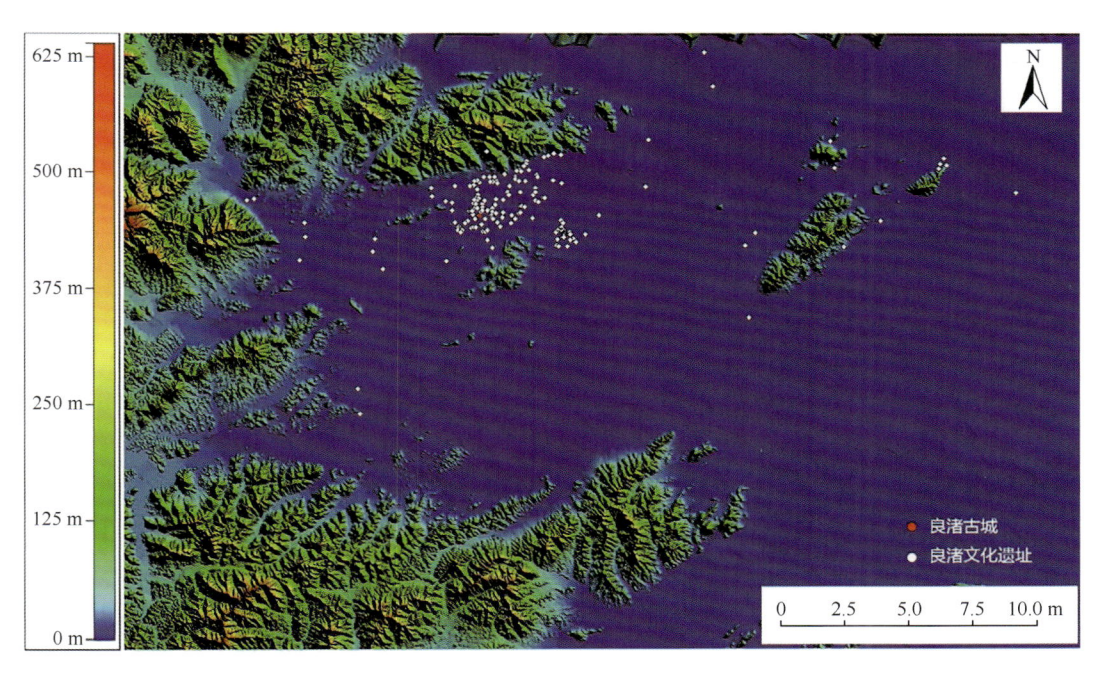

图 7-8　良渚遗址群地形分布图

7.2.1　可视域分析

良渚遗址的可视域分析可以为我们开展遗址功能研究提供重要线索，反映遗址的地形、区域地位和防御功能。良渚古城作为当时的权力中心，其可视域分析结果如图 7-9 所示。良渚古城位于良渚遗址群的核心区域，视域宽广，其 5 km 范围内可视的遗址达 80%以上，能够看出良渚古城统领着周围的其他良渚遗址，形成"众星捧月"之势。

进一步提取良渚古城东南西北四个方向的剖面线，如图 7-10 所示，可以看出良渚古城的大致地势：即古城往东是地势起伏较小的平原地区，往西往北是连续的天目山支脉，往南是散落分布的大观山和大雄山。

图 7-9　良渚遗址内的莫角山遗址的可视域分析

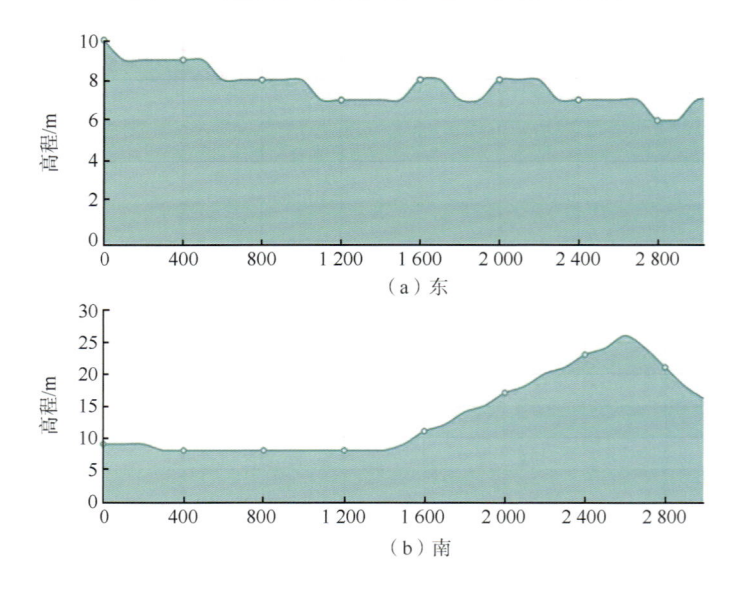

(a) 东

(b) 南

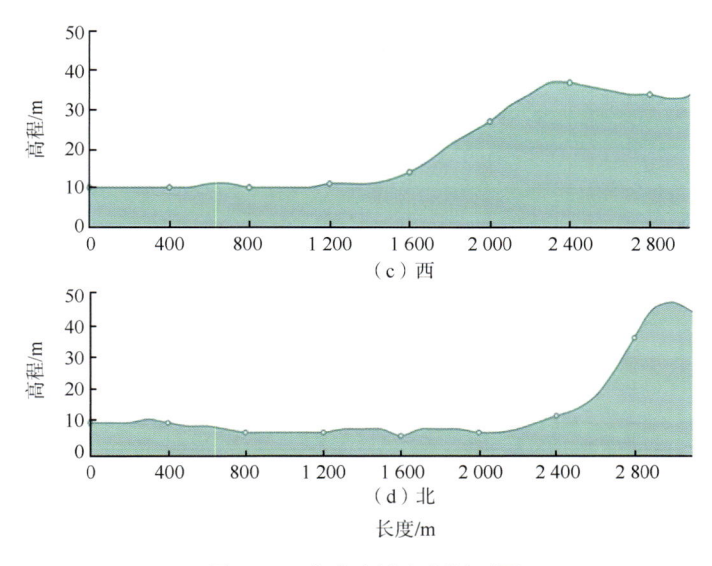

图 7-10 良渚古城高程剖面图

为探讨良渚遗址群的可视域,选定以良渚遗址群为中心,覆盖范围为 100 km×75 km 的区域,结果如图 7-11 所示,该区域内共有 214 个良渚时期的遗址,有 63 个遗址不在可见区域内,只占 29%。这表明当时的良渚社会已经产生了分化,良渚遗址群在当时社会的等级比较高,其他遗址都以良渚古城为中心,向周围辐射,而且辐射范围是逐步扩大化的。

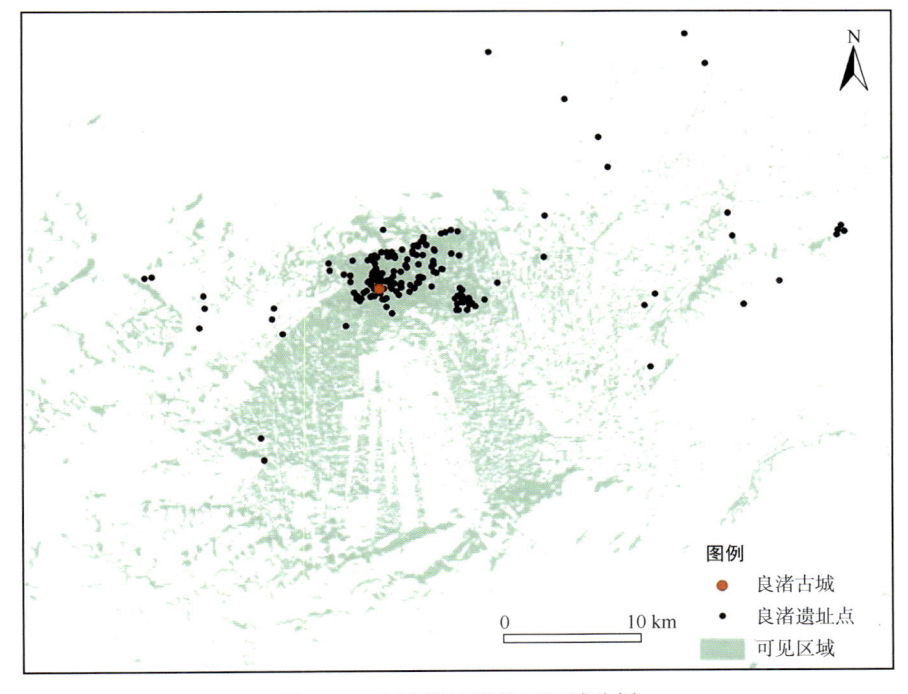

图 7-11 良渚遗址群的可视域分析

7.2.2 良渚古城遗址域分析

遗址域分析主要是研究考古遗址与周围环境之间的关系，确定古人活动的领地，客观地分析领地内的地貌环境，推测古代人类活动的基本范围。对农耕为主的社会来说，遗址域通常采用的是人类步行 1 小时的范围(张海，2014)。

根据考古资料，良渚时期没有发现马车和道路系统，而考古学家在浙江杭州余杭南湖发现了良渚时期的竹筏。根据良渚古城周边密集的水网和考古发现的 50 多条古河道，推测当时主要交通方式可能以水路为主、步行为辅。据统计资料分析，我们假设古代竹筏平均速度约为 15 km/h，人步行平均速度为 5 km/h。GRASS GIS 的 r. walk 是模拟人类在地表行走所消耗的成本，因此计算过程中需要将人类步行与竹筏的速度进行换算，计算良渚古城步行和水路在 1~3 小时内的出行成本，得到良渚古人活动范围，如图 7-12 所示。

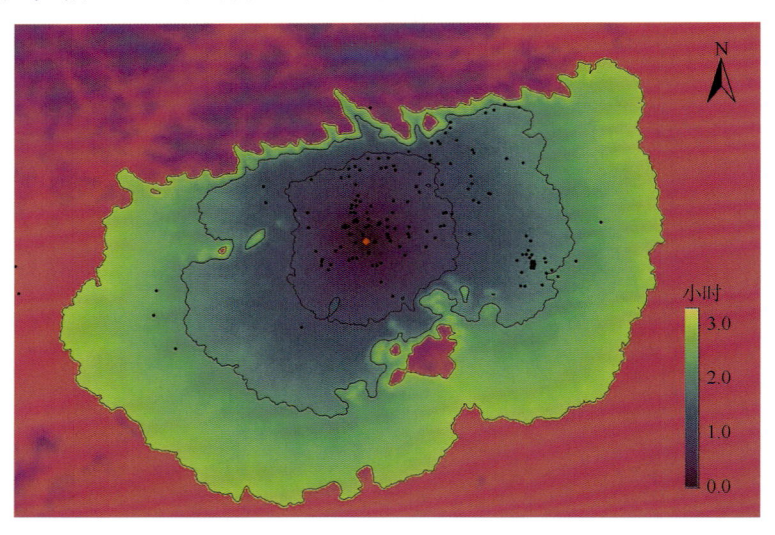

图 7-12　良渚古城的人类活动资源域
（红点为良渚古城遗址，黑点为其他良渚遗址）

图 7-12 中步行 3 小时范围相当于竹筏 1 小时的行进范围，其行进方向，如图 7-13 所示。其中的角度是从东开始逆时针计算而来。

7.2.3 良渚遗址群土地利用情况

研究中，从地形、地貌、坡度、海拔等自然因素分析遗址周边土地的可利用程度。人类选择居住地时会考虑远离海拔较高、坡度较大、水土流失严重等自然灾害易发的地区，而研究表明地表起伏度、切割度与水土流失和地表侵蚀有很大的关系。因此，利用地形数据来获取遗址群附近的海拔、坡度、地表切割度、粗糙度、起伏度(300 m 内)和累积汇水量等自然因素，可用来评价分析遗址周边土地的适宜性。

第 7 章　太湖流域遗址考古分析

图 7-13　活动方向图

遗址群附近的高程平均值约为 46 m，最高为 640 m，将区内高程小于 5 m 的分为一类，5～10 m 的分为两类，10 m 以上分为三类。根据《第二次全国土地调查技术规程》，我们将坡度分为三类：0°～2°的为一类，2°～6°的为二类，6°以上的为三类。根据地面调查分析和土地利用图(2010 年)对比，将地表切割度、粗糙度和起伏度分别归为三类，将以上各参数采用分级加权法计算，坡度、高程、切割度、粗糙度、起伏度、汇水量权重分别设置为 0.25，0.2，0.15，0.15，0.15，0.1，得到良渚遗址群附近的土地适宜性分布情况(图 7-14)。

土地是耕作的基础，可以为古人提供食物来源，对于农业高度发达的良渚文化来说尤为重要。研究中利用良渚遗址群 1 小时和 2 小时的遗址域统计，分析良渚遗址群附近土地的可用性(图 7-15)。

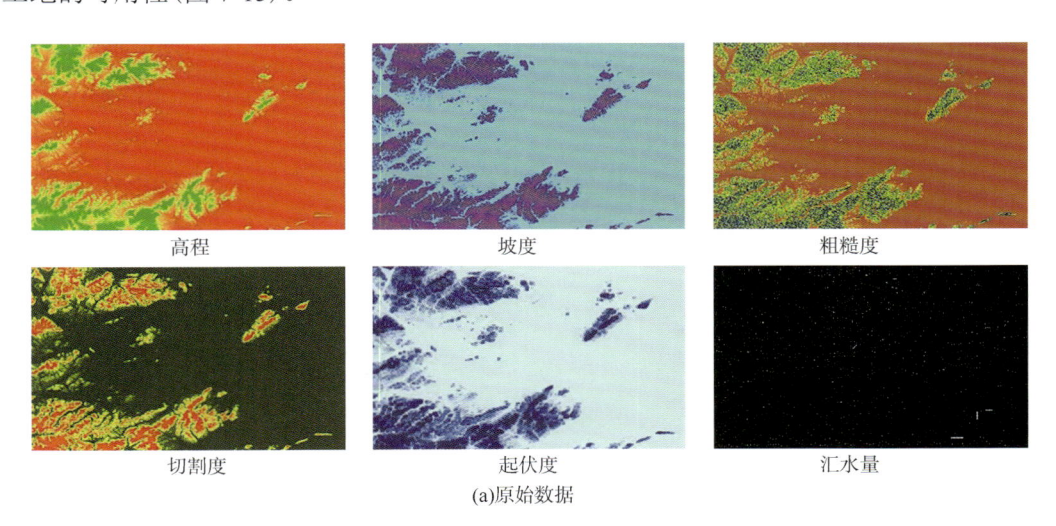

(a)原始数据

(b) 分类数据

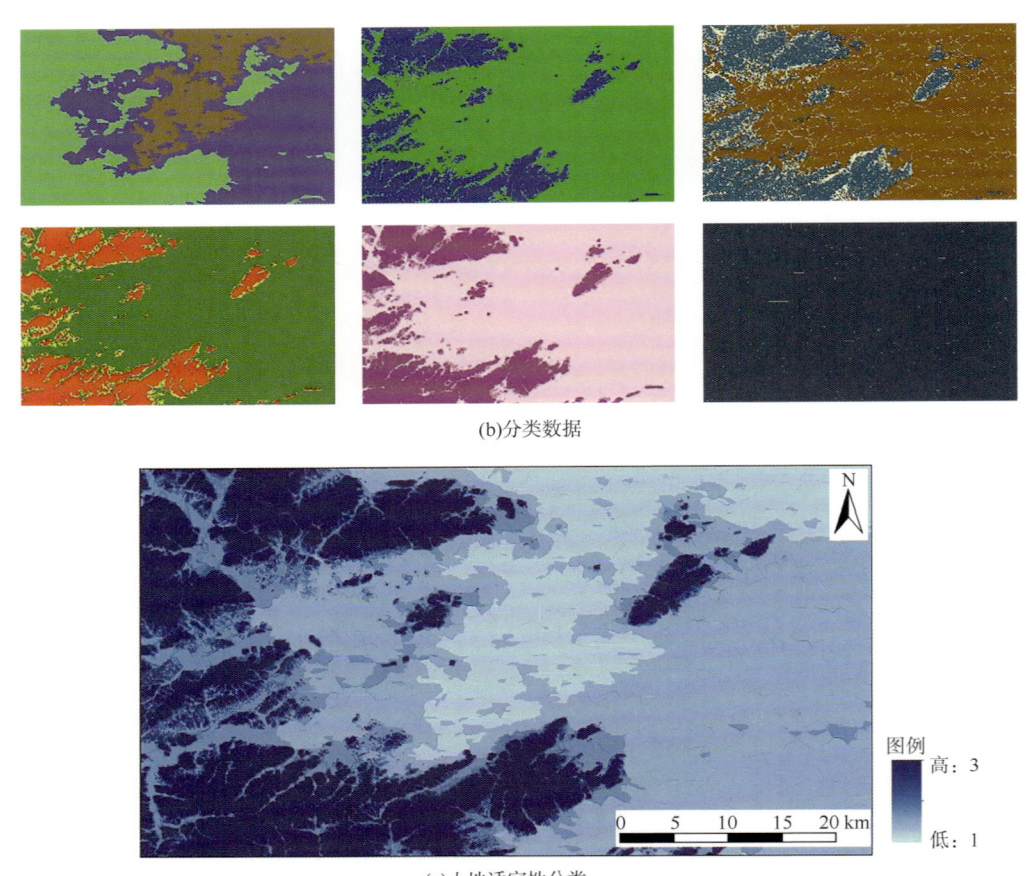

(c) 土地适宜性分类

图 7-14　良渚遗址群附近土地适宜性分布图

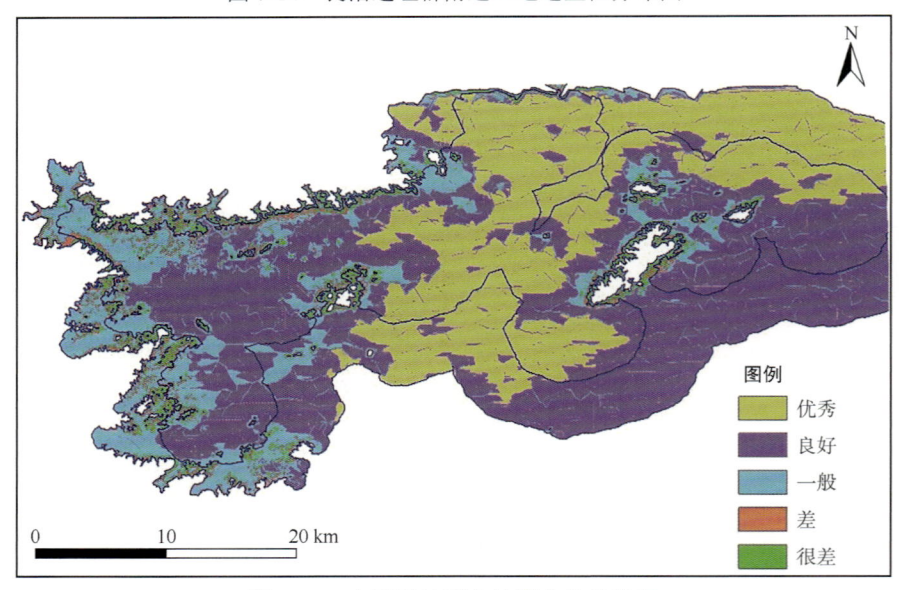

图 7-15　良渚遗址群土地适宜性分类图
(1 小时和 2 小时活动范围对比)

土地利用评价具体统计数据如表 7-2 所示，1 小时范围内的一类和二类土地非常适宜耕种，其所占比例约为 78%；1～2 小时活动范围内的一类和二类土地所占比例为 69%。1 小时遗址域内不良土地仅占 6%，而 2 小时内则达到 16.58%，足见古代可利用土地对于良渚古人选址的约束性，以及古人选址的科学含义。

表 7-2　1 小时和 2 小时遗址域范围内土地利用统计表

土地适宜性	1 小时范围内面积/m²	1 小时面积比例/%	1～2 小时范围内面积/m²	1～2 小时面积比例/%
1	713 927	32.21	5 098 945	29.85
2	10 123 506	45.67	6 749 007	39.51
3	3 572 398	16.12	2 402 218	14.06
4	532 808	2.40	702 495	4.11
5	798 515	3.60	2 130 804	12.47

7.3　东苕溪改道

东苕溪是良渚遗址群附近最大的河流，根据古代余杭县志记载本区水灾频繁，从公元 278～1987 年间每十年发生一次水灾。东苕溪比现代太湖形成时间还要早，因此分析东苕溪变迁对研究良渚遗址群的水文环境具有重要意义。根据良渚遗址群所在区域的地形分析（图 7-8），区域最初河流走向应该是自西部山区向东流，如图 7-16，与今天南苕溪、中苕溪和北苕溪在青山水库和横畈镇以东，以及余杭镇和瓶窑镇以西区域内的走势大致相同。这与东苕溪环境变化研究结果基本一致（朱丽东等，2015）。

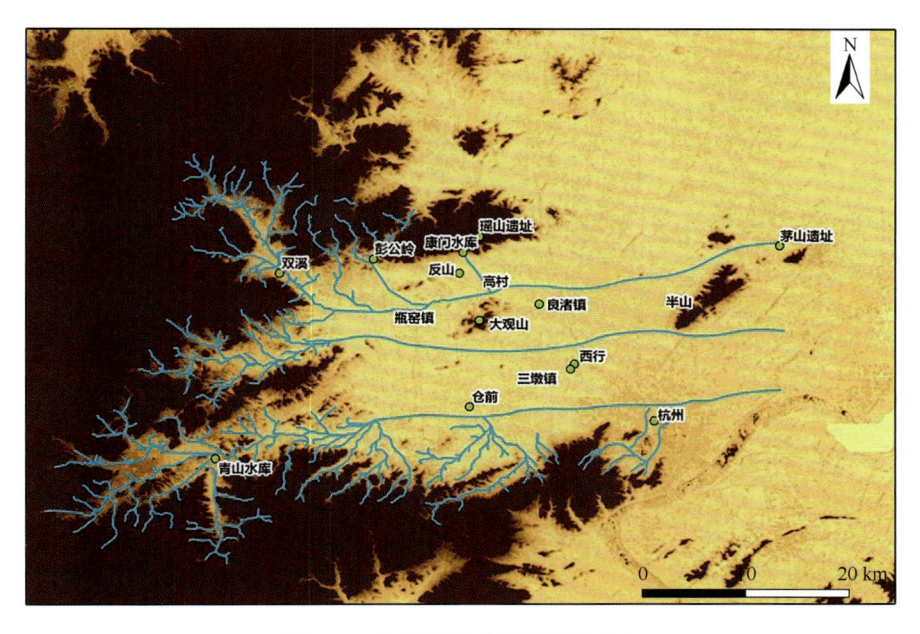

图 7-16　良渚附近水系的原始状态

根据第 2 章的探测结果初步确定河道变迁的位置(图 2-10)，同时结合环境研究成果记录。东苕溪的这三次改道应该是发生在距今 5000～4000 年前，与良渚文化时期吻合。良渚时期东苕溪的改道频繁泛滥，改变了古人生存环境遗址分布。

遥感技术是近几十年才逐步发展起来的，而且数据源时间受限，不可能获取到几百甚至几千年前的古代地表和地貌形态。但是我们可以借鉴太湖流域古地貌演变模拟的成果，结合现代 DEM 数据进行遗址的环境变迁研究，理解古文化兴衰发展。

结合获取到的古海岸的位置和遥感数据提取的现代海岸线数据对遗址时空特征进行分析，根据计算结果(不包括西部天目山和茅山山脉的山区面积)，马家浜文化时期(距今 7000～6000 年)，陆地面积约为 1.86×10^4 km^2，随着海平面上升，到了崧泽文化早期(距今 6000～5300 年)，陆地面积约为 1.69×10^4 km^2。良渚文化早期(距今 5300～5000 年)，陆地面积约为 2.38×10^4 km^2，随着海平面上升，到了良渚文化晚期(距今 4550～4000 年)，陆地面积缩小为 2.11×10^4 km^2，缩小了 11% 左右。

将遥感考古的理论与方法应用于遗址环境研究，我们更容易理解遗址的地理分布特征、文化发展的脉络。通过上述的古河道探测分析，我们发现了疑似古河道的信息；水文环境的分析帮助我们更好地理解古代的人地关系，推测当时的社会经济、地理特征和文化发展。

7.4 小　　结

本章围绕太湖流域遗址的文化发展与变迁，基于空间分析技术，融合多源遥感数据，集成地形地貌和土壤信息，系统应用空间信息技术方法开展大跨度、连续考古序列的研究，开展太湖流域遗址空间特征挖掘、良渚遗址群时空特征等遗址考古分析，揭示了遗址的空间分布差异和规律。

本章利用空间信息集成方法，探讨了良渚文化演变与水系变迁的关系，有助于更好地理解古代的人地关系，推测当时的社会经济、地理特征和文化发展，为太湖流域新石器时期遗址与地理特征关系的定量化研究和遗址探测提供新的思路和方法。

本章将空间信息技术-空间分析模型相结合，分析太湖流域遗址景观特征和环境要素，利用遗址的多源时空数据，结合遗址专题空间数据，为研究区遗址的保护、规划、管理提供决策支撑，是空间信息技术在遗址环境分析中的综合性示范应用。

第 8 章　汾河流域遗址预测模型

考古遗址具有显著的空间性，这些空间信息是由遗址所处的环境决定的。基于遗址的地貌特征和空间分布规律，建立基于环境变量之间的统计关系的预测模型，定量剖析遗址的地理位置与环境要素间的特定关系，获取研究区潜在遗址的分布概率图，并开展模型评估、验证与优化工作，可为遗址探测提供考古靶区，为考古调查、遗址保护规划制定和城市建设提供指导性建议。

目前，遗址预测分布研究在遥感考古领域有广泛的应用。其研究方法多种多样，如判别分析、分类回归树、神经网络及 Logistic 回归等。研究中采用 Logistic 回归法，目标变量(因变量)即是否为遗址点，即"是"或"否"。通过对模型参数的求取，建立预测模型可以获得未知区域每个像元的概率值，借助于 Sigmoid 函数对样本进行判别，将目标值大于 0.5 的计为遗址点，小于 0.5 的计为非遗址点。Logistic 回归实质是解决分类的问题，但回归和分类所预测的目标变量的取值不同：回归是连续的变量，分类是离散的变量。Logistic 回归分类的主要思想是根据所要研究的数据对分类的边界线建立相应的回归公式，以此来进行分类。"回归"来源于最佳拟合，即要找到最佳拟合参数集，训练分类器即是寻找最佳拟合参数，通常会使用最优化算法。Logistic 回归模型一般用最大似然估计求解模型参数，从而得到模型，通常求解对数似然函数常用到的方法为梯度上升法，但是由于梯度上升法存在容易欠拟合和分类精度可能不高的问题，故研究中将其进行改进，基于最优化算法即改进随机梯度上升算法求取最佳回归系数，达到优化模型，提高分类精度和预测能力的目的。

汾河发源于山西宁武管涔山麓，是黄河的第二大支流。汾河流域整体呈北高南低的走势，干流自北向南流经晋西南、晋南、晋中等地，纵贯大半个山西，其支流水系发育在吕梁山区以及太行山区两大山系之间。本章选择汾河流域龙山文化时期的遗址作为研究对象，研究遗址海拔、地势以及周围是否有水源等各个变量在空间分布上的规律，并选择合适的模型，建立遗址预测模型，为后期临汾流域遗址考古发掘工作进行决策支持，也有助于进一步解释临汾区域史前人类对环境选择的标准。

8.1　样本与变量

8.1.1　实验样本

通过校正配准《中国文物地图集·山西分册》中龙山文化时期的汾河流域遗址分布图，采集到龙山文化时期的遗址点 409 个作为实验样本文化类型，包括三里桥、陶寺和白燕三个文化时期。此外，利用 ArcGIS 软件随机生成点工具(ArcToolbox 中，依次找到 Data Management Tools→Feature Class→Creat Random Points)生成 400 个随机点作为实验样本的非遗址点。遗址点分布，如图 8-1 所示；研究中用到的样本点分布，如图 8-2 所示；

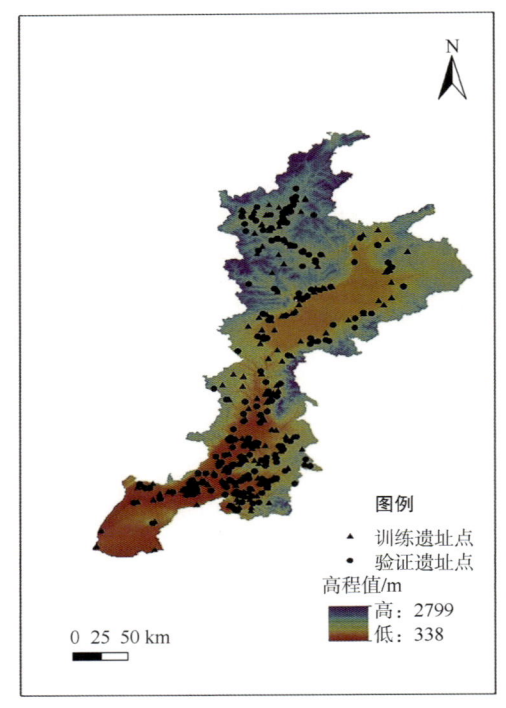

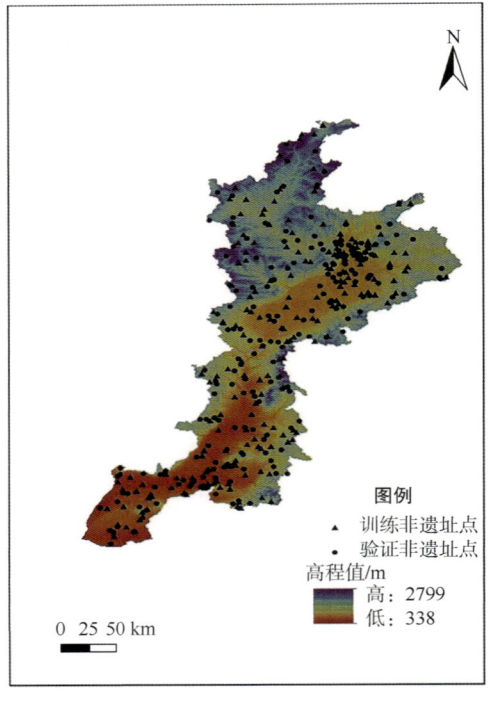

图 8-1　汾河流域遗址点分布图

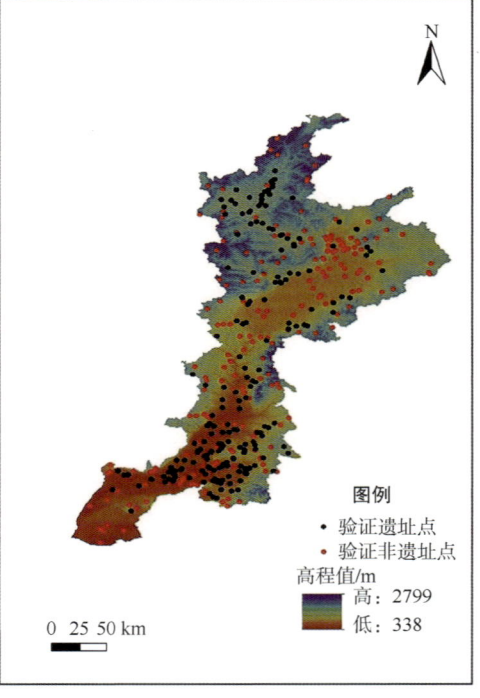

图 8-2　汾河流域样本点分布图

实验样本主要是由训练样本点以及验证样本点两部分构成，其具体分配，如表8-1所示。

表8-1 样本数量统计表　　　　　　　　　　　　　　　　　（单位：个）

样本		遗址点				非遗址点
		三里桥	陶寺	白燕	小计	
样本	训练样本	37	83	89	209	200
	验证样本	26	96	78	200	200
总计		63	179	167	409	400

8.1.2 自 变 量

自变量是指经研究者选取，能够引起因变量发生变化的因素或条件。借鉴国内外相关研究成果，并结合本研究的需求，在选择遗址预测模型自变量时，主要依据与遗址点空间位置存在密切关系的自然环境变量和人文环境变量(李月辉等，2008)。根据现有数据和可获取到的属性，选择表8-2所示的自变量作为备选自变量。

表8-2 模型备选自变量

自变量	数据来源	计算方法
高程	DEM	DEM栅格值
坡度	DEM	栅格表面工具中的坡度计算
坡向	DEM	栅格表面工具中的坡向计算
表面曲率	DEM	栅格表面工具中的曲率计算
地形起伏度	DEM	计算11×11栅格窗口中高程最大值与最小值之差
距离河流距离	1:25万河流数据	采用邻近分析工具计算
距离大遗址距离	遗址数据	采用邻近分析工具计算

8.1.3 因 变 量

因变量主要是由于自变量的变化而产生的现象变化或者结果。在遗址预测模型中，因变量是研究区域内遗址存在的概率值，因此，即因变量只有两个值，存在为"1"，不存在为"0"。在实际的应用中，初始化的非遗址点是通过ArcGIS软件中的随机点生成工具而获取的。其非遗址点的数量和遗址点的数量几乎对等，通过建模以后，生成研究区域的随机点图层，每个像元均对应一个概率值，将概率值大于0.5的视为遗址点可能性较大的分布区域，将概率值小于0.5的视为遗址点可能性较小的分布区域。

8.2 研究区空间分析及样本属性提取

8.2.1 高 程 分 析

高程是指某点沿铅垂线方向到绝对基面的距离，是人类择居的一个重要因素。因为高程不仅是引起土地利用适宜性垂直分带的控制因素,而且会直接影响到地面所接收到的光、热、水等适宜人类生存的条件。随着高程高度的升高,其气温会逐渐下降。温度不仅影响着人类的日常活动,对农作物的生长也具有很大程度的影响,故其高程不宜过高;若人类居住场所选择高程过低时,容易受到洪水等自然灾害的破坏。因此,高程是史前人类选择居住点的一个重要因素,通过 DEM 数据可以直接获取到汾河流域的高程,如图 8-3 所示,其遗址点高程信息的提取方法如下。

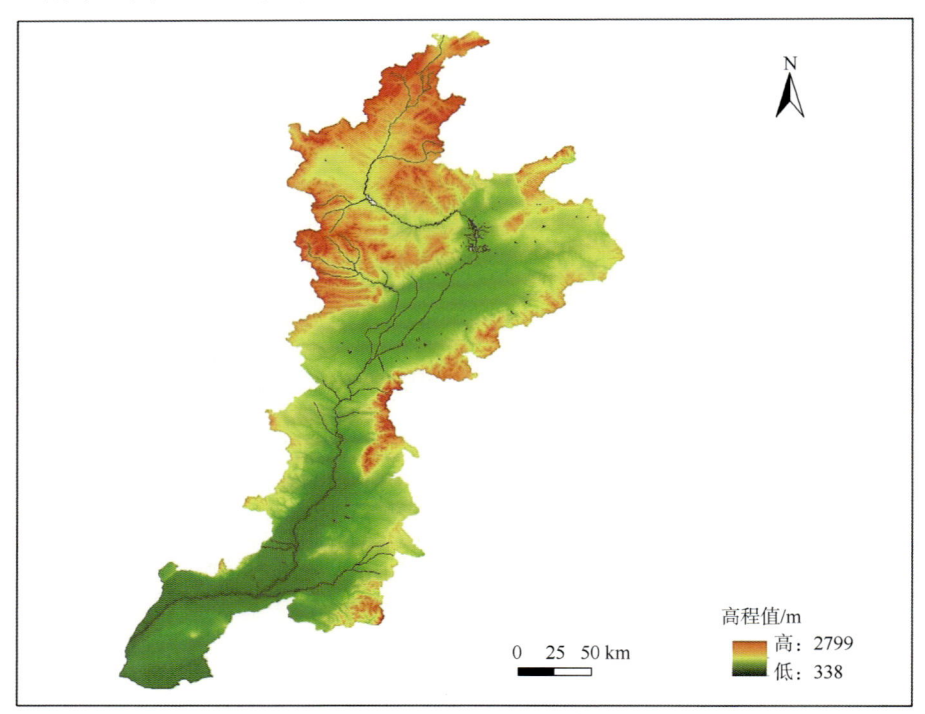

图 8-3 汾河流域高程分析图

叠加研究区域 DEM 数据和遗址点分布图,借助于 ArcGIS 软件中 Spatial Analyst Tools→Extraction→Extract Multi Values to Points 工具分别提取各遗址点的值。其遗址点落在各高程值区间的统计如图 8-4 所示。

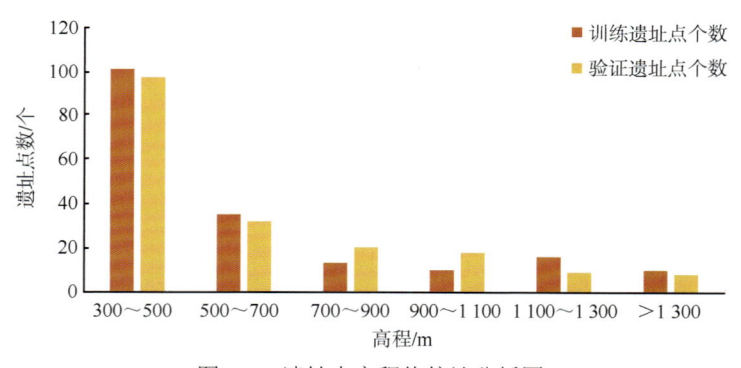

图 8-4 遗址点高程值统计分析图

汾河流域的地势条件整体上呈现北高南低的走势，根据图 8-4 可以看出，在龙山时期大量遗址点的高程主要聚集在南部低海拔的区域，高程值在 300～500 m 之间，而高程值在 1 300 m 以上的遗址点数则屈指可数。由于在龙山文化时期，气候较为适宜，除遗址点较多的南部区域，其他地区也有遗址分布，说明史前人类选择居住地点不只局限在海拔较低的晋南地区。由此，高程是地形分析中必不可少的一个评价因子。

8.2.2 坡度、坡向分析

坡度和坡向作为基本的地形指标因子，主要是用来指示地表的起伏形态和结构特点。其中坡度主要反映衡量地表单元的陡缓程度；坡向主要是指坡面的朝向，即某最陡处的倾斜方向。两者均在一定程度上对人类居住地点的选择有影响(孙伟，2013；杨晓燕等，2001)，坡度较大的地方其河流的落差较大、贮水能力较差，不能成为人类选择居住场所的合适住址；坡度过小的地方建设的房屋存在强降雨后排水困难的问题，若降水量过大则会造成房屋湮没。但是坡度不能完全作为人类选择居住场所的条件，地势的高低有时会削弱坡度所引起的问题。在人类选择合适居住点时会格外在意坡向，因为我国从古至今喜欢避风向阳、坐北朝南、东西通透的地方，故坡向是影响史前人类选择居住地址的因素之一，坡度和坡向的空间分析如图 8-5、图 8-6 所示。

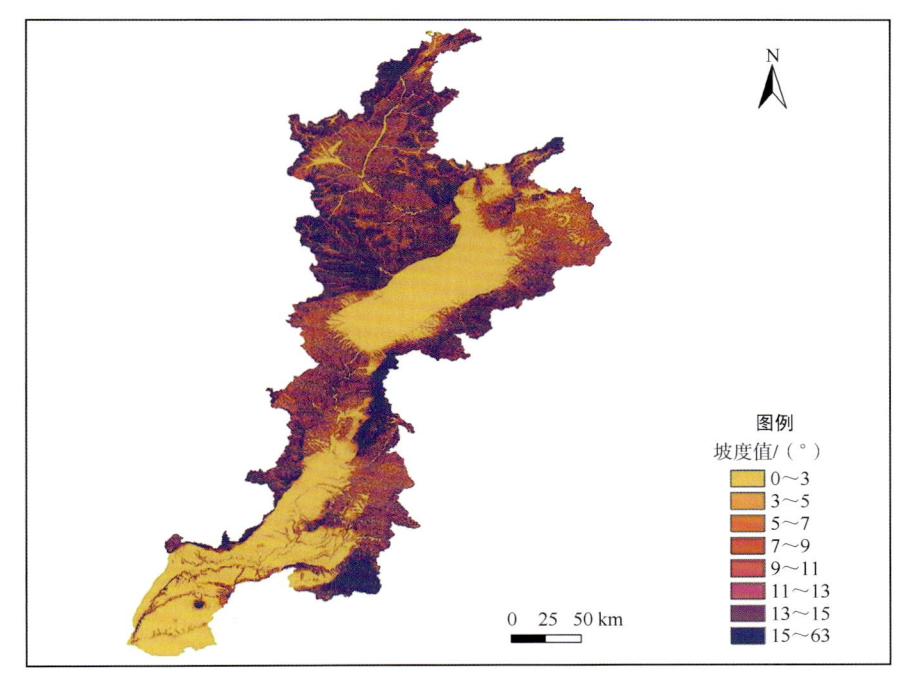

图 8-5 汾河流域坡度分析图

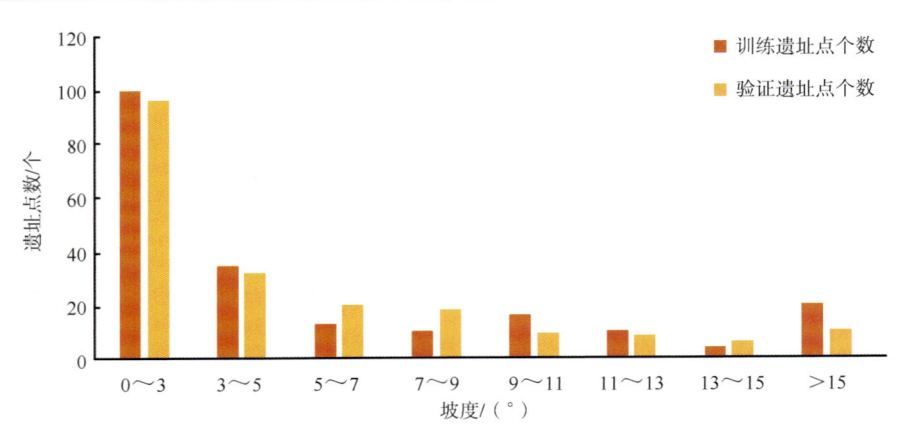

图 8-6　遗址点坡度值统计分析图

遗址点属性信息提取的具体方法为：将遗址点分布图和研究区域坡度分析图及坡向分析图进行叠加，借助于 ArcGIS 软件中 Spatial Analyst Tools→Extraction→Extract Multi Values to Points 工具分别提取各遗址点的值。其遗址点落在各坡度、坡向区间的统计，如图 8-7、图 8-8 所示。

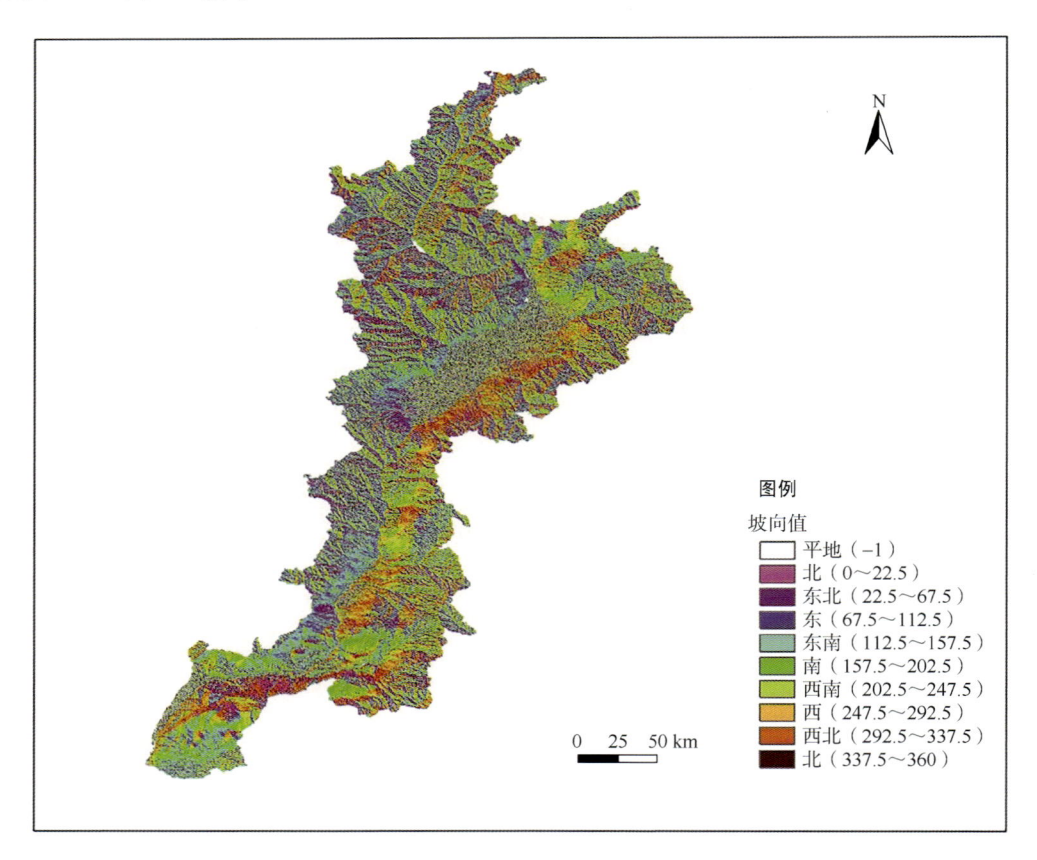

图 8-7　汾河流域坡向分布图

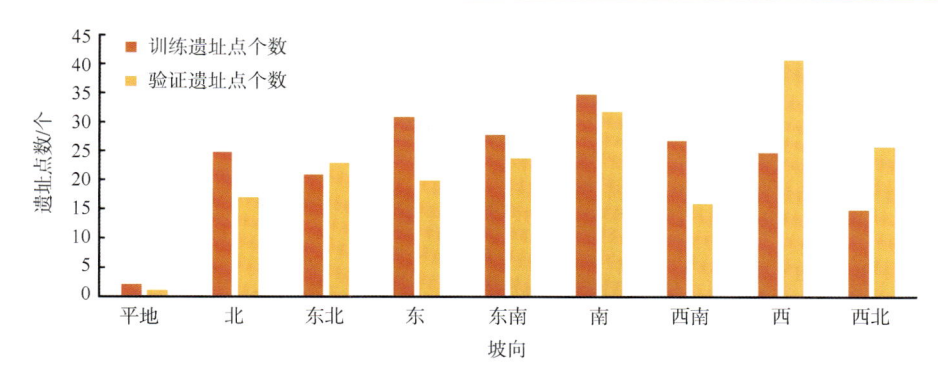

图 8-8 遗址点坡向统计分析图

根据图 8-6 所示，其坡度在 0°～3°之间的遗址点数居多。但是值得注意的是遗址点在其他区间也有相当数量的分布，而不只是局限在某一特定的坡度。这在一定程度上反映了古人类对自然环境也有一定的适应能力，但可能不把坡度作为一个必要的选择居住地址的特定因素。

通常古人类对坡向的选择是基于资源获取方便的基础上，选择最适宜的坡向。何为最适宜人类居住的坡向？即在一定的地势条件下，可以接收充足的阳光、抵御寒冷恶劣的天气。一般认为朝向为南的最佳，主要是因为朝南坡向可以接收更多的日照，不易被寒冷的西北风侵扰。但根据图 8-8 统计结果显示，遗址点的选择与坡向并没有显著的相关性。

8.2.3 地形起伏度、地表曲率分析

通常各个时期的遗址分布主要集中在地形起伏度较小的地区。研究表明，各时期遗址分布集中在地形起伏度较小的区域。研究区域采用 11×11 的栅格窗口作为计算窗口内高程的最高值与最低值，将其差值视为该点的地形起伏度，结果如图 8-9 所示。地表曲率是描述地球表面弯曲程度的一个量纲，通过计算地面高程的二阶导数求取，表示坡度在垂直方向上的最大变化率，主要用于反映微观地形变化的趋势。通常坡形就利用地表曲率进行描述，当地表曲率的值大于或等于 0 时，说明该坡形为凸形斜坡或无坡形；当地表曲率的值小于 0 时，说明该坡形为梯形坡或凹形坡。其研究区域的地表起伏度如图 8-10 所示。而遗址点的地形起伏度、地表曲率属性信息提取的具体方法为：将遗址点分布图分别与研究区域地形起伏度分析图及地表曲率分析图进行叠加,借助于 ArcGIS 软件中 Spatial Analyst Tools→Extraction→Extract Multi Values to Points 工具分别提取各遗址点的值。其遗址点分别落在各地形起伏度区间及地表曲率区间的统计，如图 8-11、图 8-12 所示。

根据图 8-11 所示，龙山文化时期，有 41.5%以上的遗址点集中在 0～50 m 的区间，且在其他地形起伏度区间中也有相当数量的分布，但是数量相对较少，由此可以看出，古人更倾向于选择地势较为平缓的地区作为合适的居住地址。

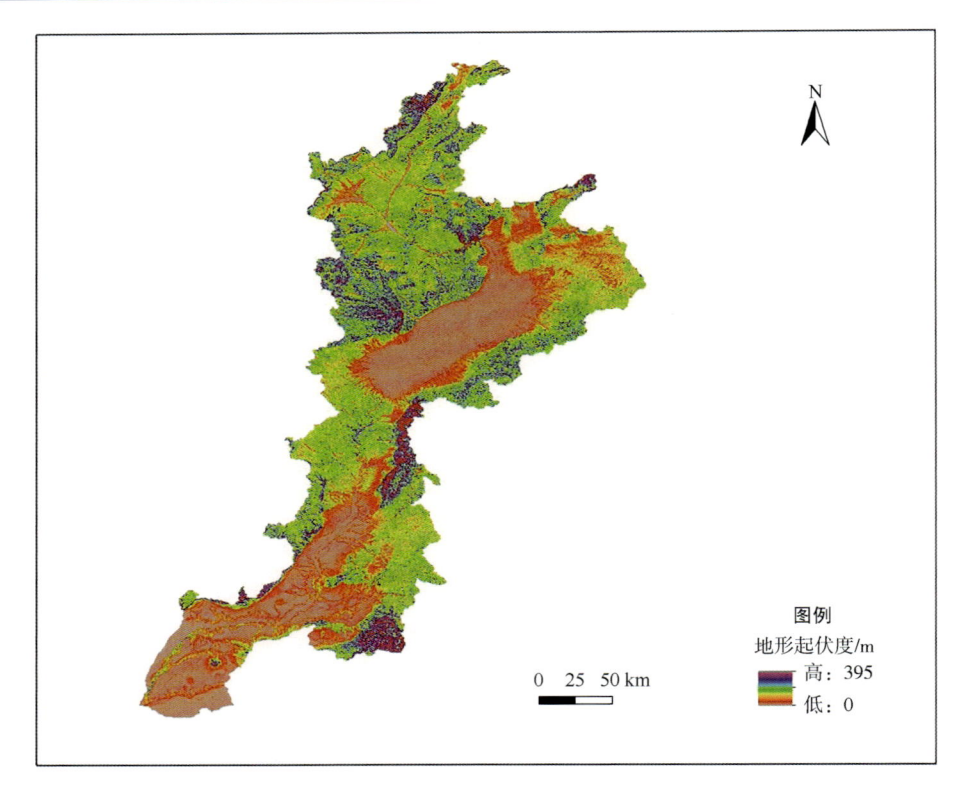

图 8-9　汾河流域地形起伏度分析图

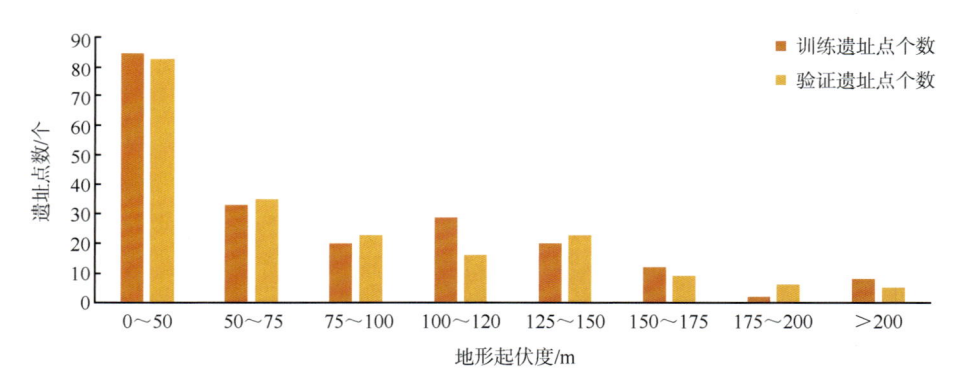

图 8-10　遗址点地形起伏度统计分析图

通过地表曲率统计图 8-12 所示，在龙山文化时期，遗址点的地表曲率值分布均匀，既有正值，也有负值，同时还有零值。所以在该时期，遗址点的选择在凸形斜坡、无坡形、凹形坡以及梯形坡均有可能，无明显的偏好。

8.2.4　距离分析

距离分析主要包括距离河流的距离和距离大遗址的距离，两者均是人类选择居住地

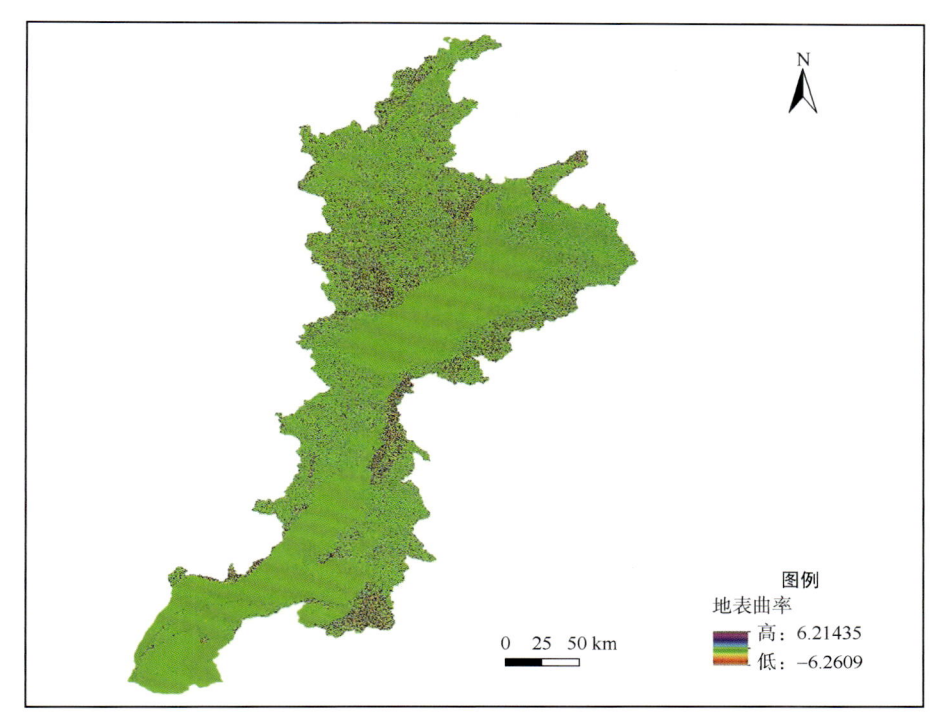

图 8-11　汾河流域地表曲率分析图

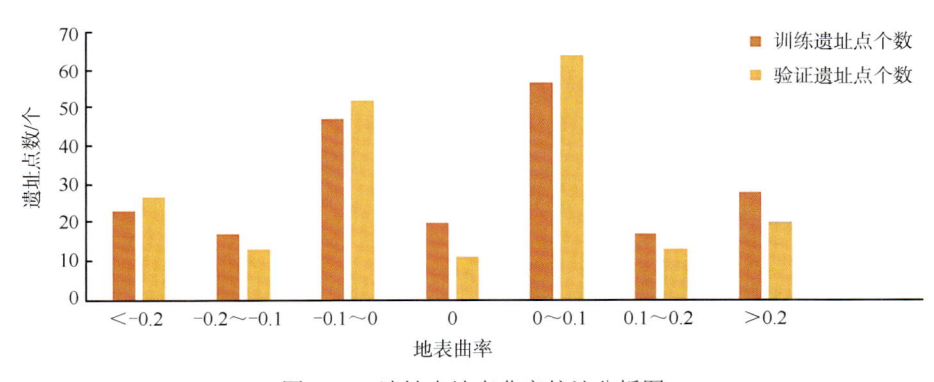

图 8-12　遗址点地表曲率统计分析图

址的重要考虑因素(陈诚等，2008)。距离河流的距离是指遗址点距离水系的距离。水是人类赖以生存的物质，关系到人类自身、作物、牲畜等的生存。从早期的考古资料发现(侯光良等，2012)，早期人类文明均出现在距离水源较近的地方，通常古人均会选择距水源合适的位置，距离水源太远，生活基本条件的满足较为困难，距离水源太近则存在水灾的威胁。

距离大遗址的距离是指遗址点距离较大规模遗址点的距离，这里将遗址面积大于 $5\times 10^5\ m^2$ 即视为大遗址点。现已发现的早期聚落遗址数量众多，表明人类很早就采用这种聚居的生活方式，以便进行物质交流与文化交流。因此，距离大遗址的距离可以作为人类选择居住地点的一个重要衡量标准。

通过 ArcGIS 距离工具(distance)中的欧几里得距离工具(euclidean distance)分别来计算距离河流、大遗址之间的距离。其空间分析，如图 8-13、图 8-14 所示。

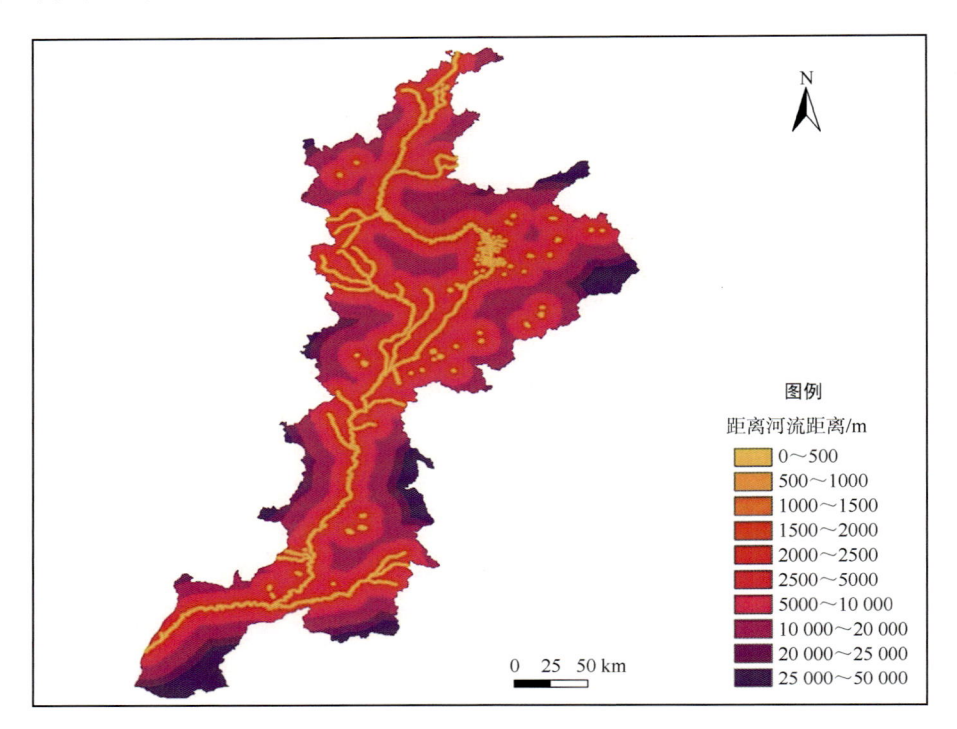

图 8-13　汾河流域距离河流距离分析图

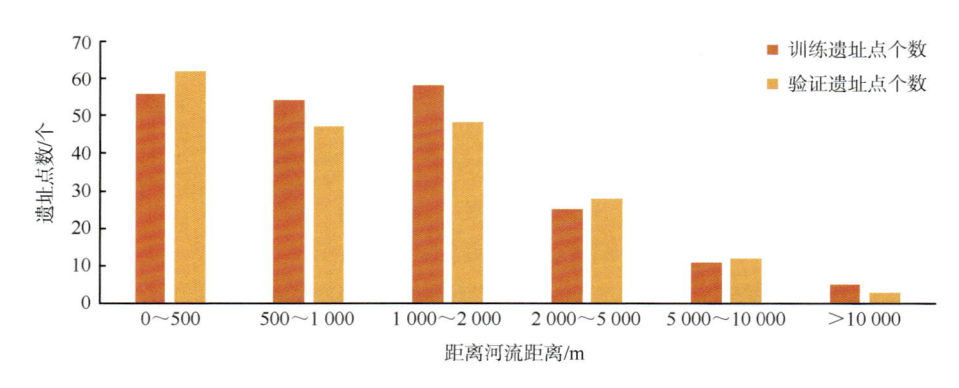

图 8-14　遗址点距离河流距离统计分析图

其遗址点属性信息提取的具体方法为：将遗址点分布图和研究区域生成的距离河流距离、距离大遗址距离的空间分析图层进行叠加，借助于 ArcGIS 软件中 Spatial Analyst Tools→Extraction→Extract Multi Values to Points 工具分别提取各遗址点的属性值。其遗址点分别落在各个距离范围的统计，如图 8-15、图 8-16 所示。

第 8 章 汾河流域遗址预测模型

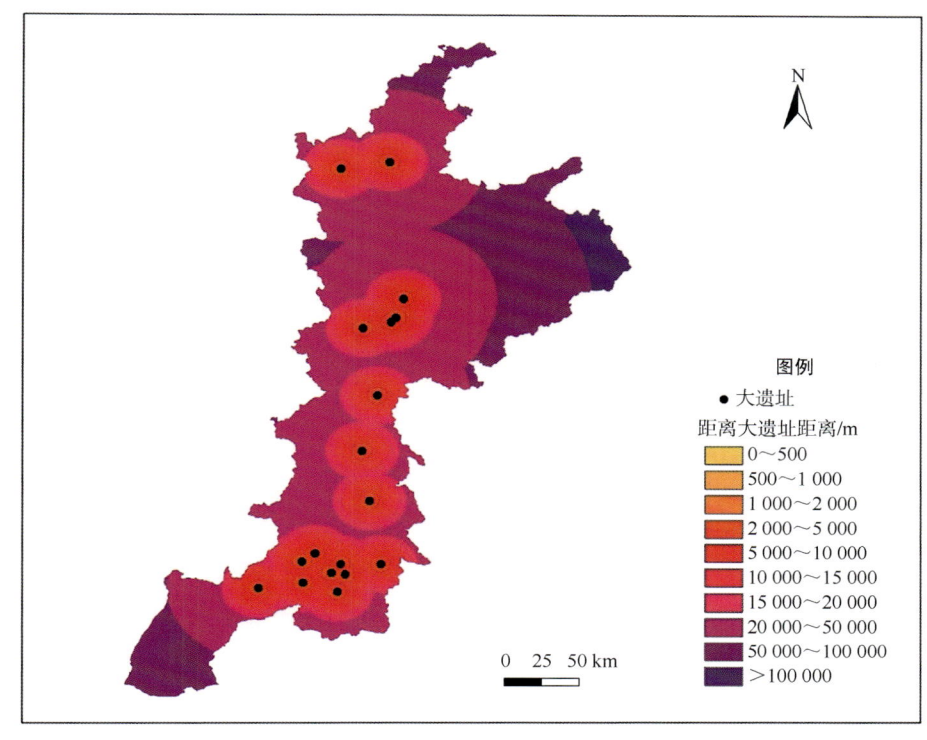

图 8-15 汾河流域距离大遗址距离分析图

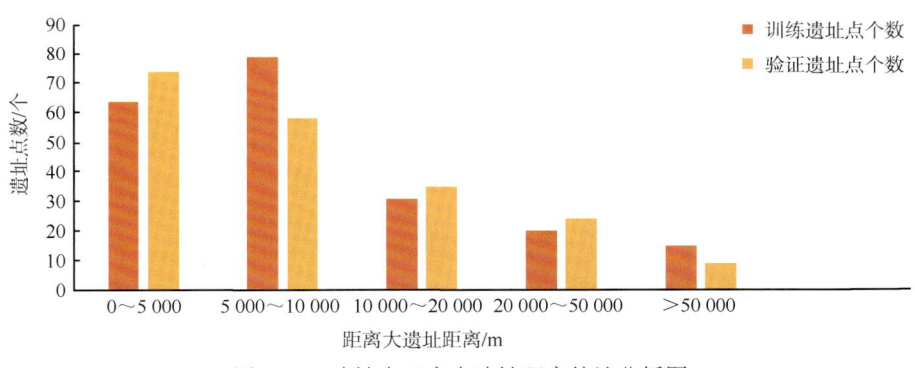

图 8-16 遗址点距离大遗址距离统计分析图

1)距离河流的距离分析

根据图 8-14 对遗址点距离河流的距离统计可以看出,大量的遗址点集中在小于 2 000 m 的距离,数量约占总遗址数的 83.6%,极少数的遗址点分布在距离河流大于 5 000 m 的地区,这说明水源对于人类的生存格外重要,所以距离河流的距离是评估人类选择住址的一个重要因素。

2)距离大遗址的距离分析

根据图 8-16 的统计不难看出,超过 68.5%的遗址点距离大遗址的距离没有超过

10 000 m，而大于 20 000 m 的遗址点数不超过遗址总数的 15%。故体现龙山文化时期人类存在一定的聚居行为，遗址分布并不局限在某一地区，而是遍及汾河流域的整个地区，但主要还是围绕大遗址点较近的地方。

8.3 遗址预测优化模型建立

遗址预测优化模型是基于 Logistic 回归分析方法进行建模，首先选择合适的备选变量，对研究区域进行空间分析；其次对实验样本的各变量属性进行提取，建立研究区域的预测模型。其建模的具体步骤如图 8-17 所示。

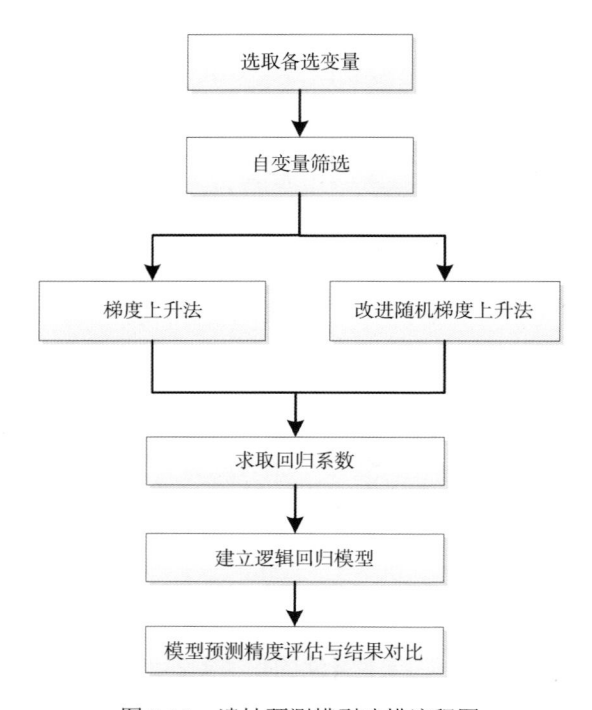

图 8-17 遗址预测模型建模流程图

8.3.1 自变量筛选

由于备选的自变量可能对因变量的影响并不显著，或自变量之间不相互独立，需要采用 SPSS 中的逐步回归分析方法（范雯，2014）对目标变量进行筛选，选出对于建模具有显著影响的自变量，这样便于更好地建立多元回归预测模型，达到准确预测的目的。

逐步回归分析的具体思路为：首先建立因变量与自变量之间的总回归方程；其次对总的方程及每一个自变量进行假设检验。当检验结果不显著时，表明该多元回归方程线性关系不成立，应该把它相应的自变量剔除，重新建立多元回归方程。筛选出有显著影响的因子作为自变量，由此建立"最优"回归方程。

利用 SPSS 的逐步回归分析的方法对自变量进行筛选，结果如图 8-18、图 8-19、图 8-20 所示。

方程中的变量

		S.E.	Wals	df	Sig.	Exp (B)
步骤 1[a]	高程	.000	11.736	1	.001	.999
	坡度	.026	.300	1	.584	1.014
	坡向	.001	3.722	1	.054	.998
	表面曲率	.377	.083	1	.774	.897
	地形起伏度	.003	5.846	1	.016	.994
	距离河流距离	.026	36.631	1	.000	.853
	距离大遗址距离	.005	94.866	1	.000	.949
	常量	.469	117.601	1	.000	161.519
步骤 2[a]	高程	.000	11.730	1	.001	.999
	坡度	.026	.286	1	.593	1.014
	坡向	.001	3.753	1	.053	.998
	地形起伏度	.003	5.819	1	.016	.994
	距离河流距离	.026	36.577	1	.000	.853
	距离大遗址距离	.005	94.858	1	.000	.949
	常量	.469	117.555	1	.000	161.308
步骤 3[a]	高程	.000	11.634	1	.001	.999
	坡向	.001	3.765	1	.052	.998
	地形起伏度	.002	7.927	1	.005	.995
	距离河流距离	.026	36.410	1	.000	.854
	距离大遗址距离	.005	94.894	1	.000	.949
	常量	.468	117.312	1	.000	159.800

a. 在步骤 1 中输入的变量：高程,坡度,坡向,表面曲率,地形起伏度,距离河流距离,距离大遗址距离

图 8-18 逐步回归法筛选备选变量过程图

通过逐步回归分析筛选出来具有显著性的变量为：高程、坡向、地形起伏度、距离河流距离、距离大遗址距离 5 个，作为建模的自变量。

8.3.2 回 归 系 数

1) 梯度上升法求取回归系数

梯度上升算法的主要函数为：

```
def grandAscent(dataMatIn，classLabels)
    dataMatrix = mat(dataMatIn)
    lablelmat = mat(classLables).transpose()
    m，n = shape(dataMatrix)
    alpha = 0.001
```

如果移去项则建模[a]

变量		模型对数似然性	在-2对数似然中的更改	df	更改的显著性
步骤1	高程	-286.409	11.953	1	.001
	坡度	-280.582	.300	1	.584
	坡向	-282.323	3.782	1	.052
	表面曲率	-280.473	.083	1	.774
	地形起伏度	-283.512	6.161	1	.013
	距离河流距离	-314.995	69.125	1	.000
	距离大遗址距离	-344.172	127.479	1	.000
步骤2	高程	-286.444	11.941	1	.001
	坡度	-280.617	.287	1	.592
	坡向	-282.380	3.813	1	.051
	地形起伏度	-283.542	6.138	1	.013
	距离河流距离	-314.968	68.990	1	.000
	距离大遗址距离	-344.187	127.427	1	.000
步骤3	高程	-286.536	11.839	1	.001
	坡向	-282.530	3.825	1	.050
	地形起伏度	-284.888	8.542	1	.003
	距离河流距离	-314.886	68.538	1	.000
	距离大遗址距离	-344.349	127.465	1	.000

a. 基于条件参数估计

图 8-19　各变量在建模过程中显著性展示图

不在方程中的变量

			得分	df	Sig.
步骤2[a]	变量	表面曲率	.083	1	.774
	总统计量		.083	1	.774
步骤3[b]	变量	坡度	.286	1	.593
		表面曲率	.069	1	.792
	总统计量		.369	2	.831

图 8-20　不在回归方程中的变量展示图

maxCycles = 500
weights = ones((n，1))
for k in in range(maxCycles):
h = sigmoid(dataMatrix*weights)
error =(labelMat - h)
weights = weights + alpha * dataMatrix.transpose() * error
return weights

即其伪代码为：
每个回归系数初始化时候为1。
重复 k 次直到收敛：
　　计算整个数据集的梯度；

使用 alpha×gradient 更新回归系数的向量。

返回回归系数：

梯度上升法每次获得的回归系数不同，但由于本研究的实验对象样本数量较小，故其回归系数差别不大，故从 100 次实验结果中选择 10 组，梯度上升法获取的回归系数如表 8-3 所示。

表 8-3　梯度上升法 10 组实验回归系数列表

自变量	高程	坡向	地形起伏度	距离河流距离	距离大遗址距离	常数	训练精度/%	预测精度/%
1	−0.00127857	−0.00190644	−0.00645781	−0.15447424	−0.05160127	2.24139560	69.70	67.90
2	−0.00127857	−0.00190644	−0.00645782	−0.15447424	−0.05160127	2.15813816	70.30	68.50
3	−0.00127858	−0.00190644	−0.00645782	−0.15447431	−0.05160127	2.01926342	71.40	68.80
4	−0.00127856	−0.00190643	−0.00645786	−0.15447407	−0.05160126	2.39586884	68.80	67.70
5	−0.00127857	−0.00190644	−0.00645781	−0.15447425	−0.05160127	2.73377111	68.00	66.90
6	−0.00127856	−0.00190643	−0.00645786	−0.15447401	−0.05160127	2.64834296	68.40	67.30
7	−0.00127857	−0.00190644	−0.00645786	−0.15447421	−0.05160128	2.45616671	68.70	67.40
8	−0.00127857	−0.00190644	−0.00645782	−0.01544743	−0.05160127	2.04664168	71.20	68.60
9	−0.00127857	−0.00190644	−0.00645781	−0.15447420	−0.05160127	2.56876375	68.50	67.60
10	−0.00127856	−0.00190643	−0.00645790	−0.15447415	−0.05160124	2.71339342	68.30	67.00

2)改进随机梯度上升法求取回归系数

该算法的主要实现函数：

```
def stocGrandAscent(dataMatrix，classLabels，num=150)#num 为迭代次数
    m，n = shape(dataMatrix)
    weights = ones(n)
    for j in range(num):    dataIndex = range(m)
        for I in range(m):
            alpha = 4/(1.0+j+i)+0.01
            randIndex = int(random.uniform(0，len(dataIndex)))
            h = sigmoid(sum(dataMatrix[randIndex]*weights))
            error = classLables[randIndex] – h
            weights = weights + alpha * error * dataMatrix[randIndex]
            del(dataIndex[randIndex])
    return weights
```

即其伪代码为：

回归系数在初始化时候为 1。

重复 k 次直到收敛：

　　对随机遍历的数据集中的每个样本；

随着迭代的逐渐进行，减小 alpha 的值；

计算该样本的梯度；

使用 alpha×gradient 来更新回归系数。

返回回归系数值：

改进随机梯度上升算法每次获得的回归系数不同，但由于本研究的实验对象样本数量较小故其回归系数差别不大，同样从 100 次实验结果中选择 10 组，结果如表 8-4 所示。

表 8-4 改进随机梯度上升法 10 组实验回归系数列表

自变量	高程	坡向	地形起伏度	距离河流距离	距离大遗址距离	常数	训练精度/%	预测精度/%
1	−0.00139151	−0.00220243	−0.00645332	−0.15880843	−0.05273851	5.08331683	89.00	84.90
2	−0.00142891	−0.00252527	−0.00543096	−0.16004153	−0.05327790	5.22706158	88.60	84.70
3	−0.00141042	−0.00221001	−0.00637528	−0.15785924	−0.05273085	5.08629176	88.90	84.90
4	−0.00139342	−0.00219330	−0.00645930	−0.15910823	−0.05275533	5.08462180	89.10	85.00
5	−0.00143692	−0.00251986	−0.00647582	−0.16104311	−0.05329430	5.23799788	88.30	84.50
6	−0.00144704	−0.00213470	−0.00631144	−0.15414834	−0.05273248	5.05937552	88.70	84.70
7	−0.00140888	−0.00221883	−0.00636901	−0.15760360	−0.05276036	5.08532739	89.10	85.10
8	−0.00138387	−0.00220687	−0.00548010	−0.15796607	−0.05273324	5.07392537	89.20	85.30
9	−0.00143948	−0.00250512	−0.00647901	−0.16144095	−0.05314984	5.23929191	88.40	84.50
10	−0.00143692	−0.00251864	−0.00647582	−0.16104311	−0.05329430	5.23799788	88.40	84.60

8.3.3 实 验 结 果

综合考虑上述两种方法中训练精度和预测精度，分别选择两组实验中各自精度较高的回归系数来建立预测模型。其建模的回归系数如表 8-5 所示。

表 8-5 不同算法回归系数列表

算法	高程	坡向	地形起伏度	距离河流距离	距离大遗址距离	常数	训练精度/%	预测精度/%
梯度上升法	−0.00127858	−0.00190641	−0.00645782	−0.15447431	−0.05160127	2.01926342	71.40	68.80
改进随机梯度上升法	−0.00138387	−0.00220687	−0.00548010	−0.15796607	−0.05273324	5.07392537	89.20	85.30

通过上述两种方法对模型回归系数的求取，分别建立预测模型。模型不同之处在于其回归系数的差异，运用 ArcGIS 中的栅格计算器对概率 p 进行计算。

$$z = \sum \theta_i x_i$$

取值范围 $(-\infty, +\infty)$。式中，θ_i 代表自变量的回归系数；x_i 代表自变量的值。

由梯度上升算法得到的 Logistic 回归模型表达式为

$$p = P(y=1|X) = \frac{1}{1+e^{-\theta^T x}}$$

其中，梯度上升算法中的 z 为

$$z = 2.01926342 - 0.00127858[高程] - 0.0019064[坡向]\\ - 0.00645782[地形起伏度] - 0.15447431[距离河流距离]\\ - 0.0516012693[距离大遗址距离]$$

改进随机梯度上升算法中的 z 为

$$z = 5.07392537 - 0.00138368[高程] - 0.00220687[坡向]\\ - 0.00548010[地形起伏度] - 0.15796607[距离河流距离]\\ - 0.05273324[距离大遗址距离]$$

通过建立不同的回归方程得到研究区域的遗址概率分布，如图 8-21（左为梯度上升法生成概率图，右为改进随机梯度上升法生成概率图，以下对比图均如此）、图 8-22 所示。

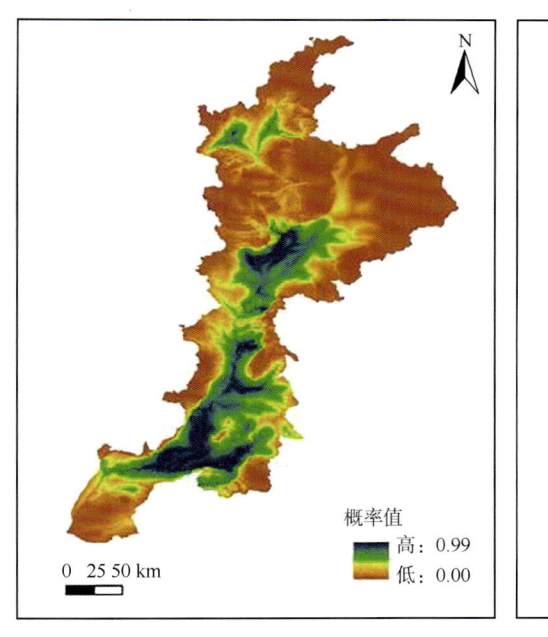

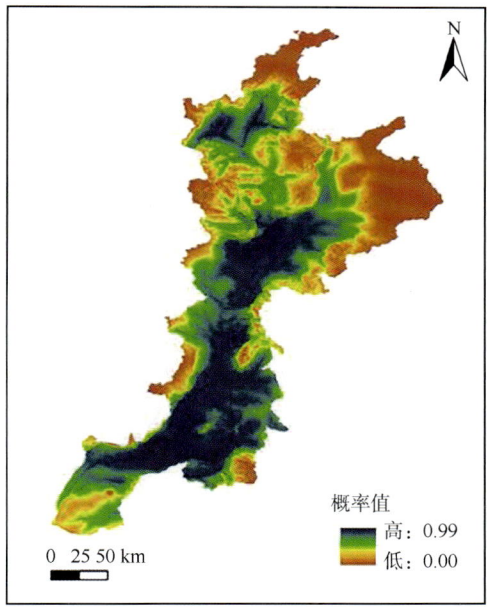

图 8-21　不同优化算法生成遗址概率分布对比图

通过遗址点概率分布图可以看出，在汾河中游太原盆地附近有一较大高概率区域内并无任何遗址点存在。通过查阅考古资料发现，在龙山文化时期，这一区域曾被水域覆盖，其面积约为 18 000 km^2，为概率异常区域，如图 8-23 所示。

8.3.4　模型验证

建立遗址预测模型之后，要对模型的有效性或是预测的精度进行评估。本章主要采用半分交叉验证法对遗址预测模型进行验证，即将遗址点分为两部分：一部分用于建立

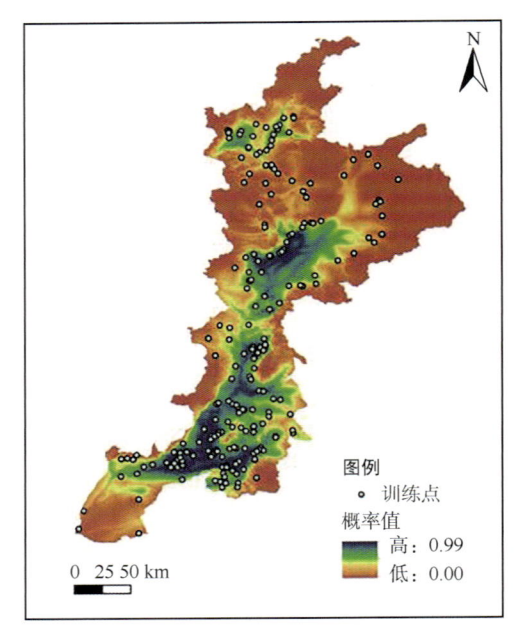

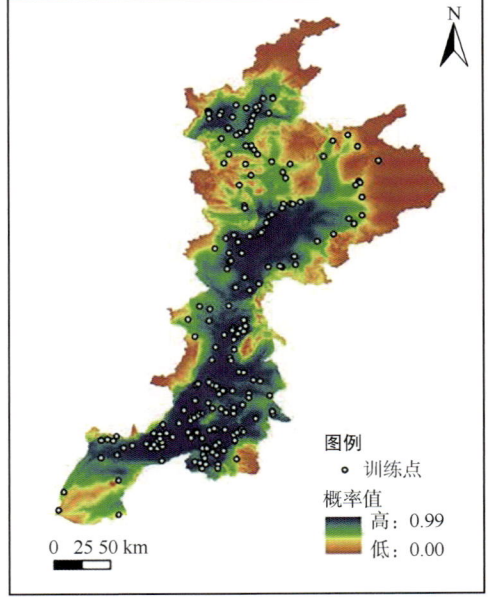

图 8-22　不同优化算法遗址点概率分布对比图

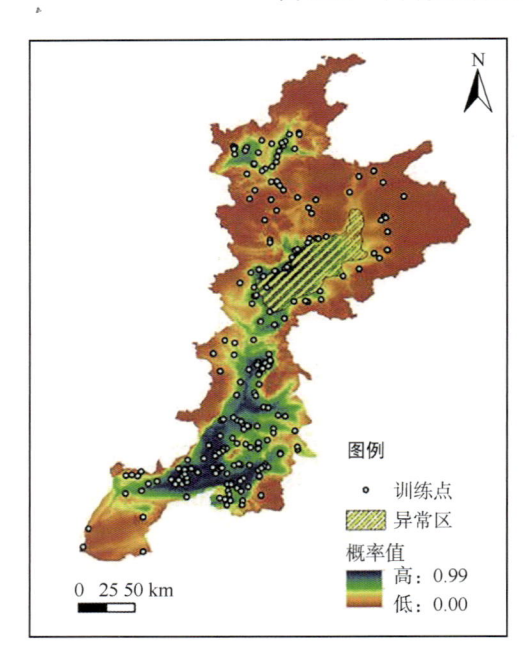

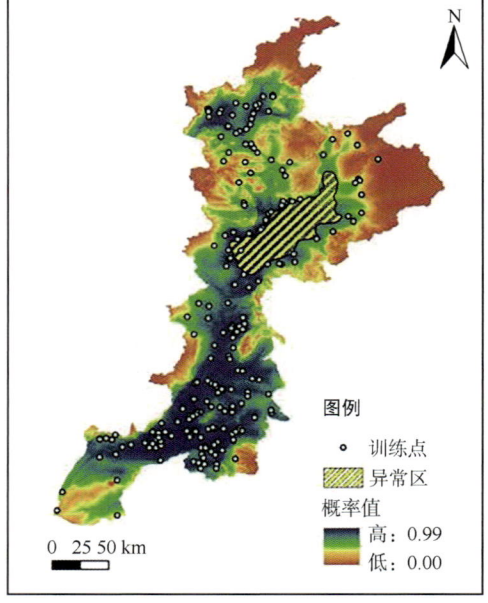

图 8-23　不同优化算法遗址点概率异常区分布对比图

预测模型；另一部分用来验证。将遗址预测模型生成的遗址概率分布图依据其概率值分成以下三类：低概率区（$P \leqslant 0.5$）、中概率（$0.5 < P \leqslant 0.75$）、高概率（$P > 0.75$）。验证点对应的重分类后的遗址概率如图 8-24 所示；预测精度统计结果如表 8-6 所示。

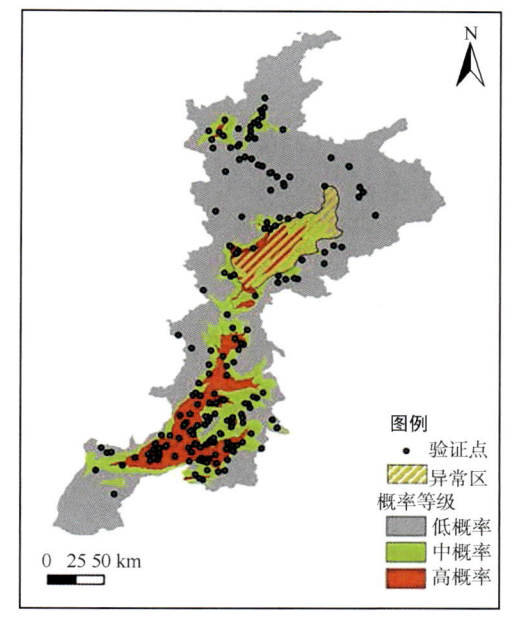

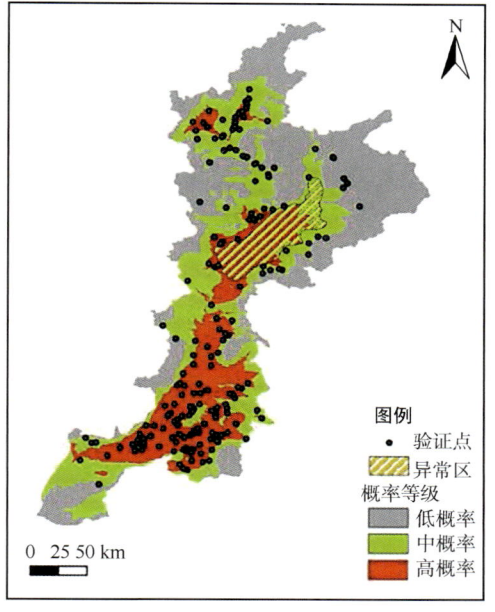

图 8-24 不同优化算法验证点遗址概率分布对比图

表 8-6 不同优化算法分类预测精度表

方法	遗址点(非遗址点)/个	准确率/%	非遗址点(遗址点)/个	准确率/%	总体精度/%
梯度上升法	134(66)	67.0	141(59)	70.5	68.8
改进随机梯度上升法	176(24)	88.0	165(35)	82.5	85.3

研究中采用 Kvamme 提出的 G 值评估法，其计算公式为

$$G = 1 - E_1 / E_2 \tag{10-1}$$

式中，E_1 为研究区域内某遗址预测概率的总面积百分比；E_2 为此概率下正确预测遗址的成功率，对重分类的遗址概率分布图进行统计并计算各概率区的 G 值，如表 8-7 所示。

表 8-7 不同预测模型的 Kvamme 增益统计表

遗址存在概率等级	遗址点/个 原始	遗址点/个 改进	E_1/% 原始	E_1/% 改进	E_2/% 原始	E_2/% 改进	G 值 原始	G 值 改进
高($P>0.75$)	75	128	12.3	15.9	37.5	64.0	0.67	0.75
中($0.5<P\leq0.75$)	59	48	14.9	16.4	29.5	24.0	0.49	0.32
低($P\leq0.5$)	66	24	72.8	67.7	33.0	12.0	−0.95	−4.64

根据表 8-7 可以看出，通过梯度上升法和改进随机梯度上升法建立的遗址预测模型对于高概率($P>0.75$)预测的 G 值分别为 0.67 和 0.75。这说明两种优化方法建立的预测模型均有实际意义，且预测能力均很好，改进随机梯度上升算法建立的遗址预测模型预测效果更优。

8.4 预测结论与讨论

本章选取汾河流域龙山文化时期的 409 个遗址点和 400 个非遗址点作为实验样本，将其分为训练样本和验证样本，借助 ArcGIS 的空间分析工具，对模型自变量进行 GIS 空间分析和属性信息提取。利用 SPSS 中的逐步回归分析法进行自变量的筛选，基于梯度上升法和改进随机梯度上升法来确定模型的最佳回归系数，建立遗址预测模型，弥补 Logistic 回归分类方法中存在的欠拟合和分类精度不高的缺点，提高遗址预测模型的分类精度和预测能力。通过这次实验，得出如下结论。

(1) Logistic 回归可用于建立遗址预测模型，利用梯度上升算法和改进随机梯度上升算法建立的回归模型，通过 G 值评估方法验证表明，两种方法建立的遗址预测模型均具有实际应用意义，G 值更趋近 1 的改进随机梯度上升算法，其实际意义更大。改进随机梯度上升算法建立的遗址预测模型总体精度更高。

(2) 通过对各个变量属性信息提取和遗址概率分布图综合分析，可以看出，人类对居住地址的选择是有规律可循的。他们会选择高程适宜、坡度较小、地势平坦且距离河流较近的地点。在遗址概率分布图中可看出，高概率区大部分出现在运城盆地和中条山南麓的汾河沿岸、临汾盆地。据考古资料记载，这些区域地势偏高，受水患影响较小，且周围存在较大汇水面积，可提供丰富稳定的水源。另外，大暖期气候的暖湿程度保障了农耕的发展。低概率区则出现在海拔较高、坡度较大、地形起伏较大的沟壑、山丘地段。这反映出龙山文化时期，人类对生存环境的选择与自然地理条件及人文环境有着密切的关系。这主要源于充足的水源、平坦的地势、便捷的交通能够保证正常的农业活动。另外，围绕大型遗址建立聚落，能够为文化交流和发展起到一定的促进作用。

(3) 本章所使用的研究区域的实验样本是通过矢量化文物地图集获取的，在人工矢量话的过程中可能存在一定的误差。同时文物地图集上的遗址点收录时间与现在的研究时间有一定的出入，可能有一些遗址点未能统计到。如果能够获取到更加精确、可靠的数据，则预测结果会更加具有科学性、可靠性。

(4) 将遗址预测模型的分析结果与考古发掘资料结合起来分析，可对史前时期古人类文化的人口、土地利用进行研究，进一步揭示史前人类社会与自然环境及生态的关系。

8.5 小　　结

遗址预测模型在考古领域的应用，不仅对遗址分布与地形地貌、环境因素、水文等之间的相关性研究起到很好的作用，同时对未知区域遗址的预测起到更好的作用。本章利用 ArcGIS、SPSS、Python 等软件对汾河流域遗址进行 Logistic 回归模型建模，运用梯度上升法和改进随机梯度上升法求取最佳回归系数，建立新的汾河流域遗址预测模型，分别对汾河流域进行遗址概率预测，生成整个研究区域的遗址概率分布图，可以使得考古工作具有更高的效率、更强的目的性以及针对性。

预测模型不仅能为汾河流域后期的考古发掘进行决策支持，还可以揭示河流流域不同文化时期人类遗址的空间分布模式，也可以通过遗址分布概率图来揭示出古遗址空间分布与环境因子、文化因素之间的关系，有助于解释史前人类对环境选择的标准。

结　　语

在人类发展的历史长河中，有太多值得考古学家去探索和发掘的历史文化知识。如何去了解人类过去的生活方式，无疑我们必须借助于古代人类遗留下来的文化遗迹去进行深入分析，这些文化遗迹均包含着大量的空间信息。对遗迹的空间信息的分析研究和处理是考古领域研究的重要内容，通过对这些古代文化遗址进行数据挖掘和分析，可以为现代考古学家研究古代人类选择居住地址、聚落分布及古代文明等提供参考依据。考古学家通过探寻几千年以前人类在地球表面所遗留的痕迹进而理解人类历史的发展，其主要目的是利用考古遗址重新建立古人类的生活方式。传统的考古学对空间信息的研究主要停留在定性层面上，这在很大程度上限定了其发展。

考古学发展到现今阶段，已经逐渐成为一门结合了多种技术手段的综合学科。尤其是在自然科学和人文社会科学领域，其理论体系、技术手段以及研究方法无论是从深度上，还是广度上，均得到了长足的发展。以遥感技术为基础，以地理信息系统、全球卫星定位系统、虚拟现实技术以及三维模拟等技术共同组建的空间信息技术已成为目前考古学家认识古代人类文化遗产时空分布规律、重新塑建古代文明发展史、建立文化遗产信息管理系统以及将古文明再现的重要手段。这些技术的巧妙结合应用，大大地拓宽了传统考古学的研究领域，而且在理念上也对考古学的一些相关概念进行了全新的诠释和理解，从而能够更加深入和全面地剖析、理解古代人类的生存、生活方式。

传感器技术的迅速发展为我们提供了越来越多的影像数据，这些数据是开展遥感考古研究的基础。采用不同空间分辨率、不同时相、不同光谱的多源遥感数据进行地表和浅地表考古目标探测，是一个牵扯到数据类型、质量、处理方法、遗址材质、保存状态、环境等多种因素的复杂问题。从数据角度来说，影像获取的年代、月份、空间分辨率、光谱分辨率，是遥感考古探测成功的关键。从数据处理方法来说，数据增强、数据融合、植被指数、正交方程、空间自相关以及滤波等一系列后处理都会影响到探测的结果。从遗址本体来说，遗址的材质属性、尺寸大小、保存状态以及所处的区域环境、地表覆盖、人为活动都会影响到探测的精度。

1. 空间分辨率

遥感考古的目标主要是地表或地下一定深度内的考古遗迹，涵盖了古河道、古墓葬、古城址等类型繁多的考古特征。它们不具有统一的光谱特征或固定的尺寸，而且形状各异，有圆形、方形，也有线状和不规则形状。我们对中、高分辨率的数据分别采用多种遗址提取方法进行了对比分析，得出了以下结论：高空间分辨率(<10 m)的影像可以清晰反映遗址的结构、纹理信息和异常范围，尤其是亚米级空间分辨率的影像，能够清晰反映遗址的细节特征，但是信息不完整，缺乏对遗址景观的整体认识，不容易从复杂的

环境背景中识别出遗址。中空间分辨率影像能够反映遗址的地貌环境,可用于景观变迁和大型文化遗产探测研究,但是由于存在太多混合像元,导致遗址的探测能力大大下降。中高分辨率遥感数据的结合,能够提供更为全面的考古信息。

2. 影像的时相

不同时间获取的影像反映的地物信息和考古目标信息皆不相同。老航空像片对于考古研究的价值不言而喻,尤其是地表景观变化剧烈的考古区域,老航空像片能提供宝贵的信息。对于卫星影像来说,数据的获取时相与植被的物候期息息相关,而且前面的研究也表明干旱季节的作物探测效果更明显。开展考古调查工作必须先要了解研究区的地表覆盖和作物的物候信息。

3. 光谱信息

根据多种影像的探测对比研究,可以发现近红外波段在考古目标探测中表现稳定,探测效果较好,能更好地确认目标所在。植被红外波段在目标识别中比可见光具有一定的优势,能够探测到考古的微弱信息。

遗址的探测成功与否还与遗址的保存情况有很大关系。如果遗址保存良好,则影像上会呈现连续分布的状况,易于从遥感影像上识别出来;相反,如果遗址遭到破坏,断断续续,则不能在影像上产生连续、识别度高的轮廓线,再加上数据成像时伴随的噪声,这种信息有时被误认为是噪声。因此在进行考古探测之前必须深入了解研究区域的地形地貌及已有遗址的分布状况、保存情况、材质特征、遗址形状尺寸,然后再选择合适成像时间、分辨率和光谱信息的影像,用适宜的方法来进行探测。

4. 空间信息

对于考古学的研究,其中很重要的一个环节就是对其空间信息的研究。空间是承载着古代人类活动的一个实体,古代人类的活动不仅仅是在连续的地球表面进行,同时,它还集中发生在一些固定的场所。GIS 空间分析方法的介入打开了传统考古学的桎梏,借助该技术,景观考古学和聚落考古学得到了充分的发展。景观考古学无疑就是对承载古代人类活动实体即连续性地表特征的研究,而聚落考古学则主要关注人类聚众活动的地点与这些地点之间存在的关系。

空间聚类作为研究空间聚落形态的方法之一,在考古学中的应用基本上采用的是欧氏距离作为聚落之间的度量参数。但欧氏距离在遗址聚类中存在不足,即欧氏距离无法体现山脉、河流的阻碍作用。例如,增加约束条件,选取地形因素,运用多因子权重加权分析,建立阻力模型,计算阻力距离。采用阻力距离替代欧氏距离,完成黄河流域先秦聚落遗址(四个时期)的聚类分析,并通过与传统 k-均值空间聚类进行对比分析,得出基于地形约束空间聚类方法,适合于黄河流域聚落遗址分布特点。例如,临汾地区聚落遗址的特点为:①分布密度的不均衡,中部汾河流域聚落遗址分布密度高,东部和西部聚落遗址分布密度低;②临汾地区先秦遗址的分布在高程、坡度、地形起伏度和地质地层方面规律明显，主要集中在高程200～1 000 m范围内，坡度0°～5°范围内，75 m的地形起伏度范围，汾河两岸的河谷阶地和盆地以第四系黄土及冲、洪积层的地层内。其在坡向要素中无明显分布规律：聚落形态和出行空间研究都显示出，仰韶时期聚落遗址大多分布在沿河区域，临汾盆地南部出现局部聚集区。龙山文化时期，中部盆地北方聚落群有向盆地中心地区发展的趋势，此时东部沁河流域的聚落发展较好。夏商周时期聚落遗址数量在各个区域都呈增加态势，但在中部汾河沿岸的平原区增势较高且形成高聚集区，此时聚落交流紧密。总体而言，随着时间的推移，聚落发展占据空间范围扩大，聚落之间的交流广度和频率都有所增加。但庙底沟二期存在异常，聚落遗址主要集中在中部低海拔平坦区，聚落间的联系仅在聚集区内较为紧密，结合气候因素分析，原因主要是此时气候变干、气温下降。

此外，遗址预测模型也随着GIS空间分析技术的发展，由原来的定性研究转变成定量以及定性定量相结合的方式，为现代考古学的发展奠定了一定的基础，也为实际的考古工作提供具有参考价值的空间信息。遗址预测模型在考古领域的应用，不仅对遗址分布与地形地貌、环境因素、水文等之间的相关性研究起到很好的作用，同时对未知区域遗址的预测起到更好的预测作用。借助于GIS空间分析模块和多元统计分析方法建立的遗址自然环境、人文环境因素（如地形、水文、土壤、经济等）之间的关系模型，已然开展了大量的相关研究。

利用GIS对地理空间数据的采集、管理、操作、分析、模拟和输出，将GIS空间分析运用到考古学和文化遗产管理中，不仅大大拓宽了传统考古学空间分析的领域，而且也从理念上革新了考古学对空间概念的理解和诠释。

本书的研究工作得到"中华文明探源及其相关文物保护技术研究"项目的支持。在本书即将出版之际，感谢项目组织单位国家文物局、探源研究项目执行专家组的指导和建议；感谢探源工程秘书处的常怀颖、王辉在项目实施过程中给予的帮助和支持；感谢魏成阶先生对本书的关心指导。

由于时间紧迫，本书中文字及研究内容可能存在一些疏漏或者不够准确，在此表示歉意。

最后，本书的出版离不开科学出版社的热情帮助与大力支持，在此，我们表示诚挚的感谢！

参 考 文 献

阿部胜宏, 山本孝二. 1981. 利用"葵花"卫星的红外辐射资料计算海面水温[J]. 气象科技, (S2): 附四, 11-16.

毕硕本, 计晗, 梁静涛, 等. 2013. 基于指数模型的郑州-洛阳地区史前聚落遗址空间分布[J]. 地理科学进展, 32(10): 1454-1462.

毕硕本, 闾国年, 陈济民. 2008. 基于空间分析的史前郑洛地区连续文化聚落研究[J]. 地理科学, 28(5): 649-655.

畅文斋. 1963. 山西襄汾赵康附近古城址调查[J]. 考古, (10): 544-546.

陈诚, 王宏志, 沈雅琼, 等. 2008. 基于GIS的旧石器时代遗址时空分布规律的研究——以丹江口水库淹没区为例[J]. 云南地理环境研究, 20(1): 17-21.

陈海山, 孙照渤. 2002. 陆气相互作用及陆面模式的研究进展[J]. 南京气象学院学报, 25(2): 277-288.

陈济民. 2006. 基于连续文化序列的史前聚落演变中的空间数据挖掘研究——以郑洛地区为例[D]. 南京师范大学.

陈建军, 张树文, 李洪星, 等. 2005. 吉林省土壤侵蚀敏感性评价. 水土保持通报[J], 25(3): 49-53.

陈桥, 胡克, 雒昆利, 等. 2006. 基于AHP法的矿山生态环境综合评价模式研究[J]. 中国矿业大学学报, 35(3): 377-383.

池宏康, 周广胜, 许振柱, 等. 2005. 表观反射率及其在植被遥感中的应用[J]. 植物生态学报, 29(1): 74-80.

崔之久, 杨晓燕, 夏正楷. 2002. 初论古文化类型演替与传承模式的区域分异——以西拉沐沦河流域和汶泗流域为例[J]. 第四纪研究, 22(5): 434-441.

党胤. 2012. 具有文化遗产功能的河南省典型土壤特征与分类研究[D]. 中国地质大学(北京).

邓辉, 陈义勇, 贾敬禹, 等. 2009. 8500 a BP以来长江中游平原地区古文化遗址分布的演变[J]. 地理学报, 64(9): 1113-1125.

杜金鹏, 许宏. 2005. 偃师二里头遗址研究[M]. 北京: 科学出版社.

范雯. 2014. 逐步回归分析方法在储层参数预测中的应用[J]. 西安科技大学学报, 34(3): 350-355.

封志明, 唐焰, 杨艳昭, 等. 2007. 中国地形起伏度及其与人口分布的相关性[J]. 地理学报, 62(10): 1073-1082.

高江涛. 2011. 陶寺遗址与二里头遗址聚落形态之比较研究[J]. 三代考古, 120-128.

高立兵. 1997. 时空解释新手段——欧美考古GIS研究的历史、现状和未来[J]. 考古, (7): 89-95.

高天麟, 李健民. 1986. 陶寺遗址1983—1984年Ⅲ区居住址发掘的主要收获[J]. 考古, (9): 773-781, 865-866.

高天麟, 张岱海. 1980. 山西襄汾县陶寺遗址发掘简报[J]. 考古, (1): 18-31.

龚光炎, 兰光元. 1958. 伊洛河冲积阶地土壤地理概况[J]. 土壤通报, (4): 15-17.

郭建忠, 陈涛, 彭维, 等. 2003. 基于最短路径的扩展泰森多边形建立[J]. 测绘学院学报, 20(3): 223-225.

郭媛媛, 莫多闻, 毛龙江, 等. 2013. 山东北部地区聚落遗址时空分布与环境演变的关系[J]. 地理学报, 68(4): 559-570.

国家文物局. 2006. 中国文物地图集·山西分册[M]. 北京: 中国地图出版社.
韩建业. 2010. 良渚、陶寺与二里头——早期中国文明的演进之路[J]. 考古, (11): 71-78.
侯光良, 许长军, 肖景义. 2012. 基于GIS的4ka B.P.气候事件前后甘青史前遗址分布分析[J]. 地理科学, 32(1): 116-120.
侯仁之. 2009. 历史地理学的视野[M]. 北京: 生活·读书·新知三联书店: 285.
胡珂, 莫多闻, 毛龙江, 等. 2011. 无定河流域全新世中期人类聚落选址的空间分析及地貌环境意义[J]. 地理科学, 31(4): 415-420.
胡宇煊, 杨炎之. 2016. 两位考古队长的pk: 二里头与陶寺到底谁"最中国"[M]. 澎湃新闻网.
黄宁生. 1996. 文化遗址叠置系数及其环境意义[J]. 大自然探索, 15(56): 51-53.
解希恭. 2007. 襄汾陶寺遗址研究[M]. 北京: 科学出版社.
孔昭宸, 杜乃秋. 1992. 山西襄汾陶寺遗址孢粉分析[J]. 考古, (2): 178-181.
李久昌. 2007. 偃师二里头遗址的都城空间结构及其特征[J]. 中国历史地理论丛, 22(4): 49-59.
李敏. 2009. 基于网格和密度的数据流聚类算法研究[D]. 武汉理工大学.
李拓宇, 莫多闻, 胡珂, 等. 2013. 山西襄汾陶寺都邑形成的环境与文化背景[J]. 地理科学, 33(4): 443-449.
李月辉, 周锐, 冯秀, 等. 2008. 基于DEM的辽宁省猴石森林公园的视域分析[J]. 林业科学, 44(1): 95-100.
李志伟. 2016. K-means聚类算法研究浅析[J]. 电子世界, (19): 55.
李中轩, 朱诚, 闫慧. 2011. 汉江中下游新石器文化遗址的空间格局[J]. 地理科学, 31(2): 239-243.
刘博, 张虎勤. 2005. 沪河流域新石器时代遗址人地关系特征因素研究[J]. 西安文理学院学报(自然科学版), 8(2): 10-15.
刘建国. 2007. 数字考古的理论与实践[J]. 南方文物, (1): 2-8.
柳钦火, 徐希孺, 陈家宜. 2019. 遥测地表温度与比辐射率的迭代反演方法——理论推导与数值模拟[J]. 遥感学报, 2(1): 1-8.
鲁鹏, 田燕, 杨瑞霞. 2012. 环嵩山地区9000 a B.P.-3000 a B.P. 聚落规模等级[J]. 地理学报, 67(10): 1375-1382.
鲁鹏, 杨瑞霞, 田燕. 2008. GIS考古研究综述与前景展望[J]. 中原文物, (2): 104-108.
马晓微, 杨勤科. 2001. 基于GIS的中国潜在水土流失评价指标研究. 水土保持通报, 21(2): 41-44.
毛克彪, 唐华俊, 陈仲新, 等. 2006. 一个从ASTER数据中反演地表温度的劈窗算法[J]. 遥感信息, (5): 7-11.
梅启斌, 汪诚波. 2004. 考古GIS和遗址预测模型研究[C]. 第二届中华文化遗产数字化及保护研讨会.
牛世山. 2013. 陶寺城址的布局与规划初步研究[J]. 三代考古, 49-61.
彭京, 杨冬青, 唐世渭, 等. 2007. 一种基于语义内积空间模型的文本聚类算法[J]. 计算机学报, 30(8): 1354-1363.
彭熙, 车家骧, 苏维词, 等. 2013. 地表起伏度对农业生产条件的影响[J]. 贵州农业科学, 41(5): 186-188.
粕渊辰昭, 尉元明. 1987. 关于土壤热传导率和热扩散率的测定方法[J]. 干旱气象, (4): 48-50.
齐述华, 王长耀, 牛铮. 2003. 利用温度植被旱情指数(TVDI)进行全国旱情监测研究[J]. 遥感学报, 7(5): 420-427.
齐乌云, 周成虎, 王榕勋. 2005. 地理信息系统在考古研究中的应用类型[J]. 华夏考古, (2): 108-112.
曲艺, 栾晓峰. 2010. 基于最小费用距离模型的东北虎核心栖息地确定与空缺分析[J]. 生态学杂志,

29(9): 1866-1874.

孙博, 周仲华, 张虎元, 等. 2011. 夯土建筑遗址表面温度变化特征及预报模型[J]. 岩土力学, 32(3): 867-871.

孙伟. 2013. 安徽新石器时代遗址文化通道与地理环境的关系[D]. 南京大学.

孙瑜. 2014. 大熊猫栖息地质量评价及潜在廊道研究[D]. 北京林业大学.

覃志豪, Li Wenjuan, Zhang Minghua, 等. 2003. 单窗算法的大气参数估计方法[J]. 国土资源遥感, (2): 37-43.

覃志豪, Zhang Minghua, Arnon Karnieli, 等. 2001. 用陆地卫星TM 6数据演算地表温度的单窗算法[J]. 地理学报, 56(4): 456-466.

汤国安, 刘学军, 闾国年. 2005. 数字高程模型及地学分析的原理与方法[M]. 北京: 科学出版社.

田国良等. 2006. 热红外遥感[M]. 北京: 电子工业出版社.

王琳琳, 高志球, 沈新勇, 等. 2008. 土壤水分的垂直运动对黄土高原糜田土壤温度的影响[J]. 南京气象学院学报, 31(3): 363-368.

王榕勋. 2001. 沭河上游流域考古GIS研究[D]. 中国科学院地理科学与资源研究所.

王涛, 陈惠荣, 王少帅, 等. 2011. 基于Voronoi的海洋底质区域划界方法研究[J]. 测绘与空间地理信息, 34(1): 242-243.

王巍. 2010. 中华文明探源工程的主要收获[J]. 光明日报.

王颖. 2006. 基于超平面原型的聚类算法及相应扩展神经网络的研究[D]. 南京航空航天大学.

吴维棠. 1983. 从新石器时代文化遗址看杭州湾两岸的全新世古地理[J]. 地理学报, 50(2): 113-127.

吴文祥, 房茜, 葛全胜. 2013. 中国龙山时代(5.0~4.0kaBP)气候变化[J]. 海洋地质与第四纪地质, 33(6): 129-137.

吴文祥, 刘东生. 2002. 5 500a BP气候事件在三大文明古国古文明和古文化演化中的作用[J]. 地学前缘, 9(1): 155-162.

吴文祥, 刘东生. 2004. 4 000 aB.P.前后东亚季风变迁与中原周围地区新石器文化的衰落[J]. 第四纪研究, 24(3): 278-284.

吴晓涛. 2010. 基于FAHP法的城市社区应急准备能力评估[J]. 灾害学, 25(4): 110-114.

夏鼐. 1985. 中国文明的起源[M]. 北京: 文物出版社.

夏鼐. 1985. 中国文明的起源[J]. 文物, (8): 1-8.

肖黎. 2006. 分层AHP法在确定二级医院绩效评价指标体系权重中的应用[J]. 医学与社会, 19(4): 60-63.

许宏, 陈国梁, 赵海涛. 2004. 二里头遗址聚落形态的初步考察[J]. 考古, (11): 23-31.

许宏, 陈国梁, 赵海涛. 2005. 河南洛阳盆地2001~2003年考古调查简报[J]. 考古, (5): 18-37.

许顺湛. 2001. 河南仰韶文化聚落群研究[J]. 中原文物, (5): 19-28.

许顺湛. 2012. 豫晋陕史前聚落研究[M]. 郑州: 中州古籍出版社.

薛丽香, 邱保志. 2009. 基于密度可达的多密度聚类算法[J]. 计算机工程, 35(17): 66-68.

严志斌, 何驽. 2005. 山西襄汾陶寺城址2002年发掘报告[J]. 考古学报, (3): 307-346、381-387、390.

杨林, 裴安平, 郭宁宁, 等. 2012. 洛阳地区史前聚落遗址空间形态研究[J]. 地理科学, 32(8): 993-999.

杨前进. 2004. 临汾盆地全新世成壤环境演变及人类活动影响[D]. 陕西师范大学.

杨晓燕, 夏正楷. 2001. 中国环境考古学研究综述[J]. 地球科学进展, 16(6): 761-768.

姚政权. 2006. 襄汾陶寺等遗址的植硅石分析[D]. 中国科学技术大学.

尹波. 2008. 聚类分析及其在移动通信企业数据挖掘分析中的应用研究[D]. 湖南大学.

俞孔坚, 李伟, 李迪华, 等. 2005. 快速城市化地区遗产廊道适宜性分析方法探讨——以台州市为例[J]. 地理研究, 24(1): 69-76.

袁广阔. 2009. 略论二里头文化的聚落特征[J]. 华夏考古, (2): 71-79.

袁薇薇, 韩茂莉. 2013. 全新世中期青海海东地区聚落选址与环境解读[J]. 地理研究, 32(5): 942-951.

张海. 2014. GIS与考古学空间分析[M]. 北京: 北京大学出版社.

张虎元, 赵天宇, 王旭东. 2008. 中国古代土工建造方法[J]. 敦煌研究, (5): 81-90.

张立, 刘树人. 2002. 浙江余杭市瓶窑、良渚地区遗址的遥感地学分析[J]. 考古, (2): 87-93.

张立, 吴健平. 2007. 浙江余杭瓶窑、良渚古城结构的遥感考古[J]. 文物, (2): 74-80.

张永军, 侯云龙, 刘武. 2009. 层次分析法和GIS空间分析法在兰州市区地质灾害易发性评价中的应用[J]. 甘肃地质, 18(4): 84-88.

张永清, 苗果园. 2006. 冬小麦根系对施肥深度的生物学响应研究[J]. 中国生态农业学报, 14(4): 72-75.

张之恒. 2004. 中国新石器时代考古[M]. 南京: 南京大学出版社.

赵英时等. 2003. 遥感应用分析原理与方法[M]. 北京: 科学出版社.

郑朝贵, 朱诚, 钟宜顺, 等. 2008. 重庆库区旧石器时代至唐宋时期考古遗址时空分布与自然环境的关系[J]. 科学通报, (S1): 93-111.

中国社会科学院考古研究所, 山西省临汾市文物局. 2015. 襄汾陶寺: 1978-1985年考古发掘报告·第1册[M]. 北京: 文物出版社.

中国社会科学院考古研究所. 1999. 偃师二里头1959-1978年考古发掘报告[M]. 北京: 中国大百科全书出版社.

中国社会科学院考古研究所. 2003. 中国考古学·夏商卷[M]. 北京: 中国社会科学出版社.

中国社会科学院考古研究所山西队、山西省考古研究所、临汾市文物局. 2007. 山西襄汾县陶寺中期城址大型建筑ⅡFJT1基址2004~2005年发掘简报[J]. 考古, (4): 3-25.

周自翔, 李晶, 任志远. 2012. 基于GIS的关中-天水经济区地形起伏度与人口分布研究[J]. 地理科学, 32(8): 951-957.

朱丽东, 金莉丹, 叶玮, 等. 2015. 晚更新世末以来苕溪河道变迁[J]. 浙江师范大学学报(自然科学版), 38(3): 241-248.

邹逸麟. 1993. 黄淮海平原历史地理[M]. 合肥: 安徽教育出版社.

[美]张康聪. 2010. 地理信息系统导论(5版)[M]. 陈建飞, 张筱林译. 北京: 科学出版社.

[苏]A. N. 斯皮里顿诺夫. 1956. 地貌制图学. 北京地质学院译. 北京: 地质出版社.

Agapiou A, Alexakis D D, Sarris A, et al. 2013a. Orthogonal equations of multi-spectral satellite imagery for the identification of un-excavated archaeological sites[J]. Remote Sensing, 5(12): 6560-6586.

Andrew M W, 2000. Archaeological predictive modeling of site location through time: an example from the Tucson Basin, Arizona[D]. master's dissertation. Depantment of Geology, University of Geography, Canada.

Bona L D. 1994. Cultural heritage resource predictive modeling project final report(Volume 4): a predictive model of prehistoric activity location for Thunder Bay District[M]. Ontario: Lake Head University.

Caliński T and Harabasz J. 1974. A dendrite method for cluster analysis. Communications in Statistics, 3(1): 1-27.

Castellanos A, Cigarrán J, García-Serrano A. 2017. Formal concept analysis for topic detection: a clustering quality experimental analysis. Information Systems, 66: 24-42.

Chander G, Markham B L, Helder D L. 2009. Summary of current radiometric calibration coefficients for

Landsat MSS, TM, ETM+, and EO-1 ALI sensors[J]. Remote Sensing of Environment, 113(5): 893-903.

Dunn J C. 2008. Well-separated clusters and optimal fuzzy partitions. Journal of Cybernetics, 4(1): 95-104.

Franca G B, Cracknell A P. 1994. Retrieval of land and sea surface temperature using NOAA-11 AVHRR data in northeastern Brazil[J]. International Journal of Remote Sensing, 15(8): 1695-1712.

Goetz S J. 1997. Multisensor analysis of NDVI, surface temperature and biophysical variables at a mixed grassland site[J]. International Journal of Remote Sensing, 18(15): 71-94.

Hartigan J A, Wong M A. 1979. Algorithm as 136: a *k*-means clustering algorithm. Journal of the Royal Statistical Society, 28(1): 100-108.

Huang C C, Pang J, Su H. 2007. Climatic and anthropogenic impacts on soil formation in the semiarid loess tablelands in the middle reaches of the Yellow River, China. Journal of Arid Environments, 71(3): 280-298.

Konnie L Weseott. 2000. Introduetion[A]. In: K. Weseott and R. Brandon(eds.), Practical applications of GIS for archaeologists: a predietive modeling kit[C]. London: Tylor & Francis.

Labed J, Stoll M P. 1991. Spatial variability of land surface emissivity in the thermal infrared band: spectral signature and effective surface temperature[J]. Remote Sens. Environ, 38(1): 1-17.

Lasaponara R, Masini N. 2006b. Performance evaluation of data fusion algorithms for the detection of archaeological features by using satellite QuickBird data[J]. Bav International Series.

Liu F, Yu L J, Nie Y P. 2019. Spatiotemporal analysis of prehistoric settlement clustering based on terrain constraints in the Linfen Area of China. Geoarchaeology-An International Journal, 1-13.

Maulik U, Bandyopadhyay S. 2002. Performance evaluation of some clustering algorithms and validity indices. IEEE Transactions on Pattern Analysis and Machine Intelligence, 24(12): 1650-1654.

Moran M S, Clarke T R, Inoue Y. 1994. Estimating crop water deficit using the relation between surface-air temperature and spectral vegetation index[J]. Remote Sensing of Environment, 49(3): 246-263.

Orsi R. 2017. Use of multiple cluster analysis methods to explore the validity of a community outcomes concept map. Evaluation and Program Planning, 60: 277-283.

Qin Z H, Karnieli A, Berlinef P. 2001. A mono-window algorithm for retrieving land surface temperature from Landsat TM data and its application to the Israel-Egypt border region[J]. International Journal of Remote Sensing, 22(18): 3719-3746.

Roderick M, Smith R, Lodwick G. 1996. Calibrating long-term AVHRR-derived NDVI imagery[J]. Remote Sensing of Environment, 58(1): 1-12.

Rousseeuw P J, Rousseeuw P J. 1987. Silhouettes: a graphical aid to the interpretation and validation of cluster analysis. Journal of Computational and Applied Mathematics, 20: 53-65.

Salisbury J W. D'Aria D M. 1992. Emissivity of terrestrial materials in the 8-14 mm atmospheric window[J]. Remote Sens. Environ., 42(2): 83-106.

Sanders W, Earle T K, Sanders W T. 1982. In the evolution of complexity: essays in honor of harry hoijer: Other Realitres.

Sandholt L, Rasmussen K, Andersen J. 2002. A simple interpretation of the surface temperature/vegetation index space for assessment of surface moisture status[J]. Remote Sensing of Environment, 79:213-224.

Schneider K, Mauser W. 1996. Processing and accuracy of Landsat Thematic Mapper data for lake surface temperature measurement[J]. International Journal of Remote Sensing, 17(11): 2027-2041.

Sellers P J, Mintz Z, et al. 1986. A simple biosphere model (SiB) for use within general circulation models[J]. Journal of the Atmospheric Sciences, 43(6): 505-531.

Shi Y F, Kong Z Z, Wang S M, et al. 1993. Mid-holocene climates and environments in China[J]. Global and Planetary Change, 7(1-3): 219-233.

Smith W L, Rao P K, et al. 1970. The determination of sea-surface temperature from satellite high resolution infrared window radiation measurements. Monthly Weather Review, 98(8): 640-611.

Sobrino J A, Munoz J C, Paolini L. 2004. Land surface temperature retrieval from Landsat TM 5[J]. Remote Sensing of Environment, 90(4): 434-440.

Sobrino J A, Raissouni N, Li Z L. 2001. A comparative study of land surface emissivity retrieval from NOAA data[J]. Remote Sensing of Environment, 75(2): 256-266.

Sobrino J A, Raissouni N. 2000. Toward remote sensing methods for land cover dynamic monitoring: Application to Morocco[J]. International Journal of Remote Sensing, 21(2): 353-366.

Trigger B G. 1967. Settlement archaeology. its goals and promise[J]. American Antiquity, 32(2): 149-160.

Van de Griend A A, Owe M. 1993. On the relationship between thermal emissivity and the normalized difference vegetation index for natural surfaces[J]. International Journal of Remote Sensing, 14(6): 1119-1131.

Wu J B, Chen M D, Liu C Y. 2009. Astronomical function and date of the Taosi observatory. Science in China: Ser G, 52(1): 151-158.

Xin J, Tian G, Liu W, et al. 2006. Combining vegetation index and remotely sensed temperature for estimation of soil moisture in China[J]. International Journal of Remote Sensing, 27:2071-2075.

Yu Y Y, Guo Z T, Wu H B, et al. 2012. Reconstructing prehistoric land use change from archeological data: Validation and application of a new model in Yiluo Valley, northern China[J]. Agriculture, Ecosystems and Environment, 156: 99-107.

Zhang L B, Zhou C G, Xu X L, et al. 2006. Multi-objective evolutionary algorithm based on max-min distance density. International Conference on Computational Intelligence and Security, 312-315.

Zhou J, Xiong Z Y, Zhang Y F, et al. 2006. Multiseed clustering algorithm based on max-min distance means. Journal of Computer Applications, 26(6): 1425-1427.